韓·中·日 한중일 전통 문화 교류의 제형태

시스템·내재화·차별화

韓·中·日 한중일 전통문화 교류의 제형태
시스템·내재화·차별화

초판 1쇄 인쇄	2025년 12월 1일
초판 1쇄 발행	2025년 12월 5일
발 행 인	김승일(金勝一)
디 자 인	조경미(趙勁眉)
출 판 사	경지출판사
출판등록	제 2015-000026호

잘못된 책은 바꿔드립니다.
가격은 표지 뒷면에 있습니다.

ISBN 979-11-94570-02-8 (03300)

판매 및 공급처 경지출판사

주소 서울시 도봉구 도봉로117길 5-14   **Tel:** 010-3202-8325
홈페이지 : https://www.sixshop.com/kyungji/home

이 책은 경지출판사서면 허락 없이는 어떠한 형태나 수단으로도 이 책의 내용을 이용하지 못합니다.

※ 이 도서의 국립중앙도서관 도서목록(CIP)은 서지정보유통지원시스템 홈페이지(http://seoji.nl.go.kr)와 국가자료공동목록시스템에서 이용하실 수 있습니다.

韓·中·日
한중일 전통 문화 교류의 제형태

시스템·내재화·차별화

김승일 (金勝一) 지음

경지출판사

목차

머리말
　- 한중일 삼국의 문화교류사 연구 왜 필요한가? ⋯ 06

Ⅰ 시스템

* 10C 당송교체기, 동아시아 고대 교류시스템의 해체 ⋯ 14
　- 발해의 건국과 장보고의 활동 배경 분석을 중심으로 -

* 17C 명청교체기, 동아시아 근세 교류시스템의 새로운 전개 ⋯ 39
　- 무역과 연계시스템을 중심으로 -

* 19C 청일전쟁 전후, 동아시아 전통 교류시스템의
　해체와 한중일의 대응 ⋯ 69
　- 구질서에서 현대 질서로의 국제적 계기 -

Ⅱ 내재화

* 한중일의 성리학 수용과 자기화 ⋯ 92

* 한중일에 미친 출판문화교류의 영향과 교훈 ⋯ 118

* 한중일의 불교 수용과 성격의 변화 ··· 137

* 한중일 다보탑 신앙의 특징 ··· 148

Ⅲ 차별화

* 한중일의 유불(儒佛)사상 활용과 적용 ··· 176

* 한중일 지식계층의 반식민지론 성격 ··· 206

* 한중일의 순국(殉國) 관념 ··· 233

* 한중일의 한국독립운동에 대한 시각 ··· 264

마치는 말

한중일 역사인식 갈등의 해소를 위한 제언 ··· 288
– 역사 교과서 기술의 문제와 극복 –

후 기
··· 330

머리말
- 한중일 삼국의 교류사 연구 왜 필요한가? -

한중일 교류의 역사에 대해서 관심을 가져야 하는 이유는, 단지 세 나라의 교류사를 통해 삼국 관계의 우호와 발전을 위해 과거를 되돌아보면서 잘잘못을 판단하여 그 결과를 미래의 거울로 삼아야 한다는 데에만 목적이 있는 것은 아니다. 즉 한중일 세 나라를 중심으로 하는 한자문화권[1] 지역이 어떠한 관계를 통해 어떻게 협력하는 가운데 오늘의 위치에 오르게 되었는지를 세계사의 흐름 속에서 진단해 보고자 하는 의미도 있는 것이다. 그 이유는 이제 전 세계는 한 톱니바퀴처럼 돌아가는 공동체의 환경 속에서 살아가고 있기 때문에, 과거처럼 구미지역은 선진지역이고, 아시아지역은 후진 지역이라고 하는 고정관념을 지워내야만 인류의 진정한 평등과 자유가 발전할 수 있는 기반을 다질 수 있기 때문이다.

현재의 세계정세를 보면 한자문화권 지역은 다른 어떤 지역보다도 사회·경제·정치 등 모든 면에서 큰 변화가 일어나고 있음을 알 수 있는데, 특히 그 변화하는 과정이 다른 지역에서는 그러한 예를 찾아볼 수 없는 속도와 범위를 지니고 있다는 점이 특징이다. 이것이 19C 사회과학 방법적 사고의 모순인 구미를 중심으로 해서 세계사를 재

---

1) 한자문화권(漢字文化圈) : 한자문화권 또는 동아시아문화권(東亞文化圈)이라고도 하는데, 이는 문화권의 한 종류로 표어문자인 한자를 자국의 언어 체계 안에 도입하고 있거나, 과거에 차용한 동아시아를 중심으로 한 지역을 가리키는 용어이다. 좁게는 한자를 언어 표기의 수단으로 사용하는 중국대륙과 홍콩, 마카오, 대만 등을 한자문화권으로 보나, 넓게는 한자어를 차용하여 사용하는 한국(대한민국, 조선민주주의인민공화국), 일본, 베트남을 포함한다. 경우에 따라 몽골과 베트남 북부 또한 포함되기도 하나 베트남 남부는 인도 문화권으로 분류되어 제외되기도 한다.

검토해야 한다는 시각 대신 아시아 특히 한자문화권 지역을 포함시켜 거시적으로 검토해야 한다는 것이 제창되는 원인이기도 하다.

오늘날까지는 1949년 이래 서양의 헤게머니를 중심으로 한 시각을 바탕으로 세계가 발전해 왔다는 발전주의(發展主義, 경제성장과 발전을 최우선으로 삼고, 국가가 경제 발전을 주도해야 한다는 이념)가 주도해 왔는데, 이러한 시각은 19C 이래 서양에서 사회과학이 발전하는 데 편승하여 서양 중심으로 현실문제를 파악하게 되면서 나타났다. 그런 와중에서 아시아가 배제되었던 것인데, 그렇기 때문에 이러한 시각은 이제 반드시 반성하지 않으면 안 되는 것이고, 동시에 재검토되어야 할 문제로 제시되고 있는 것이다.

이렇게 된 배경에는 19C 사회과학이 발전하면서 200여 년간을 조사연구 해오면서 누적된 통계(statistics)에 의존하여 해석함으로써 나타나게 되었다. 통계라는 말은 18C에 발명된 것으로 국가(state)라는 말에서 비롯되었다. 즉 통계라는 개념의 근저에는 국왕과 정부라는 양자에 대해 통치의 정당성을 보다 합리화시키기 위해서 숫자를 모아 온 것에 대한 결과적 해석이라는 것을 말하는데, 이러한 인식은 오늘날까지도 계속되고 있다. 이렇게 해서 200여 년간 모아진 통계는 대부분 국가에 대한 통계였다. 즉 경제활동도 국가 차원에서 계측하였고, 인구에 대한 수치도 국가 차원에서 계측한 것으로, 조직 혹은 기구상의 문제를 통계상의 숫자로 합리화시켰다는 데에 있었다.

그런데 아시아에서는 이런 통계를 이용한 통치개념이 없다가 이를 뒤늦게 알게 되었지만, 이를 한참 후에야 200여 년 이래의 통계를 모은다는 것은 사실상 불가능한 일이 아닐 수 없었다. 다시 말해서 아시아적인 정당성과 역사발전을 통계에 기초하여 분석하기 위해서는 이를 뒷받침 할 수 있는 데이터가 필요한 데다, 지금까지 몇 번이고 반복해 보았지만, 이런 종류의 데이터를 만들어 내는 것은 막대한 자금과 에네르기가 동원되어야 했다. 특히 기본적인 데이터 구축을 위한 시스템마저 근본적으로 구비되어 있지 않았고, 데이터가 있었다 하더라도 대부분 소실되었기 때문에 불가능했던 것이다.

따라서 이러한 서양식 사회과학 방법론을 통해서 아시아 역사를 파악하기보다는 지금까지 분석해온 방법(시대구분, 지역연구, 교류방법 등)을 통해 얻어낸 결과를 재검토하는 것이 더 낫지 않을까 하고 생각하게 되었다. 이 때문인지는 몰라도 1968년부터 당시 까지의 모든 세계적 현상을 파악하는데 동원됐던 서구학자들의 통계를 통한 사회과학적 분석 방법을 비판하는 주장이 대두하기 시작했는데, 그것은 그들의 방법으로 설명할 수 없는 많은 정치적 사건과 혁명이 동시대에 한꺼번에 일어났기 때문이었다.[2]

물론 그동안 주도해온 사회과학적 분석 방법을 계승한 기존 학계에서는 이런 재검토를 주장하는 시각에 대해 크게 반발해 왔다. 다시 말해 전통적인 19C이래 사용해 왔던 사회과학 방법을 지키려는 계파가 여전히 각 대학 등 연구기관에 존재하고 있다는 말이다. 그러나 이러한 반대파들은 지금까지 점차적으로 수세에 몰려 왔고, 이러한 압력에 대응할 수 있는 새로운 해결책을 제시하지 못하고 있는 것이 사실이다. 이러한 논란을 잠재우기 위해서는 세계시스템을 재검토해야

---

[2] 1968년에는 베트남 전쟁 및 베트남 평화협정의 시작, 흑인운동지도자 킹목사 암살, 핵확산 방지조약 조인, 푸에불리호 사건, 아폴로 8호 최초 달 주위 비행 성공, 케네디 암살, 그리니치 표준시 폐지, 옥스퍼드대·로마대·런던대·솔본느대 등에서의 반전 데모, 소련의 체코슬로바키아 침입, 나세르 이집트 대통령의 취임, 중국 류샤오치(劉少奇) 주석의 실각 등이 나타났다.

하는데, 이때 반드시 생각해야 할 두 가지 측면이 있다. 하나는 각종 역사발전 단계론에 대한 새로운 이론을 제시하기 보다는 재검토해야 한다는 시각이 필요하다는 점이고, 다른 하나는 냉전의 종식과 사회주의 시스템의 파탄(동유럽, 구소련) 내지 변화(중국과 북한, 그리고 일부 동남아 국가) 상황을 고려해야 한다는 점이다.[3]

그러나 이러한 현실변화를 인식하는 데에도 주의할 점이 있다. 첫째는 현실 자체의 변화가 아니라 하나의 세계적 흐름 속에서 자연스럽게 나타나는 변화로 파악해야 하는 것이 순리적이라는 점이다. 둘째는 냉전 종식은 구소련 등 사회주의 국가의 붕괴에서 나타난 변화지만, 이러한 현상은 이미 예견되고 있었다는 점이다. 부언한다면 사회주의 블럭은 자본주의 구성요소의 일부였다는 이론을 통해 볼 때, 이는 냉전이 미국이 헤게모니를 유지하는 한 방법이었다는 시각과 연결되어 있었다는 점에서 알 수 있다. 셋째는 헤게모니를 장악했다고 하는 것은 과도적이라는 점으로, 장기적으로 계속해서 장악한다는 것은 불가능하다는 말이다. 미국의 쇠퇴가 예측 가능한 원인도 여기에 있는 것이다. 현재 우리가 미국이 쇠퇴하는 중에 있다는 사실을

---

[3] 이매뉴얼 월러스틴(Immanuel Wallerstein) 콜럼비아 대학 교수는 현대세계와 근대세계의 시스템 속에서 나타난 역사적 전기의 두 가지 요소로서 소련권의 소멸과 현재 현대세계가 당면하고 있는 전쟁, 테러, 질병, 빈부의 차, 인권 등 불공정 요소를 포함하고 있는 모든 문제점을 들었다.

공감하고 있는 점이 이를 뒷받침 해주고 있다.[4]

  이와 같이 냉전 종식이 이미 예측된 결론 하에서 진행되었다는 점을 알 수 있었던 것처럼 현실변화는 우리가 생각하는 개념과는 달리 갑자기 일어나는 것이 아니라 예측할 수 있도록 준비되어 있다는 점이다. 최근의 신냉전 구도로 점철되어 가고 있는 점도 이러한 시각을 뒷받침해 준다. 이처럼 현실 세계는 정치적 세계와 지적 세계가 양자 일체가 되어 상호작용하고 있다는 점을 알아야 하고, 그러한 시각에서 현실 세계를 봐야만 하는 것이다.

  1945년에서 1970년대까지는 세계 경제의 통합시기였다고 할 수 있다. 미국이 통합할 수 있는 충분한 힘을 가지고 있었기 때문에 소비에트 권이 예외적이기는 했으나 거의 모든 나라가 개방 됨으로서 통합할 수가 있었다. 그러다가 1980년 이후부터는 통합에서 분열로 전이하기 시작했는데, 이는 미국의 강력한 힘이 약화 되면서 서유럽, 일본 등 지역이 서서히 대두했기 때문이었다. 1990년 이후에는 세계가 3극으로 갈라지는 구조로 되었는데, NAFTA, EC(EU), 일본과 4마리 작은 용 체제가 그것이었다. 그러다가 21세기에 들어서면서 G2, G7,

---

4) 미국 트럼프 대통령이 주창하는 미국 우선주의 혹은 제일주의는 과거 팍스 아메리카나(라틴어 Pax Americana, 영어 American Peace : 제2차 세계대전 이후 미국이 주도하는 세계 질서, 즉 미국에 의한 평화를 의미하는 용어)에서 한참을 벗어난 미국 자신만을 위한 제일주의로, 이는 미국 스스로가 위기 상황에 처해 있고, 이를 극복하기 위해 전 세계를 억압하며 자신들만의 이익과 영광을 되찾으려는 망상을 자인하고 있음을 보여주는 상징이라고 하겠다. 물론 팍스 아메리카나는 미국이 세계 평화를 주도할 수 있는 파워가 있어야만 가능한 일이지만, 지금까지 트럼프 1, 2차 임기를 포함한 5년 동안 지역 분쟁에 대한 중재 노력도 형식적인 체면치레나 강자의 편을 드는 미온적인 태도에 지나지 않아 제대로 된 성과가 나타난 적은 한 번도 없었고, 또 팍스 아메리카나의 회복을 꿈꾸고 있다는 비전은 한 번도 제시한 적 없이, 오히려 이전 팍스 아메리카나 시절의 행위에 대한 보답을 요구하거나 강제로 보상 받으려는 조폭 수준의 행위만을 일삼고 있을 뿐이다.

G20, 브릭스(BRICS), 민주주의 10개국(Democracy 10 = G7 + 한국, 인도, 호주) 등으로 상호 연계되어 있어 이들 지역 모두가 중핵이 되었다. 이들은 각자 자신들을 중심으로 다른 지역을 서로 자기 지역에 넣으려 하고 있기 때문에 경쟁이 치열해지고 있어, 실제로 이들 지역을 폐쇄된 지역이라고 할 수는 없으나 30년 전과 비교하면 폐쇄적인 경향을 어느 정도는 띠고 있다고 하겠다.

 이러한 문제를 일으키는 주된 원인은 인구의 이동(불법 이민, 난민, 도항자[盜航者] 등)과 지역별 경제공동체와 군사공동체 때문인데, 이것이 세계 정치의 변화까지도 가져오게 할 수 있는 것이다.

 더불어서 당연히 이것은 블록화된 각 지역의 사회구조 변화 및 사회 환경의 혼란, 그리고 정치형태의 변화까지도 가져오게 할 수 있다. 앞으로도 전 세계 각 지역에서는 이런 상황이 계속될 것이기 때문에, 이를 원활히 해결할 수 있는 방법을 찾아내어 각 지역에 맞는 안전망을 구축하도록 도움을 줄 수 있는 것이 바로 교류사 연구의 본질이다.

 이러한 교류사 연구의 본보기가 될 수 있는 지역이 곧 유기적인 교류의 역사가 진행되어 왔던 동아시아 지역이다. 왜냐하면 이 지역이 유일하게 타지역에서는 명확하게 규정지을 수 없는 독자적인 교류시스템을 수천 년 동안 유지해 온 지역이기 때문이다. 이 지역에서의 전통 교류가 외형적으로는 비록 힘에 의한 강압적인 면(현재도 일부 경향이 남아 있음)도 작용했다는 점을 도외시 할 수는 없겠지만, 내면적으로는 상호 간의 필요성에 의해 전해주고 수용하고 이를 내재화시킴으로써 자국 발전의 모토로 삼았고, 나아가 자기화로 전이시켜 전혀 다른 형태로 변용시킴으로써 상호 간에 차별화까지 나타나게 하였다. 또 하나 지적하고 싶은 것은 당연히 이러한 교류 관계상에서 더 많은 것을 전수해주었거나 더 많은 것을 수용하는 차이는 있었다 하더라도 이 또한 서로의 필요성에 의해서 나타난 결과였기 때문에 문화적 우열이나 공과를 지나치게 논할 필요는 없다고 본다. 그러나 이러한 우호적인 교류가 일본이 제국주의화 하면서 주변국을 침략하는 바람에 깨지게 되었고, 이데올로기의 차이로 인해 빚어진 전쟁 및 과거사에 대한 미온적인 사죄와 역사 왜곡 등에 의해 현재까지도 심리적으로 서로를 거부하는 현상이 나타나기도 하지만, 민간교류나 사적 교역과 같은 차원에서의 교류는 여전히 과거부터 진행되어 온 유기적 관계가 지속되고 있기 때문이라는 사실을 간과해서는 안 된다. 이것이 바탕이 되어 결과적으로 오늘날 한중일 삼국이 주도하는 동아시아 지역이 세계로부터 주목받게 된 원동력이 되고 있는 것이다.

그동안 많은 학자들이 동아시아의 발전 원인에 대해 탐구해 왔지만, 그에 대한 구체적인 해답을 찾는 데에는 실패했다. 그것은 예를 들면 '유교 정신의 작용'과 같은 단일 요소로만 증명하려 한 때문이 아니었나 생각된다. 이처럼 수천 년간 지속되어 온 교류 속에서 잉태된 동아시아의 우호적 가치관을 단순하게 규명하려는 시도 자체가 어불성설이었다는 말이다. 그렇기 때문에 교류사 연구를 통해서만 그 내면에 잠재되어 있는 유기적인 관계를 알 수 있는 것이고, 그래야만 신시대 환경에 적응할 수 있는 새로운 교류의 패러다임을 찾아낼 수 있는 것이다. 그러므로 한중일을 중심으로 하는 동아시아의 교류사 연구는 서구중심의 사회과학적 시각을 탈피하고 전 세계적인 공동 발전을 추구하는 연구의 이니셔티브가 되어야 마땅하다고 보는 것이기에 한중일 교류사 연구가 선행되어야 한다는 말이다.

I
시스템

■ 10C 당송교체기, 동아시아 고대 교류시스템의 해체
- 발해의 건국과 장보고의 활동 배경 분석을 중심으로 -
(강의 노트를 바탕으로 씀)

■ 17C 명청교체기, 동아시아 근세 교류시스템의 새로운 전개
- 무역과 연계시스템을 중심으로 -
(강의 노트를 바탕으로 씀)

■ 19C 청일전쟁 전후, 동아시아 전통 교류시스템의 해체와 한중일의 대응
- 구질서에서 현대 질서로의 국제적 계기 -
(1995년 12월 중국 산동사회과학원이 주최한 청일전쟁 100주년 기념 국제학술토론회 글을 바탕으로 씀)

10세기 당송교체기,
동아시아 고대 교류시스템의 해체
- 발해의 건국과 장보고의 활동 배경 분석을 중심으로 -

목차

1. 머리말
2. 고대 동아시아 세계의 해체
3. 국제교류에만 의존했던 발해의 숙명
4. 해상왕국을 건설한 장보고의 성쇠
5. 맺음말

I. 머리말

　대체로 동아시아[1] 역사에서 시대 구분을 할 때 근대이전의 역사는 10세기 당송(唐宋)교체기와 17세기 명청(明淸)교체기 두 시기를 기점으로 분류하고 있다. 당송교체기는 기술, 토지, 인구의 완벽한 조화 아래 발전을 구가하면서 국력 및 군사력을 기초로 하는 강력한 중앙집권적 통치로써 주변국을 이끌어가던 당 왕조 체제가 무너지는 시

---

1) 동아시아라는 말은 니시지마 사다오(西嶋定生)가 「동아시아 세계론」에서, '책봉(冊封)'으로 대표되는 중국을 중심으로 한 주변 세력과의 국제적 정치구조를 통해 유교와 율령(律令), 불교, 한자 문화가 전파돼 이 문화요소들이 공통분모로서 작용하였다는 학설을 내놓으면서 보편화 되었다. 니시지마 사다오(1919~1998)는 일본의 중국사 학자로 도쿄대 명예교수이며, 동아시아 세계론(중화제국 책봉체제론)을 제창하였다.

기이고, 그 뒤를 이은 송나라는 당 말 이후 발달하는 농업경제, 상품경제, 화폐경제 등에 기초한 경제력을 통해 주변국을 통치해 가는 패턴으로 바뀌던 시기였다.

송대에는 군사적 힘이 분산되어 군사적 면에서의 힘은 약화 되었지만, 장강 델타지역으로의 이민자가 급증하면서 비옥한 경작지의 확대를 가져왔으며, 동시에 새로운 농업기술, 신품종의 인진(引進)[2] 및 인분 등 유기물을 작물에 이용하는 방법의 발견, 차(茶) 등 신 작물의 보급,[3] 수공업 제품의 생산,[4] 금·은·철·주석 등 새로운 광물의 생산, 그리고 제염업(製鹽業)이 정부의 통제하에서 관장되었으므로 경제가 급속도로 발전하게 되었다.[5]

송나라는 이러한 경제력을 바탕으로 교역을 통해 주변국을 통제해 나갔지만, 이러한 경제적 발전은 또한 인구의 급증을 가져오는 계기가 되어 흉년 등이 일어나거나 주변국과의 전쟁 등으로 인해 작황이 안 좋을 때는 각종 난이 여기저기서 일어나고 변방 부족들이 침입해 오는 계기가 되어 사회적인 안정성은 이전 세계보다 훨씬 못했다.

그러다가 명나라가 통일을 이루며 다시 한번 중화 세계의 안정화를 실현하는 계기를 만들게 되었지만, 명나라도 말기에는 임진왜란 참여의 영향 때문에 재정적으로 어려움을 겪게 되면서 많은 사회적 문

---

2) 송나라 시대에 들어오면 점성도(占城稻)라고 불리는 남방계통의 조도(早稻) 품종이 장강 하류 지역에서부터 강서·절강·복건 등 방면으로 확산되어 수도(水稻)의 이기작(二期作)이 가능하게 되었다.
3) 새로운 작물로서 차가 본격적으로 재배되기 시작했고, 더구나 이는 정부에서 모든 생산과 판매를 관장했기 때문에 그 재배면적은 급격히 확산되어 나아갔다.
4) 수공업 제품으로는 도자기·견직물·종이 등의 상품생산이 활발했다.
5) 마크 엘빈 저, 이춘식 등 역 『中國歷史의 發展形態』, 신서원, 1989, 119~123, 147~162쪽.

제가 출현하여 결국은 멸망의 길로 들어서게 되어 청나라가 건국되게 되었다.

청나라의 등장은 같은 조공국(朝貢國)이었으면서 문화적으로도 상당히 뒤떨어져 있던 만주족이 중원을 제패했다는 데 대해 인정을 안하고 있던 주변 국가들에게 조공까지 요구해 오자, 사변(思辨)의식이 발달했던 조선과 일본에서는 '소중화주의(小中華主義)'를 주장하며 문화적·사상적 우월성을 가지고 대항하였다. 이처럼 전통적 중화질서가 혼돈으로 치닫던 시기를 '화이변태(華夷變態)'라고 하는데, 이는 지금까지와는 전혀 다른 중화 세계로의 전개를 의미하는 뜻이었다.

이러한 고대세계에 있어서 두 번의 획기적인 변화에 따라 주변국에서는 나름대로의 대응책을 구상하며 생존의 길을 모색해 나갔다. 특히 첫 번째 중화질서의 새로운 변화를 가져왔던 당송교체기는 동아시아 세계에 속해 있던 주변국들이 거대한 제국인 당나라의 압력으로부터 벗어나 민족적·문화적 자율성을 가져오는 계기가 되었다는 점에서 동아시아 세계의 새로운 도약을 잉태시켰던 역사적 변환기였다고 평가하고 있다.[6]

바로 이러한 시기가 도래하기 직전인 7세기 말에 동북지역에 출현하여 동북아시아 4국 체제를 형성하며 '해동성국(海東盛國)'이라는 칭호를 들을 정도로 활발한 국제관계를 진행했던 발해(渤海)의 건국과 9세기 전반에 동북아 지역의 해양 교역 네트워크를 새롭게 형성시킨 장보고(張保皐)의 출현은 고대 동아시아 세계의 해체 과정을 알게하

---

6) 西嶋定生, 『日本歷史の國際環境』, 東京大學出版會, 1992, 190-194쪽.

는 좋은 예였다.

즉 이들의 출현과 활동을 할 수 있었던 것은 당 중기 이래 계속해서 일어났던 당나라 국내의 혼란과 이를 극복하느라 국력을 쇠진한 당 왕조의 지방정부와 국제 네트워크에 대한 느슨한 통제, 그리고 양세법(兩稅法)[7]으로 전환할 수밖에 없었던 화폐경제와 장원제(莊園制)의 발달 등이 그 배경이 되었다. 다시 말해서 발해의 건국과 발전 및 장보고의 활동은 고대 동아시아 세계가 해체되기 직전의 느슨해진 당나라의 통치 체제하에서 나타났던 동북아 지역의 특수한 환경조건이 있었기에 가능했었다는 점이다.

따라서 이 장에서는 이러한 특수한 환경조건이란 어떤 것이었고, 그러한 조건하에서 발해와 장보고의 해상왕국이 어떻게 동북아에서의 국제관계를 활용하며 건설되어 전성기를 구가해 나갈 수 있었는지를 살펴보고자 하는 것이다. 이러한 시각은 장보고의 해상활동이나 발해의 역사적 의의를 경시하자는 의도가 아니고, 고대 동아시아 세계가 가지고 있던 특성과 그러한 특성 가운데서 동북아 지역이 가지고 있었던 유기적인 관계는 어떤 것이었고, 나아가 그러한 특성을 가지고 있던 동아시아 국제관계의 틀을 도외시하거나, 배제당하거나 적응하지 못했을 경우의 결과는 어떻게 나타났는지 등의 문제에 대한 분석을 통해 고대 동아시아 지역 질서체계의 특징을 고찰하려는 데 목적이 있는 것이다.

---

7) 양세법 : 안사의 난 뒤 농민의 유랑화가 촉진되고 국가 재정이 악화되자 이를 극복하기 위하여 마련된 세제가 양세법이다. 세금을 한 해에 여름(6월까지 납부)과 가을(11월까지 납부) 두 차례로 나누어 징수하였기 때문에 양세법이라 불린다. 개인의 재산에 따라 세금을 징수했다는 것은 국가가 개인의 자유로운 토지 소유를 승인한 것으로 지주 및 권력자들이 토지 겸병을 할 수 있는 원인이 되었다.

2. 고대 동아시아 교류시스템의 와해

후한(後漢)부터 시작된 고대 동아시아 세계의 질서는 당나라에 와서 가장 꽃을 피우게 되는데,[8] 그것은 당나라가 세계 최대의 국가로 성장했었던 당시의 역사가 이를 대변해 준다. 후한 이후 중국은 내부적으로 많은 시련과 도전이 있었고, 그로 인해 여러 나라로 분리되어 상쟁하기도 했지만, 그러는 가운데 당이라고 하는 거대한 군사제국이 나타나게 되었다. 당나라는 자신들의 영토확립과 통치범위를 확고히 하기 위해 고구려를 엄청난 군사를 동원해 많은 국력을 소비하면서까지 정복을 강행하였다.[9] 이러한 것은 국력이 뒷받침되지 않으면 불가능한 것으로, 당 왕조의 국력이 얼마나 강했는지를 간접적으로 보여준다고 하겠다.

이처럼 당나라는 중국 역대 왕조 중에서 가장 문화가 발달했고, 정치적으로도 안정됐으며, 국제적인 대외관계도 유럽에까지 미쳐 명실공히 당대 세계 최고의 대국이었다. 이러한 국력을 바탕으로 그 이전 어떤 시대보다도 더 강력하게 주변 국가들을 통제할 수 있었는데, 그러한 통제 책을 역사용어로는 기미정책(羈縻政策)[10]이라고 했다.

그러나 모든 역사가 그렇듯이 당나라도 결국은 멸망의 길을 걷지 않을 수 없었다. 당나라의 멸망은 그 내부적 혼란에서 기인 됐는데,

---

8) 이에 대한 시기 구분도 논란이 되고 있는데, 전한의 한무제 때부터 보는 견해도 있고, 왕망의 신나라 때부터였다는 시각도 있으며, 후한부터 보는 시각도 있으나, 본고에서는 후한 때로부터 시작됐다는 시각을 수용한다.
9) 黃仁宇 저, 홍광훈·홍순도 역 『巨視中國史』 까치, 1997, 169~172쪽.
10) 이 정책에 대해서는 아직도 논란이 많다. 楊軍, 張乃和 主編, 從史前到20世紀末東亞史, 長春出版社, 2005, 134-141쪽.

그 직접적인 원인은 당 중기 이후 계속됐던 군벌(軍閥) 할거(割據) 때문이었다. 즉 각지의 대소군벌들이 멋대로 정권을 세우고 자신의 세력을 정립시키려는 과정에서 계속적으로 흥망을 거듭하는 전쟁이 일어남으로써 그 막강했던 당나라도 멸망의 길을 걷지 않으면 안 되었던 것이다.

군벌 할거(割據) 중 대표적 난이었던 「안사(安史)의 난」을 계기로 당나라는 그 성격을 일변하게 되었는데, 비록 반란군의 내분과 위구르 군의 개입으로 자멸하게 되면서 당 제국이 재흥하게 되는 계기가 되었지만, 그렇게 재흥된 당나라는 이미 그 이전의 모습을 잃고 있었다.

주목할만한 변화는 이전부터 흔들리고 있던 균전제(均田制),[11] 조용조제(租庸調制)[12] 및 그 기초가 된 부병제(府兵制)[13]가 이 동난을 계기로 붕괴되었다는 점이다. 이들 제도는 율령제(律令制)[14]에 의한 인민의 지배를 특징 지우는 것이었는데, 이것이 붕괴되었다고 하는 것은 율

---

11) 균전제(均田制) : 중국 남북조시대 북위(北魏)에서 시작되어 수·당나라까지 시행된 토지 분배 제도로, 모든 토지를 국가가 소유하고 성인 남성에게 일정량의 토지를 분배하는 것이 핵심인 제도로, 그 주요 특징은 ① 15~70세 성인 남성에게 일정 면적(예: 남자 40무, 여자 20무)의 토지를 지급하고, 노령이나 사망 시 국가에 반환한다. ② 모든 토지는 국가 소유로, 사적으로 대지주의 발생을 억제하고 농민을 토지에 정착시킨다. ③ 분배받은 토지로 조세와 병역을 부담하게 하여, 농민의 생활 안정과 국가 재정 확보를 동시에 추구한다. 이 제도의 목적은 전란 후 황폐해진 농경지 회복, 농업생산력 증진, 안정적 세수 확보, 국가 지배력 강화 등에 있었다.
12) 租庸調制 : 조(租)는 토지에 부과하여 곡목을 징수하고, 용(庸)은 사람에게 부과하여 역역(力役) 또는 그 대납물(代納物)을, 주(調)는 호(戶)에 부과하여 토산품을 징수하던 제도.
13) 부병제(府兵制) : 국가로부터 토지를 분배받은 장병들은 평상시에는 농사를 짓고 농한기에는 군사 훈련을 받는 병농일치제(兵農一致制).
14) 율령제(律令制) : 고대 중국에서 사용된 법률 체계로, 법과 규범을 통해 사회질서를 유지하고 통치하는 방법을 말하는데, 진(秦)·한(漢) 시기에 발전하였고 이후 중국 역사에서 법률 체계의 기초가 됨.

령제가 이완되었다는 것을 의미했다. 당의 율령제는 주변 국가들의 규범이었다. 그런 율령제가 이완되었다는 것은 당 제국이 주변국들에 대해 보편적 황금률로서의 가치를 상실했다는 의미이다. 이는 당을 중심으로 한 동아시아의 국제질서를 규율하는 가치체계가 붕괴 과정에 들어갔다는 것을 의미하는 것이었다.

이 시기에 당의 중앙 정부는 절도사(節度使)[15]가 장악한 지방정부를 통제할 수 있는 힘이 뚜렷하게 약화되어 가고 있었다. 거기에다 새로운 변화를 일으킨 것은 조용조제(租庸調制)에 대신해서 재상 양염(楊炎)이 건의해서 780년에 실시된 양세법(兩稅法)의 시행이었다. 이 원칙은 과세대상을 정(丁)에서 호(戶)로 바꾼 데 있었다. 이는 농민의 평등한 노동력을 대상으로 하는 것을 그만두고 각호(各戶)의 재산을 대상으로 해서 현물로 납세하던 원칙(現物納原則)을 동전으로 납세하는 원칙(銅錢納原則)으로 바꾼 것으로, 이는 당시 사회에서 과세대상이 되는 농민에게 빈부 차별이 확대하고 있었다는 것과 상품경제가 발전하여 화폐에 의한 납세액의 산출을 가능하게 했다는 것을 의미하는 것이기도 했다.

거기에다 균전제가 붕괴하고 장원제가 확대되었다. 이는 「안사의 난」 때부터 이미 왕공귀족(王公貴族)의 대토지 소유인 장원(莊園)이 균전제가 실시되면서 발달하고 있었는데, 이것이 「안사의 난」 이후에는 더욱 발전해서 그 소유자도 귀족을 대신해서 무사들로 대체되었다. 균전제는 모든 농민에게 토지를 지급한다는 취지하에서 이루어진 것

---

15) 절도사(節度使) : 중국 당(唐) 왕조에서 북송(北宋) 왕조에 걸쳐 존재했던 지방 조직인 번진(藩鎭)을 통솔했던 수장을 말하는데, 관찰사(觀察使) 등을 겸할 수도 있었으며, 지방의 군사와 재정을 통괄함.

이었는데, 장원제는 토지 소유자와 상실자로 나뉘게 하여 인민들 사이에서는 지주와 전호(佃戶, 소작인)가 출현하게 되었다.

한편 화북(華北)지역에서는 소맥(小麥)의 재배가 보급되게 되어 2년 3모작이 보급되었고, 화중(華中) 지역에서는 장강 하류 유역에서 전식농법(田式農法)이 보급되면서 벼(水稻) 품종이 개량되어 수전(水田) 이모작(二毛作)이 보급되고 있었다. 장원제는 이러한 농업의 발전에 따라 나타난 결과였다. 또 이러한 농업생산력의 발전을 기반으로 해서 초시(草市)라든가 진시(鎭市) 등의 농촌시장이 출현하게 되었고, 이와 함께 화폐유통이 활발하게 전개되어 화폐 납세를 원칙으로 하는 양세법을정착시키게 되었다.

이러한 상황은 당나라가 새로운 시대를 향하고 있었음을 말해주었다. 즉 종래의 막강한 군사력에 의거한 중앙통치가 이제는 더 이상 지속되지 못하고, 경제력을 바탕으로 주변국을 통제하는 형식으로의 전환을 예고했던 것이니, 이러한 통치방식의 변화는 곧 고대 동아시아 세계의 해체를 의미하는 것이었다.

이를 바꾸어 말하면 이제 동아시아의 제국은 중국 왕조의 철저한 규제에서 어느 정도 벗어나 민족적·지역적 특성을 갖는 독자노선을 걸을 수 있게 되었음을 말해주는 것인데, 이는 중국으로부터 자주권을 갖게 되었다는 의지의 표현으로 과거의 종속적인 자세에서 벗어나 새로운 메커니즘의 동북아 질서가 태동되게 되었음을 의미하는 것이었다.¹⁶ 동시에 당과 책봉관계를 맺고 있던 주변 국가들의 정치적 변화도 몰고 왔다.

즉 통일신라의 경우 매년 당에게 조공을 하면서 자신들의 체제를 유지해 올 수 있었지만, 이제 당이 쇠락하자 그들에 의지해 있던 세력들의 지위가 크게 변하는 바람에 국내에서 동요가 일기 시작하면서 후삼국 시대가 나타나 국가 분열 상황을 부채질하더니 최후에는 '고려'라는 새로운 왕조가 건국되는 상황으로 나타났다.

통일신라와 경쟁하면서 한반도 북쪽을 지배하던 '발해'는 서쪽에 거란족(契丹族)이 강력히 대두하면서, 이를 통일한 야율아보기(耶律阿保機)에 의해 멸망하고 말았다. 이로써 거란국이 중국 동북지역에 대한 지배가 시작되는데, '5대 10국' 중 5대의 하나인 후진(後晉)이 거란에게 신속(臣屬)되는 현상까지 나타났다. 이는 이적(夷狄)의 수장(首長)이 군주가 되고, 오히려 중국 왕조의 황제가 신하가 되는 역전현상을 의미하는 큰 사건이었다. 이러한 관계는 이후 송나라가 성립되면서도 계속되었다.¹⁷ 이처럼 이전의 국제질서는 크게 동요되어 중국 왕조가 동아시아 국제질서 체제의 중심이라고 하는 상황이 무너져 버리고

---

16) 예를 들면 10세기 들어 자국의 문자가 만들어지는데, 예를 들면 거란문자, 몽고 파스파문자, 여진문자, 일본 가나문자, 베트남 추놈문자 등이 그것이다. 한반도의 경우 8세기에 이미 이두가 만들어져 민족적 색채를 이미 나타내고 있었기에 새로운 문자가 나타나지 않지만, 15세기에(훈민정음 해례본에 의거하여 1446년 10월 9일이 창제일로 확정됨) 한글이 만들어 지면서 민족적 특징을 더욱 강화시켜 나갔던 것이다.
17) 거란과 송 두 나라 모두가 황제를 칭하게 되자 송 황제가 兄, 거란 황제가 弟로 칭해지는 기현상으로 전개되었다. 이후 여진족의 金이 나타나면 여진의 황제가 伯, 송 황세가 姪이 되고, 남송 시대가 되면 金나라 황제가 송 황제를 책봉해서 宋은 金에 대해 신하로 칭하게 되는 등 전통질서를 완전히 뒤바꿔 놓게 되었다.

말았던 것이다.[18]

또 일본에서는 율령제가 흔들리며 각지에서 난이 일어나는데, 그 대표적 난이 타이라노마사카도(平將門) 난으로, 이 난을 계기로 막부의 세계로 이전되게 되었다.[19]

그러나 여기서 말하는 고대 동아시아 질서의 해체라는 것은 당대까지의 정치적 질서 구조가 와해되었다는 말이지, 동아시아 세계의 유기적인 질서구조 자체가 해체됐다는 의미는 아니다. 즉 이 질서구조가 새로운 성격과 내용으로 변질되게 됐다는 것, 다시 말해서 새로운 동아시아 세계의 질서가 탄생했음을 의미하는 것이라고 할 수 있다.

3. 국제교류에만 의존했던 발해의 숙명

7세기 후반 동북아 지역에서의 동란[20]이 끝나면서 비로소 동북아 지역에도 안정기가 도래했다. 백제와 고구려가 멸망하고 신라가 한반도를 통일하여 한반도 대부분의 지역을 지배하게 되었고, 당나라도 안동도호부(安東都護府)를 평양에서 요동(遼東)으로 철수시켜 신라와의 관계를 회복하고자 노력한 데 그 이유가 있었다.

이러한 때에 약간의 소동이 있었다면 고구려 멸망 이후 고구려의 부흥을 위해 반란을 일으켰던 고구려 유민 일부가 왕족 안승(安勝)의 통솔 아래 신라에 들어와 보호를 요청하며 소(小) 고구려국으로써 살

---

18) 西嶋定生, 『中國古代國家と東アジア世界』, 東京大學出版會, 1983, 183-185쪽.
19) 義江彰夫, 『日本通史 1권 - 歷史の曙から傳統社會の成熟へ』 山川出版社, 1990. 175~179쪽.
20) 西嶋定生, 『中國古代國家と東アジア世界』, 앞의 책, 참조.

게 되지만, 얼마 지나지 않아 신라에 흡수되었다. 이에 대해 당나라도 경내에 있던 고구려 유민 28,200여 호를 강회(江淮, 중국 장강[양쯔강]과 화이허[회수] 강 사이 평원 지역을 가리키는 지명으로, 현재 주로 안후이성[安徽]과 장쑤성[江蘇] 일대를 포함하는 문화적 지리적 단위임) 이남과 산남(山南, 섬서성 남쪽 정[鄭]현에서 동쪽으로 2리 떨어진 곳과 사천성과 청해[靑海]성 남부) 각지로 강제 이주시켜 고구려 유민의 저항을 근본적으로 끊어버리고자 했다. 그러는 가운데 과거 고구려 지역 근처인 동북지방으로 이주해 간 일부 고구려 유민들 중 고구려의 회복을 위한 움직임이 나타나고 있었는데, 가솔과 함께 영주(營州, 요녕성[遼寧省] 조양시[朝陽市] 부근)로 이주해 있던 대조영(大祚榮)이 그 대표자였다.

696년 이 지방에서 이진충(李盡忠)이 반란을 일으켰을 때, 대조영은 말갈족(靺鞨族) 추장인 걸걸중상(乞乞仲象)과 걸사비우(乞四比羽)와 함께 고구려 유민을 거느리고 동쪽으로 가 당의 지배로부터 벗어났다. 그러자 당조는 이해고(李楷固)를 파견하여 이를 토벌하고자 했으나 대조영은 고구려인과 말갈인을 규합해서 이에 대응하며 이해고 군대를 패퇴시켰다. 이때 동북지방의 부족들인 거란(契丹)과 해(奚)가 돌궐(突厥)에 투항하며 연휴(聯携, 제휴)했기 때문에 이후 당은 더 이상 대조영 진영을 공격할 수 없게 되었다.

이를 틈 타 대조영은 고구려의 중심지였던 계루(桂婁)를 본거지로 하여 동모산(東牟山)에 성을 쌓고 여기서 거주하며 고구려와 말갈족들이 이곳으로 모여들도록 하여 698년 국호를 진국(震國)이라 하며 왕이 되었다. 이 진(震)이라는 국호는 『주역』의 풀이에 따라 지은 것으로 「동방(東方)」이라는 의미였다.

이 진국은 건국 이래 돌궐과 통하고 있었지만, 측천무후가 퇴위하고 중종(中宗)이 복위하자마자 706년에 장행급(張行岌)을 파견해서 진국을 초위(招慰, 달래어 귀순케 하는 것)하자 대조영은 이에 응해서 차자인 대문예(大門藝)를 수행시켜 당에 입조토록 하는 바람에 대문예는 그대로 시자(侍子, 인질이 된 아들)가 되어 숙위(宿衛, 왕자들을 인질로 불러들여 황제의 측근에서 지내면서 황제의 통치 철학에 동화되도록 하는 제도)에 봉사하면서 당에 머무르게 되었다. 이를 질자(質子)라고 하는데, 인질이 되었다는 의미이다. 그러다가 713(開元 元年)년에 현종(玄宗)이 즉위하자 홍려경(鴻臚卿) 최흔(崔忻)을 지절선로말갈사(持節宣勞靺鞨使)로서 진국에 파견하여 대조영에게 종3품 좌효위원외대장국(左驍衛員外大將軍)이라는 직책을 수여했고, 발해군왕(渤海郡王)으로 책봉해서 그 영역을 흘한주(忽汗州)로 했고, 대조영을 그 도독(都督)으로 했다. 이로써 '진국'이라는 이름은 폐지됐고, '발해국'이 탄생하게 된 것이다. 이것이 이후 200년에 걸쳐서 동북지방을 지배한 발해국의 시작이다.

발해국이라는 명칭은 한대(漢代) 이래 하북성 해안지방에 있던 발해군의 명칭을 따서 발해군왕으로 책봉한 것에서 비롯되었다. 원래 발해군에 해당하는 지방은 당시 창주(滄主)로 불리고 있었기에 발해라는 이름은 사라지고 없었다. 그런데 발해군왕으로 책봉되었던 것은 고구려가 요동군왕(遼東郡王)에, 신라가 낙랑군왕(樂浪郡王)에, 백제가 대방군왕(帶方郡王)에 책봉되었던 것처럼 옛 이름에 의해서 작호(爵號)한 것이기 때문에 되살아 난 것이고, 이에 의해서 이들 지역이 중국 국토라는 것을 명확하게 하려고 했던 하나의 정책이었다. 이렇게 발해국은 당 왕조의 책봉에 의해서 출현하게 된 것이기 때문에, 당에 대한 관계는 당시 신라국과 같은 것이었다. 이렇게 해서 고구려, 백제가 멸망한 후 동북아시아 지역에는 당·통일신라·일본 세 나라가 있었으나 이제 발해국의 출현으로 4개국 체제의 새로운 지역 구도가 형성되게 되었던 것이다.

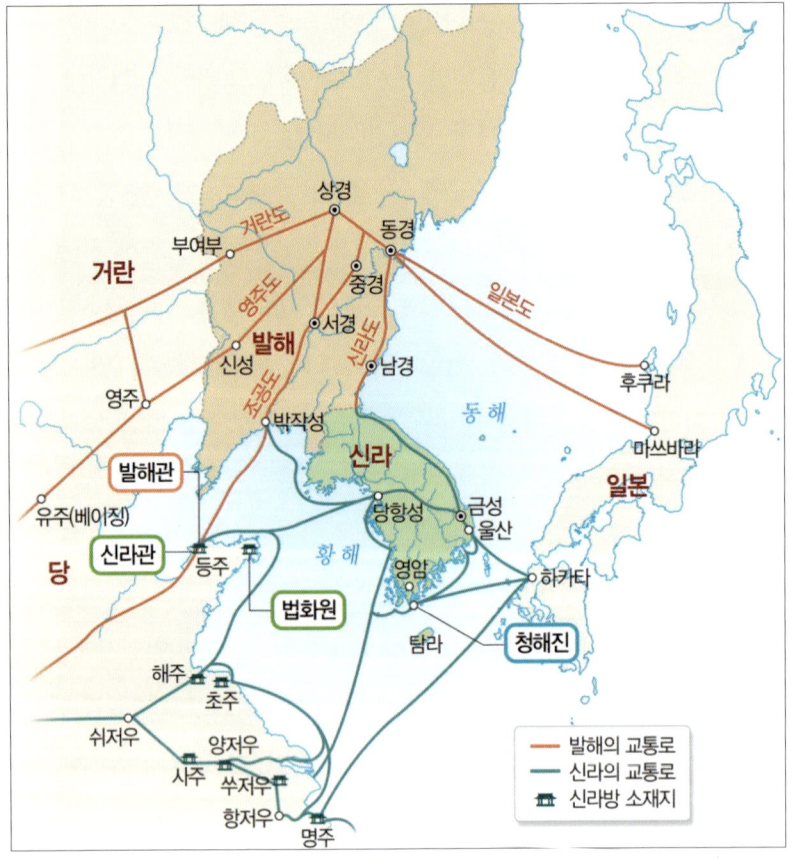

[사진 1] 남북국의 형세.

대조영이 발해군 왕으로 책봉된 다음 그의 장자인 대무예(大武藝)는 계루군왕(桂婁郡王)에 책봉되었다. 계루라는 곳은 대조영이 근거지로 했던 고구려의 옛 땅이나 원래는 고구려국의 5부(部) 중에서 중앙에 위치하는 계루부에서 유래한 곳으로, 대무예가 계루군 왕에 책봉되었다고 하는 것은 당이 발해국 왕의 적자(嫡子)를 계루군 왕에 책봉하는 것으로서 발해국이 당이 책봉했던 고구려국을 계승하는 나라라는 것을 인정해 준 것이었다. 이렇게 함으로써 이 나라의 귀족층인 고구려인을 위무(慰撫, 위로하여 어루만짐)하고자 했던 것이다.

　이후 발해는 신라와 마찬가지로 매년 당에 조공했고, 왕자 혹은 왕의 동생을 시자로 해서 당나라에 머물게 하면서 숙위로써 봉사토록 하였다. 이에 따라 당의 문물제도가 발해에 전해져 관제(官制)와 병제(兵制) 등의 기구가 정비되었고, 궁도(宮都)는 5경(京)으로 분치하도록 하였다. 또 5경 아래 부(府)·주(州)·현(縣)을 두었고, 조방제(條坊制)[21]에 따라 도시를 구획하여 발해의 발전을 가져오게 하였다. 이러한 제도문물이 모두 고구려인들에 의해서 전해진 것이라는 점에서 볼 때, 대부분의 백성들은 주로 말갈인들이고, 이를 고구려인이 지배하는 형태였음을 알 수 있다. 이는 당의 문물제도가 발해 발전에 상당한 영향을 주었음을 알게 해준다.

　발해가 발전하면서 동북아의 4국 관계는 아주 긴밀한 상호 관계로 발전하게 되었는데, 이러한 상황은 신라와 발해의 당에 대한 연

---

21) 조방제(條坊制) : 도시나 궁성을 일정한 구획(條)과 단위(坊)으로 나누어 체계적으로 도시를 관리하는 도시 구획 방식을 말한다. 이 제도는 당나라 장안성과 백제·신라 등 고대 동아시아 국가에서 궁성이나 도성의 정비와 도시 계획에 적용되었다.

차적인 조공 횟수 및 일본의 견당사 파견 횟수 등을 통해서도 알 수 있다.

이후 발해는 이러한 동북아 4국 체제하에서의 국제관계를 잘 유지하면서 성장해 갔다. 8세기 초기에는 소위 '당발분쟁'[22]이라 해서 당과 발해 간에 분쟁이 촉발되어 당이 신라를 전쟁에 끌어들이고, 발해는 돌궐의 지원을 받아 국제적 사건으로 비화되는 큰 사건이 일어나기도 했지만, 9세기에 들어서면서부터는 동북아 지역에서의 국제관계는 안정된 상태에서 잘 유지 발전해 갔다.

예를 들면, 발해와 일본의 관계에서 발해는 일본을 도와 견당사(遣唐使)의 입당과 귀국에 대한 지원, 일본 승려의 입당과 귀국에 대한 지원, 재당일본인(在唐日本人)의 서장(書狀)과 물품을 전달하고, 당에 관한 정보 전달을 해주는 등의 역할을 했다.[23] 한편 8-9세기에는 발해와 신라가 가까워지면서 함께 당과 깊은 관계를 가지게 되어 당 문화를 받아들이는 데 최선을 다했고, 일본과의 관계에 있어서도 서로 최선을 다했기에 오히려 경쟁 관계로 이어져 양국의 교섭은 서먹했지만, 그러한 경쟁 관계는 다른 국가들과의 교류를 더욱 활발하게 해주는 촉진제가 되었다.

이처럼 발해와 신라의 다툼은 당이라는 무대에서의 서열 다툼(석차쟁장사건[席次爭長事件])에서 비롯되었다.[24] 이는 다시 말해서 당이 신라를 발해에 대한 견제책으로써 편입시킨 동방정책에 의해 기인됐

---

22) 林相先,「大文藝の亡命年時について - 唐渤分爭に至る渤海の情勢」,『集刊東洋學』 51, 1984.
23) 鳥山喜一,「渤海史上の諸問題」,『風間書房』, 1968, 89쪽.
24) 浜田耕策,「唐朝における渤海と新羅の爭長事件」, (『古代東アジア史論集下卷』, 末松保和博士古稀紀念會編, 吉川弘文館, 1978), 339-360쪽.

다는 점이다. 즉 이 두 나라를 서로 견제케 함으로써 당은 동쪽의 안녕을 유지할 수 있었던 것이다. 물론 일본에 대한 견제도 이러한 정책을 통해서였다. 이는 8세기 말에서 9세기 초에 걸쳐서 발해사절이 일본에 건너간 횟수가 가장 많았던 것에 비해,[25] 9세기 중엽 이후부터는 신라선과 당선(唐船)의 일본 도착이 많아지면서 발해 사절단의 횟수가 적어졌는데, 이는 8-9세기 동아시아의 국제관계를 당나라가 자신들의 동방정책으로써 활용했음을 알게 해준다.

그러나 발해는 이러한 당나라의 견제와 압박을 잘 견디어 냈다. 그러면서 국경을 신라의 북쪽 국경에서 당나라 동쪽 변의 광대한 평원을 포함하여 시베리아로부터 연해주에 이르는 광대한 지역을 통치했고, 당나라로부터 중국의 발달된 문화를 수용하면서 주변 국가와의 인적·물적 교류 등을 통해 200여 년간을 존속할 수 있었다. 즉 동아시아 세계가 가지고 있던 유기적인 국제관계를 잘 활용했던 덕분이었던 것이다.

그럼에도 불구하고 우리의 기억 속에서 희미한 존재로 남아 있게 된 데에는 아마도 우리가 흔히 인지하고 있는 역사의 다이내믹한 면이 적었기 때문이 아닌가 생각된다. 그만큼 발해는 아주 평범한 문화국가였던 것이다. 건국 초기의 군사적인 왕성한 활동도 일정한 영역이 정비되고 난 다음부터는 문치주의 정치로 일관한 데다가 국외에 보내는 사절단도 동맹 등 군사적인 면을 위한 것이 아니라 모두 경제·문화 사절적 성격을 띤 것에서도 알 수 있다.

---

25) 東野治之,「日唐間における渤海の中繼貿易」, (『日本歷史』438호, 吉川弘文館, 1984) 80-85쪽.

이러한 발해의 멸망에 대해 백두산 폭발의 영향 등 여러 견해가 있지만, 결국은 주변국과의 교류를 통해 유지할 수 있었던 발해가 그 중심적 의지가 되고 있던 당나라의 멸망, 일본과의 교류 약화, 기타 다른 국가도 당의 멸망과 더불어 해체되어 가는 과정에서 교류 관계가 막혀버리는 바람에 자생적인 힘이 없어진 발해가 거란족에게 대항할 준비조차 할 수 없는 상태에서 처절하게 궤멸되었던 것이라고 볼 수 있다.

4. 해상왕국을 세운 장보고의 성쇠

발해는 기후환경이 좋지 않은 동북아 제일 북쪽 지역에 존재하고 있어 경제적으로 자립할 수 있는 근거지가 없었기에 국제교류를 수단으로 한 국가 간의 교역을 통해 국가의 명운을 이끌어 온 데 대해, 장보고의 해상왕국은 지역과 지역을 이어주는 해상교류의 실질적인 행위자로서 활동하며 건설되었다. 따라서 발해와 장보고 해상왕국의 교류라는 개념은 확연히 다른 것이지만, 동북아에서의 교류시스템을 활용하며 자신들의 명맥을 이어나갔다고 하는 점에서는 같은 맥락을 띠었다고 할 수 있다.

장보고의 등장 또한 이러한 동북아에서의 환경 변화 하에서 나타난 것이었다. 8세기 중엽에 들면서 당나라에서는 내부적으로 정치적인 혼란 상황이 일어나 경제 질서에 큰 영향을 미치게 되었다. 755년 안록산(安祿山)이 난을 일으켜 10만 명의 대군을 이끌고 낙양을 점령한 후 다음 해에는 수도 장안을 점령하면서 화북지방을 수중에 넣었다. 그러나 안록산이 곧바로 죽자 이를 뒤이어 사사명(史思明)이 다시 난을 일으키니 당나라는 극도의 혼란 속으로 빠져들게 되었다.

위기를 느낀 당나라는 실크로드 지역에 주둔하던 안서진(安西鎭)의 군대와 위구르 군대까지 원병을 요청한 끝에 간신히 사사명의 난을 진압할 수 있었다. 그렇지만 중앙이 힘이 약화되자 이를 틈 탄 서남쪽에 있던 토번(土蕃)이 북상하여 공격해 오는 바람에 당은 다시 위기에 빠지게 되었다. 이때 당은 금성공주(金城公主)를[26] 토번의 왕에게 결혼시켜 위기를 벗어났다. 그러자 위구르족도 이 기회를 놓치지 않고 공격해 왔고, 현재의 운남성 지역의 리장(麗江) 지역에 있던 남조(南詔)가 또한 공격해 올 준비를 하고 있어 숨 쉴 틈조차 없었다.

이러한 위기상황을 타개하기 위해서는 잘 훈련된 군대가 필요했던 당나라는 용병제(傭兵制)를 채택하기에 이르렀다. 용병에 참가한 자들은 이민족 출신의 빈민들이나 하층 농민들이었고, 이들을 지휘하기 위해서 절도사(節度使)들이 국경 지역에 배치되었다. 절도사들은 명분상으로는 번신(藩臣)이지만 실제로는 당나라 황제의 힘이 미치지 않는 독립세력이었다. 그들은 거두어들인 세금을 제대로 중앙에 보내지 않았고, 국가가 관리하는 대외 교역의 일부까지도 관리하였다. 그렇게 재정을 확보해 가면서 군사력을 강화시켰고, 나아가 사무역까지 실시하니 점점 힘이 커지게 된 절도사들은 중앙 정부로부터 벗어나 독립하려는 경향을 띠게 되었다.

이들 중 대표적인 절도사의 하나였던 이정기(李正己)는 761년에 요시(遼西) 지역에서 산농(山東) 지역으로 2만의 군사를 이끌고 이주해

---

[26] 당 중종(中宗)의 조카인 옹왕(雍王) 수례(守禮)의 딸로서 710년 당시 7세나 나이 어린 티베트왕에게 왕비로 보내져 그녀가 사망하는 739년까지 양국의 화평을 위해 노력했다.

산동 반도 지역을 다스리는 절도사가 되었다. 그는 신라와 발해 두 나라와 교역을 하고, 교민들에 관련된 업무뿐만 아니라 사절들이 활동하는데 관련된 업무들을 총괄하였고, 무역도 관장하였다.[27] 그러자 이정기 세력은 점차 강성해져서 10만여 병력을 보유하게 되었고, 그러한 힘에 의지하며 산동 반도의 해양권과 대운하의 북부 주변을 장악하게 되면서 당나라 정부를 경제적·정치적으로 위협하게 되었다.

그러자 당 정부는 그대로 좌시할 수 없게 되자 이들을 토벌하기 위해 서주(徐州) 특별 군대를 편성했으니 바로 무령군(武寧軍)이었다. 그리고 이 무령군은 결국 819년에 이들을 궤멸시켰으니 이정기가 자립한 지 55년 만의 일이었다. 바로 이때 백제계 신라인인 장보고가 무령군의 군중 소장(軍中小將)[28] 이었다. 당시 고구려 유민들 중에는 당을 위해 군사적인 공을 세워 당 체제에 들어간 자들이 약간 있었는데, 결국은 모두 배척당하고 말았다.[29] 그러나 장보고는 이러한 현실을 꿰뚫어 보고 당나라 체제 속으로 들어가지 않고, 재당 신라인과 군대 사이에서 활동하면서 군인으로서의 역할이 없어지자 신라로 귀환하였던 것이다.

당나라는 안록산 난이 종결된 이후부터 지방 군벌들의 난립이 있기는 했지만, 농업과 상업이 발전하여 곳곳에 도시가 생겨나고 이들

---

27) 그는 공무역 외에도 민간 해상무역까지 관리했는데, 예를 들면 발해와 명마(名馬)를 사고파는 일을 하였고, 신라와는 숙동(熟銅, 잘 정제된 구리) 무역을 하였다.
28) 높은 계급은 아니고 현재의 대대장 정도의 직책으로 당나라 내부에서 영향력을 행사하거나 국제질서 무대에서 자기 역할을 하기에는 무리한 위치였다.
29) 고간, 고사계, 고선지 등이 대표적인 인물로 꼽을 수 있다.

도시를 중심으로 문화·종교·문학·예술 등도 발달하면서 이백(李白), 두보(杜甫), 백거이(白居易) 등이 활약하는 전성기를 구가하게 되었다. 특히 도로 건설과 대운하 보수 정비 등에 의해 물류망이 정비되면서 특산물 등이 수월하게 교환되게 되어 상업이 발전하게 되었고, 서역 문화와의 교류, 동북지역과의 인적 교류가 활발해지면서 국제적 성격이 강화되어 갔다.

당 정부는 초기에 조공 무역 이외의 사무역은 인정하지 않았으나 지방의 번진들이 비정부 무역을 성행시킴으로써 중앙 정부의 통제로부터 벗어나가는 경향이 강해졌고, 경제 규모도 커지면서 공무역(公貿易)으로는 한계가 보이자 사무역(私貿易)이 활성화 되는 계기를 가져오게 했다. 그러다가 지방 번진(藩鎭)들의 대외무역을 견제하기 위해서 개방 정책을 실시하게까지 이르게 되었던 것이다.[30]

그러자 8세기 후반 장안(長安)에는 서역인이 5만이나 되었고, 외국인들이 모여 사는 집단 거주지를 번방(藩邦)이라 하여 보호해주어 번장(藩長)이 책임자가 되도록 했고, 분쟁 시에는 그들 나라의 법으로 다스릴 수 있는 자치권과 치외법권을 인정해주기까지 했다.

이러한 정책에 의해 당 제국을 중심으로 한 국제관계의 질서가 보호되게 되었고, 그로 인해 동아시아의 평화와 번영이 실현되었다. 이러한 국제관계는 각국의 상황에 따라 당나라와의 관계, 혹은 주변국가 간의 관계가 성격적으로는 각각 달랐지만, 당시의 모든 국제관

---

30) 당나라는 외국에서 건너온 이주자, 중국인도 외국에서 살다가 귀환하는 경우 세금 면제 특전을 주었고, 사신, 유학생, 유학승을 포용하고 우대하는 정책을 실시하여 재정적 도움을 주며 공부를 시켰다. 나아가 외국인을 위한 관리시험인 빈공과를 설치했고, 외국인이 쉽게 진출할 수 있도록 군대도 개방하였다.

계는 사실상 동아시아 전체지역에 미칠 수 있었기 때문에, 이러한 관계를 파탄시키는 동기는 서로가 자제하는 환경이 되었다.

당시 신라는 정치적 안정기를 맞이하여 수공업 등 산업이 발달하기 시작하였고, 통일을 실현하면서 해양방면에 대해서도 자신감을 가지고 국제무역을 활발히 추진하고 있었다.[31] 일본과의 교역도 활발하였는데, 『속일본기(續日本紀)』 등에서 볼 수 있듯이 당시 신라 물품을 구매하기 위해 일본 정부가 지출하는 금액의 규모는 엄청났다.[32] 특히 신라는 일본에 대한 무역을 독점하여 당, 서역, 아라비아에서 일본으로 오는 모든 물품은 반드시 신라를 거쳐야 했다. 장보고가 등장하기 이전에 이미 중계무역과 직접무역이 행해지고 있었던 것이다.[33]

일본도 소위 「덴표문화(天平文化)」라[34] 하여 경제·문화면에서 전성기를 구가하고 있었는데, 신라, 당, 발해 등과의 인적·물적 교역은 물론, 동남아와 아랍지역과도 간접적으로 교류하여 국제 무역시스템 속에 들어가 있었다.

발해는 건국 당시 신라와의 무역이 활발했으나 8세기경 적대관계

---

31) 8세기 중엽 이후 우황, 인삼 등 약재 및 대하어아금, 소하어아금, 조하금 등의 비단, 조하주 어아주 등의 명주, 바다표범 가죽 등 고급 직물과 금은 세공품이 수출되고 있었다.
32) 崔在錫, 「9世紀 新羅의 西部日本進出」, 『韓國學報』 69, 1992.
33) 남중국, 동남아시아, 인도, 아라비아 등에서 생산되는 향료, 약재 등 남해 무역품에 대한 기록이 삼국사기 등에 잘 실려 있다. 이븐 쿠르다지바(820-912)의 제도로 및 제왕국지에도 신라의 위치, 황금 산출에 관한 내용 등이 기록되어 있고, 이슬람인들의 신라 내왕 사실과 신라의 수출품 등이 기록되어 있다.
34) 덴표문화 : 8세기 나라 시대에는 비록 중앙집권적 제도는 무너져내리고 있었지만, 한편으로는 예전에는 볼 수 없었던 화려한 문화가 헤이조쿄(平城京)를 중심으로 꽃을 피웠다. 이 시대의 문화를 쇼무 천황 때 연호인 덴표(天平)를 따서 '덴표문화' 라고 부른다. 덴표문화는 당시 견당사(遣唐使)·견신라사(遣新羅使)가 자주 파견되어 국제적 색채가 짙은 문화였는데, 이를 대표적으로 보여주는 것이 정창원(正倉院)의 보물이다.

로 돌아서면서 일본과 우호적인 관계를 맺으며 활발한 국제교류를 행하고 있었다. 당나라와는 건국 이래 줄곧 우호 관계를 지니며 130여 차례에 걸쳐 사절단을 보내는 등 국제교류에 적극적이었다. 산동반도의 등주(登州)와 청주(靑州)는 발해와 당 사이의 무역 중심지가 되었고, 이를 위해 당은 등주에 발해관(渤海館)을 설립하여 교역상의 편리를 도와줄 정도였다.

이렇게 국제간의 교역이 활발해지고는 있었으나 당 중앙 정부의 통제력 약화로 인해 교역을 하는 해상에서의 안전보장책이 결여되어 있는 것을 틈타 무장한 상인집단, 즉 실체가 불분명한 다국적 집단인 해적들이 횡행하게 되었다. 이들은 교역 선단을 무차별 공격하면서 물품을 노획하는 등 무역을 방해하며 또한 노예무역을 일삼았다. 당시 당나라에서는 노비의 약탈과 매매가 전국적으로 횡행하게 되었고, 특히 동부 연안에서는 신라인 노예가 대대적으로 매매되고 있었다.[35]

바로 이러한 때 군인으로서의 역할이 없어진 장보고는 상단(商團)에 들어와 활동하고 있었고, 그의 항해술에 대한 전문성이 신라에 알려지면서 신라 정부의 요청에 의해서 국내로 돌아와 완도(莞島)에 청해진(淸海鎭)을 설치하여 해적들로부터 백성과 선단을 보호하며 동북아 해양에서의 무역 활성화를 주도해 나가게 되었다. 그의 활약을 들은 일본 정부도 그에게 해적 소탕을 요구할 정도였다. 이렇게 해서

---

35) 이러한 상황은 821년 평로군 절도사가 해적이 신라양민을 납치해 등주와 래주 등에서 노비로 팔고 있다고 하는 보고서에 잘 보인다. 그리고 이어서 828년 10월에 당 정부는 '신라 노비 매매 금지령'을 선포했다.

그의 활동 영역은 점점 더 확대되어 소위 '해상왕국'을 건설하게 되었던 것이니, 그 배경에는 바로 이와 같은 동북아 지역의 국제교류 상황이 전개되고 있었기 때문이었다.

그러나 이러한 장보고의 해상왕국도 결국은 종말을 가져올 수밖에 없었다. 이러한 원인에 대한 시각은 다양하다. 『삼국사기』에서는 "청해(淸海)의 궁복이 그의 딸을 왕비로 받아주지 않은 것을 원망하여 청해진에 근거지를 두고 반란을 일으켰다(淸海弓福怨王不納女據鎭叛)"라고 기술하여 권력욕과 신분 상승의 욕구 때문에, 혹은 권력 쟁탈전의 결과로 인해 종말을 고했다는 듯이 기술하고 있으나, 이러한 평가는 그에 대한 진정한 평가는 아니라고 보는 것이 일반적이다.[36]

[사진 2] 청해진이 있었던 완도의 장도 전경.

---

36) 윤명철, 『장수와 장보고 그들에게 길을 묻다』, 포럼, 350-352쪽.

왜냐하면 그는 신라 내부에서 성장한 것도 아니고, 중앙정치 권력과 관계를 맺어 출세한 것도 아니면서, 신라, 당, 일본, 발해를 연결하는 해상왕국을 건설했던 국제적인 인물이었기 때문에, 그의 종말 원인은 결국 국제적인 요인에서 찾아야 할 것이다. 가령 교역 상대나 배제된 상인집단, 그렇지 않으면 해적이나 상권을 빼앗긴 당나라나 일본 상인들의 사주 등 여러 가지 요인에 의해서 빚어진 결과라고 보아야 할 것이다. 결론적으로 말해서 국제질서 변화와 신라 국내의 권력 쟁탈전이라는 복합적인 배경 속에서 나타난 결과라고 보는 것이 타당할 것이다.

5. 결론

 발해와 장보고에 대한 연구결과는 상당히 많다. 그렇기 때문에 본 논문에서는 이들 주제와 관련된 일반적인 서술은 회피했고, 대신 고대 동아시아 세계가 해체되는 과정에서 나타났던 당 왕조의 정치적·사회경제적 변화와 그것과 연계된 동북아 국가들의 대응이라는 국제관계 속에서 출현한 발해와 장보고 해상왕국의 성쇠 요인을 동북아 지역 교류시스템 속에서 찾아보고자 하였다.
 공교롭게도 발해는 동북아 지역의 정치적 변화 속에서 출현했던 나라이고, 장보고의 해상왕국도 동북아 지역의 경제적 관계 속에서 나타났던 산물이었다. 그리고 이들의 쇠망도 고대 동아시아 세계가 해체되는 과정에서 이루어졌다. 그만큼 고대 동아시아 세계의 중심이 되었던 당나라의 역사적 비중이 컸었다는 것이고, 그 비중이 점점 약해져 가면서 당 왕조에 의지하며 권력을 유지했던 주변 국가들의 중심세력도 서서히 약화되면서 멸망하거나 왕조가 바뀌는 현상을 가져왔던 것이니, 이러한 유기적인 국제관계는 비록 10세기 이후 그 성격이 바뀌기는 하지만 이후에도 계속되었다는 점을 주지해야 할 것이다.

오늘날의 세계에서 경제적, 정치적 비중이 점점 더 확대되어 가고 있는 동아시아의 지역적 특성을 파악하기 위해서는 이러한 고대부터 이어져 온 동아시아 내의 국제적 교류관계를 잘 이해해야만 할 것이다. 그래야만 현재 나타나고 있는 전 세계적인 금융문제, 핵 문제, 전쟁문제 등 여러 문제점을 해결할 수 있는 해답을 찾아낼 수 있는 계기가 될 것이다.

17C 명청교체기,
동아시아 근세 교류시스템의 새로운 전개
- 무역과 연계시스템을 중심으로 -

목차

1. 머리말

2. 동아시아 지역의 구조적 특징과 한계

3. 동아시아 지역의 전통적 교류와 성격

4. 동아시아 지역의 교역문화

5. 동아시아 지역과 동남아지역의 연결시스템

6. 맺음말

1. 머리말

 냉전체제가 끝난 직후 세계의 움직임은 활발했다. 그 대표적인 예가 미국의 독주체제에 대한 유럽 국가들의 불안감에서 야기된 유럽공동체의 탄생이 그것이고, 중국과의 친분을 드러내며 미국의 독주에 은근히 반발하는 동아시아 국가들의 협력 분위기 연출이 또한 그것이었다. 특히 유럽공동체의 탄생은 역사상 유례가 없는 유럽의 통합이라는 점에서 세인을 놀라게 했다. 미국의 독주에 대한 견제세력으로의 열망과 동아시아 지역 국가들의 경제 발전에 따른 세계시장에서의 위축에 대한 두려움 등이 그러한 결과를 만들어 낸 것이다.

그렇기 때문에 유럽 연대와 공생이라는 캐치프레이즈를 외치며 그들은 단결을 이루어 냈던 것이다.

아직 내셔널리즘과 민족의 발흥이라는 측면에서 여전히 갈등할 수 있는 면이 남아 있고, 동시에 비균형적인 경제적 통합시도가 어느 정도까지 가능할 것인가에 대한 예측은 하나의 큰 흥밋거리라고 하지 않을 수 없지만, 산업혁명 이후의 화려했던 시절을 포기하고 싶지 않은 그들이기에 당분간은 지금의 체제를 어떻게든 이어갈 것으로 보인다.[1]

이에 대해 동아시아 지역에서는 비교적 완만하게 화해(和諧)와 공생(共生)을 도모하려는 차원으로의 시도가 엿보이는 측면도 있지만, 내면적으로는 정치·군사·경제적 면에서 엄청난 변화와 갈등하는 모습을 보이고 있다.[2] 이러한 엄청난 격동의 물결에 대해 구미 제국들은 이 지역에 대해 간섭과 통제를 할 수 있는 절호의 기회로 여기고 있고, 이에 대응하는 동아시아 지역의 각국도 자신들만이 지니고 있는 이해의 잣대로 때로는 화해와 공생을 외치면서도 이들 세력과 연계하면서 서로를 견제하느라 군비를 확충하고 대외관계에 온 힘을 쏟고 있는 모습을 보이고 있다.[3] 이런 점에서 21세기 국제사회는 동아시아 지역의 역동성이 미치는 이해관계 속에서 서로가 헤게모니를 장악하기 위해 한중일 삼국을 중심으로 하는 동아시아 지역과 미

---

1) 고병익, 「동아시아 나라들의 상호 소원(疏遠)과 통합」, 『동아시아, 문제와 시각』, 서울, 문학과 지성사, 1995.
2) Wallerstein, Immanuel, 대담, 「21세기 시련과 역사적 선택 -세계 체제, 동아시아, 그리고 한반도」, 『창작과 비평』, 1999년 봄호.
3) 車馹涉, 趙利濟等著, 『東北亞的和諧與共生』, 北京, 中國人民大學出版社, 2010, 2쪽.

국·유럽공동체 등 세 지역이 서로 경쟁하는 체제를 형성했다고 할 수 있을 것이다.[4]

이러한 상황에서 미국은 단일국가적 차원에서 앞으로도 계속적으로 주도권을 행사하려 할 것으로 예상되나 질서 변용의 역학적인 법칙성을 유지하면서 단계적으로 실질적 통합을 진행하고 있는 유럽공동체의 미국에 대한 견제가 당분간은 큰 힘을 과시할 것으로 보인다. 그러나 동아시아 지역은 이들 지역에 비해 어떤 방향으로 나아갈지조차 예상할 수 없는 유동적이고 파행적인 진행을 하고 있어, 언제 새로운 문제로 인해 운명이 바뀔지 모르는 예측 불능의 상태로 나아가고 있다고 볼 수 있다. 다시 말해서 지역공동체를 구성하려는 구상도 없고, 그저 독자적으로 지정학적 조건에 따라 전통적인 세력 균형 질서로 회귀하려는 경향만이 두드러지고 있는 가운데, 동아시아 지역의 국가들은 변함없이 구미지역들과의 경제적·군사적·외교적 협력과 압력에 의한 수단을 통해 영향을 받을 것으로 예상된다.

그러나 다른 한편으로 생각해 보면, 자신들의 당면한 수많은 어려움 속에서도 엄청난 지출을 감내하면서 동아시아 지역에 관심을 집중해야 하는 구미 각국의 불안한 현실을 동아시아 지역 국가들이 역으로 활용하는 측면이 없지 않아 있음도 간과할 수 없는 것이 또한 지금의 그들 현실이다. 그렇게 될 수 있는 배경에는 무엇보다도 자신들이 생각할 수 없는 정치적·문화적·사회적 구조의 틀 속에서 발전을 구가하고 있는 이들 지역에 대한 미래 예측이 불가능하기 때

---

4) 유장희, 『APEC과 신국제질서』, 서울, 나남신서(421), 2005, 참조.

문이 아닐까 여겨진다. 이것은 「발전하는 유럽」과 「뒤처진 아시아」라고 하는 이분법적인 지금까지의 시각을 "다시 재고하지 않으면 안 된다"고 하는 명제를 구미인들이 갖고 있기 때문에 나타난 결과가 아닐까 한다.[5]

근대 유럽적인 발전 경험을 가지고 있지 못하고, 서로 다른 다양한 문화를 바탕으로 지역적 원리에 의해 살아가면서도 공생을 해 왔던 동아시아 지역의 특징적 요소가 유럽인들에게는 불가사의한 일로 여겨지는 것은 어쩌면 당연한 일일지도 모른다. 이는 기독교적인 개인주의와 유교적인 가족 집단주의라는 단순한 도식으로서만 해결할 수 없는 문제이고, 또한 어떤 이론 체계에 의해 설명할 수도 없는 문제이다. 1980년대 동아시아 국가들의 경제 발전에 대해 유교적 이론에 의한 체계적인 설명은 많이들 시도해 왔지만, 결국 성공하지 못한 것이 그 좋은 예이다.[6]

이러한 동아시아 지역에 대한 궁극적인 의문은 바로 서구가 아시아를 지배하던 때와 같은 척도 및 같은 수단으로 동아시아 지역의 흐름을 바라보아서는 해결점을 찾지 못한다는 말이 된다. 따라서 서구적인 요소가 어떤 형태로 비 서구적인 전통 요소와 결합하고 있는가 하는 측면에서의 분석이 오히려 더 설득력 있는 논지가 될 것으로 보

---

5) 이매뉴얼 월러스틴, 『자유주의 이후』, 당대총서 7, 서울, 당대출판사, 2000, 참조.
6) 金耀基, 「유가 윤리와 경제 발전-막스 베버 학설의 새로운 탐색」, 『동아시아, 문제와 시각』, 서울, 문학과 지성사, 1995. 金勝一, 「동아시아 공동체의 전통 이념과 계승발전」, 『21세기 동아시아 협력』, 미래인력연구센터, 1999. 함재봉, 유교 자본주의 민주주의, 전통과 현대, 2000.

인다.[7] 이런 차원에서 서구사람들이 동아시아 지역에 대한 시각이 달라지고 있고, 그렇기 때문에 관심을 집중하고 있는 것이다.

이러한 상황에서 더욱더 동아시아 지역에 대한 관심을 집중시키게 하는 중요한 배경이 되는 계기가 있었으니 바로 IMF가 아시아의 금융위기 상황을 점검하기 위해 과거의 GDP(국내총생산) 산정기준을 구매력평가로 변경하면서 새로이 작성하여 발표한 「세계경제개황」이다. 당시 여기에 나타난 경제지표는 지속적 성장을 해 온 동아시아 지역이 세계 경제에서 점하는 비율이 구 산정방식에서는 1985년 18%였던 것이 1990년에는 34%였다. 이에 대해서 공업선진국은 73%에서 54%로 감소 되었음이 나타났던 것이다. 이것은 단지 숫자의 부풀림에 의한 결과가 아니라, GDP를 달러 시장의 교환비율로 환산해서 그 나라의 경제력을 규정해 본 결과 달러 교환비율이 대폭적으로 평가절하 되었던 것이 그 주요 원인이었음을 알게 되었다. 더구나 이러한 문제만이 아니라 국제조직, 특히 원조 기관으로부터의 차관을 얻는 방법이 지금까지는 각국 정부가 GDP를 가능한 한 낮게 보고하는 경향이 강했고, 나아가서는 언더그라운드의 경제활동을 IMF나 세계은행 등이 통계에서 이를 배제함으로써 동아시아의 대부분 지역 경제력이 부당하게 적게 평가되어 왔다는 사실도 알게 되었던 것이다.

이러한 것에 기초해서 세계은행도 동북아 지역의 잠재력에 대해 새로이 평가해야 한다는 인식을 갖게 되었고, 이러한 대도 변화는 세계

---

[7] 강상중, 1999년 9월 30일~10월 1일, 「'일본의 아시아'와 지역통합」, 『두 세기의 갈림길에서 동아시아를 다시 묻는다』, 서남재단 국제학술대회, 자료집.

를 주도하던 구미 선진국가들의 동북아에 대한 인식을 바꾸게 하는 계기를 가져다주었다.[8] 더구나 최근에 발표되고 있는 통계를 보면서 구미 각국에서는 동아시아 지역에서 엄청난 변화가 일어나고 있음을 더욱 절실하게 느끼고 있을 것이라고 예측할 수가 있다.[9] 따라서 현재까지의 "개발도상국은 아시아", "선진국은 유럽"이라는 등식이 깨지고 있다는 점을 유럽인들은 의식하기 시작하였다고 볼 수 있다.

이처럼 동아시아 지역의 경제적, 국제정치적 위상은 과거와는 판이하게 다른 양상을 보이고 있는데, 이러한 것들은 얼마 전까지만 해도 유럽인들이 의식조차 하지 못했던 결과라고 할 수 있다. 다시 말해서 그것은 지금까지 자본주의적 사방식에 의거한 차별적 관념으로 동아시아 지역을 봐왔다는 것을 의미하는 것으로 동아시아 지역의 독특한 전통적 경영방식에 대한 이해를 전혀 인정하지 않았었다는 것을 의미하는 것이기도 하다.

따라서 이러한 동아시아 지역이 가지고 있는 독특한 전통적 경영방식이 무엇이었는지, 어떠한 시스템으로 오늘에 이르기까지 수 천 년의 역사를 공동적으로 이어올 수 있었는지에 대한 요소와 배경을 분석해 보고, 이를 토대로 향후의 세계 변화에 어떻게 대응하고 적응해 가야 할 것인지에 대한 대책을 찾아보려는 것이다.

---

8) The Economist, May, 1993, 15-21쪽.
9) 독일은행이 전망한 2020년 세계경제(GDP)구성 지수를 보면, 미국〉중국〉인도〉일본〉독일〉영국〉프랑스〉이탈리아〉스페인 등으로 예상하고 있다. 세계은행 수석 부총재 겸 수석경제연구위원 린이푸(林毅夫) 베이징대 교수는 중국의 GDP가 22년 후인 2030년에는 미국의 2.5배가 될 것으로 전망했다. 『서울파이낸스경제』. 2008. 02. 05.

2. 동아시아 지역의 구조적 특징과 한계

 일반적으로 지리적 구조상에서 동북아시아 혹은 북동아시아라고 하는 지역의 범위는 중국 동북·한반도·동시베리아·캄차카반도·사할린, 그리고 경우에 따라 포함시키기도 하는 홋카이도와 아류산열도(Areutian 列島) 등을 포함하는 거대한 지역이다. 이 지역을 역사와 문화적 특질에 의해 분류한다면 한반도·중국 동북·동시베리아 등 세 지역으로 나눌 수가 있다. 이 지역에 사는 민족들은 민족의 원류라고 하는 입장에서는 옛날로 거슬러 올라가면 같은 민족계통임을 알 수 있으나, 역사가 진행되면서 자신들의 독자적인 길을 걸어옴으로써 크게는 남부의 한반도·중부의 중국과 동북지역·북부의 시베리아 등이 문화적으로는 완전히 다른 양상을 보이며 오늘에 이르고 있다.[10] 따라서 이러한 측면에서 보면 하나의 문화권이라는 시각보다는 지역구조 상에서 동북아시아 혹은 북동아시아라는 지역 개념이 나타났음을 알 수 있다.

 지리학·고고학·민족학 등에서는 '동북아시아'보다 '북동아시아'라는 용어를 많이 사용하는데 이러한 관념은 유럽인들이 사용하는 영어적 개념을 그대로 번역한 데서 온 것이라 볼 수 있다. 그러나 일반적으로 동양인들의 관념은 동서남북으로 동서를 남북보다 먼저 사용하기 때문에 동북아시아라고 자주 사용하고 있는 것이다.

 하지만 이러한 용어의 사용은 유럽인들의 역사적 사고에서 비롯된 것이지, 실제로 이 지역에 살았던 모든 민족에게는 이러한 전체적인

---

10) 荻原眞子, 「民族と文化の系譜」, 三上次男 神田信夫, 『民族の世界史(三) : 東北アジアの民族と歷史』, 東京, 山川出版社, 1989, 54-61쪽.

지역을 중심으로 생각하며 살아온 민족은 거의 없다고 할 수 있다. 즉 이 지역에서는 전체지역을 통일하려는 움직임이 있었다 하더라도 뿌리 깊은 지역 간의 대립과 대결 구도 하에서 이 지역의 통일은 이루어지지 않았고, 다만 국가 간의 흥망성쇠만이 있었을 뿐이다.

예를 들면 고구려·발해·요·원·금·청 등이 이 지역을 지배하면서 일련의 역사적 번영을 이루기는 했지만, 전체를 통일했던 적은 없었다는 점에서 알 수 있다. 몽고가 비록 천하를 지배했다고는 하지만, 그 역사적 연원이 얕았던 데다 이 지역 전체에 해당하는 지역을 지배하는 데에는 여전히 미치지 못하는 곳이 있었기에 원나라 또한 마찬가지라 할 수 있다. 문제는 이들 중 일부가 이들 지역을 일시적으로 지배 통치했다고 하더라도 이 지역 전체를 묶어서 공동체적인 이익을 도모하려 했던 그런 측면은 역사적으로 없었다고 하는 점이다.[11]

그러나 이러한 정치적·사회적 특징 외에 문화적으로 이 지역의 특징을 묶어 하나의 특별한 문화권으로 상정하려는 역사학자는 있다. 소위 "거란족·여진족의 무대가 되었던 동북아시아는 한족의 거주권과 연결되어 있으면서, 유사 이전부터 몽골계·투르크계·퉁그스계 등 알타이어족에 속하는 민족이 거주하고, 그들이 한민족과 정치적·문화적으로 복잡하게 얽히면서 사회의 발전을 유지해온 특별한 문화권"이라고 정의하였던 것이다.[12]

이런 점을 인정한다면 지역구조로서의 동북아시아와 문화권적 특징으로서의 동북아시아는 완전히 다른 개념으로 볼 수 있다. 그러나

---

11) 仁井田陞, 『東洋とは何か』 東京大學出版會, 1973, 參照.
12) 河內良弘, 中國東北地方の歷史と文化/契丹·女眞, 三上次男 神田信夫編, 앞의 책, 211쪽.

문화권적 특징으로서의 동북아시아 범위에는 한반도가 포함되지 않았다는 점에서 문화권적 특징으로서의 동북아시아는 동북아시아 전체를 지칭하지 못한다는 점에서 한계가 있는 설정이라고 볼 수 있다.

따라서 동북아시아라고 하는 애매한 개념 설정보다는 보다 포괄적으로 동아시아라는 용어를 채택하는 편이 보다 합리적이라는 점에서 요즘은 일반적으로 범위를 넓혀 동아시아라는 개념을 사용하고 있다. 이러한 동아시아라는 지역의 범위는 작은 의미에서는 한자문화권이라고 대변할 수 있는 즉 중국을 중심으로 조공·책봉을 통한 일련의 유기적 시스템을 갖추고 있던 지역을 말하기도 하지만, 보다 넓은 개념에 의해서 본다면 직접적으로 조공·책봉을 하는 국가들과도 간접적으로 연결되어 있던 제 지역을 포괄한다고 할 수 있다. 예를 들어 지금의 동남아 국가들은 과거 중국에 직접 조공을 하지 않고 베트남을 통해 중국과의 조공 관계가 간접적으로 이루어졌는데, 이러한 것은 비록 간접적인 조공이라 해도 중국의 영향력 하에서 그들의 문화·경제를 받아들였다는 점에서 포함될 수 있다고 보기 때문이다. 그 외에 오키나와 류큐(琉球) 왕국의 경우 자신들이 직접 중국에 조공을 하기도 하지만, 주변국인 일본이나 한국에 대해 조공을 했다는 점에서 이는 동아시아 지역에 직접 연결되기 때문에 동아시아의 개념은 충분히 이들 지역까지 포함시켜야 한다고 보는 것이다.[13]

근대 시기에 들어 시베리아에 대한 러시아인의 식민지화, 홋카이도·치도리(千鳥)열도·사할린 등에 대한 일본인의 이민, 중국 동북지

---

13) 川勝守, 『日本近世と東アジア世界』, 東京, 吉川弘文館, 2000(平成12年), 66 81쪽.

방에 대한 한족의 이민 등에 의해 지역 이름조차 없던 중국 동북지방이라는 말이 태동되었다. 또한 이를 전후해서 한국인의 중국 동북지역으로의 이주와 연해주에 대한 이동도 있었다. 이처럼 중국 동북지역의 주변으로부터 대량의 인구이동이 있었고, 동시에 중국 동북지역을 중심으로 한 주변 국가 간의 대립과 투쟁이 계속되었었다.

조선과 청조와의 국경문제와 이주자들에 대한 일련의 조치와 협약, 조선을 두고 대립한 청일전쟁은 결국 일본의 동북 진출을 열어주는 계기가 됐고, 이를 바탕으로 일본과 러시아 간의 세력다툼이 시작되었으니 바로 러일전쟁이 그것이다. 그리고 중국과 일본 간에 본격적인 다툼이 시작되었으니 만주사변과 중일전쟁이 그것이며, 전쟁 후 중국공산당과 국민당 간의 주도권 싸움도 결국은 중국 동북지역을 먼저 차지한 공산당이 국민당을 이기는 기초가 됐다는 점에서 중국 동북지역의 지정학적 위치는 점점 증폭되어 왔다.[14]

그러다가 「국련개발계획(國連開發計劃)」에 의해 발표된 「두만강 플랜」은 이 지역에 대한 주변 국가의 이해관계를 더욱 증폭시켰다.[15] 특히 냉전시대를 거치면서 이 지역에 대한 주변국의 이해관계 및 강대국들의 이해관계는 더욱 이 지역을 복잡하고 관심 지역으로 떠오르게 하는데 충분했다. 이러한 일련의 근현대에 걸친 역사 과정의 전개에 의해서 이 지역은 동북아시아의 중심지역이 됐고, 동시에 동아시아라는 개념보다 동북아시아라는 개념이 세인들의 의식에 자리 잡게 되

---

14) 西村成雄, 地域史としての中國東北の再發見, 『東北アジア史の再發見-歷史像の共有を求めて』, 東京, 有信堂, 1994, 214-217쪽.
15) 위의 책, 208쪽.

는 계기가 된 것이다.

그러나 앞에서도 설명한 바처럼 전통적인 유기적 관계를 유지해 오는데 중심이 됐던 한자문화권의 네트워크는 중국 동북지역을 중심한 지역보다는 훨씬 큰 개념으로 작용했고, 동시에 이 한자문화권과 관련된 주변 국가와의 연관 관계도 상당히 깊숙한 관계가 설정되어 있었다는 점에서 이제는 동아시아라고 하는 보다 넓은 지역 개념을 가지고 21세기 동아시아 협력을 이끌어내야 할 필요가 있는 것이다.

그리고 이러한 지역 개념을 바탕으로 현재 중국을 중심으로 한 중화경제권이나 '환 일본해 경제권'을 한데 묶는 동아시아 자유무역 지대의 설정이나 혹은 동아시아 경제권을 설정하여 블록화 되고 있는 세계 경제의 흐름에 대처할 수 있는 동아시아인의 협력이 이루어져야 한다고 생각된다.

3. 동아시아 지역의 전통적 교류와 성격

오늘날의 동아시아 지역은 소위 세계화·국제화라고 하는 국제관계의 급물살 속에서 이에 휘말려 들어갈 수밖에 없는 한계적 상황이 여전히 존재하고 있다. 동시에 영토 분쟁, 역사 왜곡 등 아직도 냉전시대의 과거사 문제가 해결되지 않은 채 점점 격화되어 가고 있는 양상이다. 그러나 그러는 가운데서도 지역권 내 투자 활동의 증대·기술 이전·각국 간 산업의 평준화 등 경제 글로벌리즘에 부합하려고 하는 노력의 증대, 한국·중국·일본 등 동아시아 지역과 ASEAN 제국 간의 경제·정치·과학기술·문화 등 방면에서의 상호의존적 협력 관계가 보다 활발히 이루어지고 있다는 점에서, 현재의 동아시아 지역은 희망과 불안이 상존하는 상황에 처해 있다고 해도 과언은 아닐 것이다.

그러는 가운데 우리에게 느껴지는 변화는 이러한 지역 간 교류와 협력의 활성화로 인해 지역공동체적 이해관계를 지향하는 체제로 우리의 사고가 전환되고 있다는 사실이다. 이러한 상황으로의 변화는 현재 인류가 직면하고 있는 전쟁과 평화, 자원과 식량문제, 인구문제, 통화와 환율 안정, 영토 분쟁, 종교 분쟁 등 모든 정치·경제·사회문제에 대처하기 위해서라도 반드시 실현되어야만 할 문제라는 시각 하에서의 변화라고 할 수 있다. 이제 이러한 문제는 국가의 틀을 뛰어넘어 지역적으로 혹은 전 세계적인 틀 속에서 생각하지 않으면 안 된다고 하는 말이다. 이러한 상황을 반영이라도 해주듯 이제 역사학계에서도 국민국가 형성이 필연적이라는 이론이 재검토되어야 한다는 주장이 대두하고 있음을 볼 수 있다.

그러나 현재 세계 각지에서 일어나고 있는 분쟁을 보더라도 특히 동아시아의 경우 중국과 대만의 양안 문제, 한국에 있어서의 남북교류문제나 통일문제, 한국과 일본의 독도 영유권 문제, 일본과 러시아와의 북방 4섬을 둘러싼 영토문제 및 일본과 중국과의 센가쿠열도(尖閣列島, 중국명 釣魚島)에 대한 영유문제 등은 결국 국민국가적 시각의 이해관계라는 틀 속에서 나타나고 있는 현상임을 알 수 있다.

그렇기 때문에 동아시아에 대한 우리의 시각도 동아시아의 발전이나 문제 처리를 위해 전체적인 시각에서 바라보는 것도 중요하지만, 여전히 자신이 위치하고 있는 각자의 국민국가적 차원에서의 역사적 전개 상황을 고려해야 하고, 동시에 미래지향적인 문제도 일단은 국민국가적 차원에서, 그리고 자신의 이해관계 위에서 먼저 생각하지 않으면 안 되는 상황에 있는 것이다. 따라서 이러한 상황을 먼저 서로 이해해주고, 그 이해 위에서 서로 간에 협력과 교류가 이루어질 때 전체적인 차원에서의 동북아시아 문제가 해결될 수 있지 않겠나 생각되는 것이다.[16]

그런 점에서 동아시아의 미래에 대한 문제도 현재의 세계화라고 하는 차원에서 일괄적으로 전체상에 대한 위치를 설정하기보다는 여전히 각자의 위치에서 동아시아의 미래를 전망해 보는 것이 일차적인 연구 시각이 아닐까 한다. 즉 소위 동아시아 지역에 속해 있는 각국의 입장에서 동아시아의 미래상을 나름대로 생각해 보고, 각국의 시각을 종합하여 전체적인 동아시아의 미래상을 구체화해 가는 것이 올바른 수순이라고 할 수 있다는 말이다.

동아시아 지역에서의 지역 간 교류는 아주 오래전부터 시작되었다. 소위 쌀(稻)의 길, 조개(貝)의 길, 비단(絹)길, 차의 길, 도자기의 길, 금·은·동의 길, 향료(香料)의 길로 일컬어졌듯이 각종 물품과 상품의 이름이 붙여진 길이 역사용어로 사용된 바처럼 활발한 교역·무역이 오래전부터 성행하고 있었던 지역이다.[17]

그러나 이들 지역의 교류는 물건과 돈에만 한하는 것은 아니었다.

---

16) 백영서,「중국에 '아시아'가 있는가」,『21세기의 살림실에서 동아시아를 다시 묻는다』, 시남새턴 국제학술대회, 1999년 9월 30일 -10월 1일, 자료집.

17) 도자기의 길은 세라믹 로드로써 중국에서 한반도를 거쳐 일본에 기술이 전해졌고, 이를 바탕으로 일본 도자기는 동남아시아로부터 인도양지역에, 나아가 아프리카지역에서 유럽으로 가는 교역로가 생겼는데, 이들 각종 길은 이미 역사적으로 많은 연구가 되어 있어서 잘 알려져 있다. 貝의 길은 최근 고고학의 연구결과로써 알려지게 됐는데, 그 대표적 연구서는 다음과 같다. 木下尙子,『南島貝文化の研究 貝の道の考古學』, 東京, 法政大學出版局, 1996.

즉 인적 교류도 활발했는데, 이들 각 지역에는 중국인 집단촌(후에 차이나타운, 혹은 화교 사회라 불림)이 설립되었고, 당나라 때는 신라인의 집단촌이, 15~16세기에는 동남아시아 여러 지역의 각 항구마다 일본인 집단촌이 만들어졌듯이 동아시아인들의 육로와 해상을 통한 활동은 아주 활발했었다.

이러한 연구는 주로 한중일교섭사, 남해(南海)교통사, 통교(通交)무역사 등의 이름으로 아주 오래전부터 많은 연구가 있었는데, 그러나 이들 연구는 대부분 물품이나 인간의 교류를 연구하는 선에서 그쳤다. 즉 이들 교류를 통해 나타난 국제관계나 국제질서에 관해서는 거의 언급되지 않았던 것이다. 그러는 가운데 이 분야에 최초로 언급하기 시작한 연구자는 다나카 다케오(田中健夫)였다.[18]

다나카 다케오는 15~16세기에 걸쳐 150여 년간 계속됐던 명일(明日)관계를 「국왕통교시대(國王通交時代)」라고 명명했고, 이 시대가 끝난 이후의 시대(후기 왜구, 혹은 가정대왜구[嘉靖大倭寇]시대 이후를 말함)를 「자유로운 해상 민에 의한 지역 간 교류의 시대」라고 시대적 상황을 규정했다.

그러나 「국왕통교시대」의 단절은 일본에만 한했던 것이지, 조선·류큐(琉球)·안남(安南) 등에서는 「국왕통교시대」가 그 후에도 계속됐다는 점에서 그의 시각은 일중교섭사에만 한했다는 지적을 면할 수 없다. 그리고 일본의 역사학계에서도 아직도 토요토미 히데요시(豊臣秀吉)에 의한 임진왜란과 도쿠가와 막부(德川幕府) 때의 선린외교(善隣外

---

18) 田中健夫編, 平成7年, 前近代の日本と東アジア, 吉川弘文館, 참조.

交) 등에 대해서는 어떻게 역사적인 위치를 부여할지 등에 대해서 명확한 언급을 하지 않고 있다.[19]

이러한 지적이 가능한 것은 오키나와(沖繩) 류큐 왕국의 정청(政廳)인 수리성정전(首里城正殿)에 걸려 있는 명나라 천순(天順) 2년(1458) 6월 19일 자로 새겨진 「만국진량(万國津梁)의 종(鐘)」에 쓰여 있는 명문(銘文)을 보면 쉽게 이해가 될 것이다.

"琉球國は南海の勝地にして、三韓の秀をあつめ、大明をもって輔車[20]となし、日域をもって唇齒[21]となす。此の二つの中間に在りて湧出するの蓬萊島なり。舟楫をもって万國の津梁となし、異産至宝は 十万刹(國中)に充滿せり。"[22]

이 뜻은 "류큐국은 남해의 명승지로써, 삼한의 우수함을 모아, 중국과 일본과도 친밀한 관계에 있는 이 두 나라 사이에 솟아올라 있는 봉래도이다. 배를 저어 세계를 잇는 다리가 되고, 매우 진귀한 보석들이 나라 안에 가득하다."라는 의미이다.

즉 류큐 왕국의 해상교류가 「모든 나라의 나루터와 다리(萬國津梁)」로 불리어지듯 번영을 했는데, 이러한 번영은 한국·중국·일본 등 소위 동북아시아 세 나라와 연계되는 국제관계 속에서 치열한 견제와

---

19) 한일관계사학회, 2002, 한일관계사연구의 회고와 전망, 국학자료원, 참조.
20) 보차 : '수레의 덧방나무와 바퀴' 라는 뜻으로, 뗄 수 없을 정도(程度)로 긴밀(緊密)한 관계(關係)에 있음을 이르는 말.
21) 순치 : 입술과 이빨의 관계처럼 밀접한 이해관계가 있는 사이.
22) 浜下武志 等編, 平成5年, 南海の王國琉球の世紀 - 東アジアの中の琉球, 角川選書, 13쪽.

경쟁, 그러는 가운데 조화를 이룸으로써 가능했다는 것을 의미해 주고 있다고 볼 수 있다. 다시 말해서 이들 나라와의 국제관계에 규제 받으면서 번영을 해왔다는 것으로 류큐국은 필수적으로 외교상의 수완(手腕)을 부리지 않으면 안 되었다고 하는 내면상의 어려움을 또한 설명해주고 있는 문장이기도 한 것이다.

이처럼 동아시아 지역 간의 관계는 고대부터 계속적으로 숨 막히는 교류가 진행되어 왔다. 따라서 동아시아 문제에 대한 역사적 이해나 현실 및 미래에 대한 관심도 언제나 자국 중심의 이해관계에서 벗어나 다른 국가 간의 교류 및 협력관계는 어떻게 진행되어왔고, 어떻게 진행돼 나가고 있는지를 관찰하면서 관계를 유지해야 한다는 인식의 토대 위에서 향후 어떻게 진행돼 나가야 할 것인가를 생각하지 않으면 안 된다는 점을 지적해 두고자 한다.

4. 동아시아 지역의 교역문화

지금까지의 세계적인 경영시스템이란 부국들을 중심으로 한 지역에 잉여생산물을 집중시켜 각국은 그 가운데 되도록 유리한 위치를 점하게 하여 국가 상호 간의 흡인력과 반발력의 역학관계에 따르면서 정치 권력을 발휘하는 그런 시스템을 취해왔다고 할 수 있다. 이는 경제 지상주의와 자연·생물·정신의 상품화에 의해 진행되어 온 것이라 볼 수 있는데, 이러한 자본주의적 경영시스템과 비교해 보았을 때, 동아시아 지역은 인접성을 조직 원리로 하여 개인과 개인을 연결하는 소규모 상인자본의 세계라고 할 수 있었다.[23] 즉 이러한 개인과 개인을 연결하는 원초적인 형태의 교역이 존재해 왔던 것이다. 다시 말해 교역의 공간은 상인과 상인 간의 개인적 유대관계의 공간이었지만, 이러한 개인적 공간이 바로 국제적 공간의 한 부분이 되어 왔음을 알 수 있다. 부연한다면, 상인은 이익을 얻기 위해 먼 곳의 싼 물건을 들여와 비싸게 팔거나, 현지의 것을 먼 곳에까지 가지고 가서 이익을 보는 거리적 편차를 이용하기도 하며, 혹은 시차를 이용하여 물건 차액을 통해 이익을 거두는 것이 상업자본의 운동인데, 이러한 동력에 의해 원격지 교역이 이루어졌고, 그로 인해 상품경제 지역에서 현물경제 지역으로의 침입, 「문명」에 의한 「미개」의 파괴를 야기시키는 역할을 상인들이 했다는 점이다. 즉 상인들은 이익을 얻으려 하는 측면도 있지만, 그러한 이익을 창출하는 과정에서 일반 사람들의 발길이 닿지 않는 곳까지 가서 문명을 전했고, 미래에 이익을 창출할 수 있는 물건의 이동을 통해 미래 시장에 대해 개척을 했다는 점에서 이들 교역의 성격은 문화 전도사로서의 역할도 겸했었다고 할 수가 있다.[24]

서양처럼 근대화가 이루어지지 않았던 동아시아 지역에서 상인의 역할은 이렇게 개인과 개인의 손을 거쳐, 근접한 지역에의 연접 점을 통해 문화권을 형성해 갔던 것이니, 즉 각각의 지역적인 교류권은 「국경을 넘는 지역」이었던 것이기에 민족적・언어적인 이종혼교(異

---

23) 廖赤陽, "華商のネットワクの歴史的展開," 濱下武志編, 『東アジア世界の地域ネットワク』, 東京, 山川出版社, 1999, 139쪽.
24) 杉原薫, "華僑移民ネットワクと東南アジア經濟", (溝口雄三等編, 『アジアから考える[6]-長期社會變動』, 東京, 東京大學出版會, 1993) 76쪽.

種混交)가 진행되었던 것이고, 이러한 경향은 지금까지도 명맥을 잇고 있다고 할 수 있다. 이에 대해서 시장경제라고 하는 형태에서 출현한 근대 상업자본주의와 근대의 세계시스템은 민족적·문화적·언어적인 친밀감을 동반하기에는 너무나 거리가 멀었던 것이다.25

이처럼 서양과는 다른 문화적 배경을 가지는 동아시아적 교역 네트워크는 서양에서는 볼 수 없는, 그리고 서양적인 사고로서는 이해할 수 없는 다이나믹한 특성을 가지고 있었는데, 그 원천은 역시 인간과 인간과의 얽히고설킨 복잡한 내면적 시스템에 의해 이루어졌다는 데에 그 배경이 있다고 할 수 있다.

다극 공존하는 세계적 시스템에서 지역적인 서브 시스템은 사람과 물건의 이동과 교류가 사람들을 연결시켜 여러 차원에서 결합과 통합을 반복해 가면서 네트워크를 형성해 왔다. 그러는 가운데 권력 통치기구인 국가와 민중의 생활세계인 사회 사이에서는 양자의 공간을 뛰어넘는「공동적인 공간」이 존재하게 되었고, 이 공동 공간이 형성한 모든 현상 가운데 하나의 특징으로서 자리 잡은 비형식적인 네트워크가 있게 되었으며, 이것에 의해 국가와 사회가 연결되는 계기를 갖게 되었던 것이다. 이는 바로 네트워크라는 것이 권력의 문화적 연쇄를 말하는 것이고, 상호작용의 과정 속에서 만들어지는 것임을 알 수 있게 한다.

이러한 대표적인 네트워크가 바로 상인들의 네트워크인데, 즉 지연·인연·물연과 현실적인 호혜 관계가 교류의 기초가 되는 소위 민

---

25) 三谷博,「西洋國際體系を準備した'鎖國'」, 濱下武志編, 앞의 책, 41-56쪽.

제교류(民際交流)의 원형이라고 할 수 있는 민족 횡단적인 인간관계망이 바로 상인 네트워크의 본질이라고 할 수 있다. 다시 말해서 상인 네트워크란 단지 이민(移民)의 문제만이 아니라 조직적인 원격지 상인들 간의 문제이고, 전통적인 통상권과 이를 지탱해 주는 생산·유통·소비라는 일련의 구조를 발전시키는 요소가 있다는 데 주목할 필요가 있는 것이다.[26] 이를 바탕으로 상인들의 교역이라는 것은 국경을 책정해서 내와 외로 나누어 교역을 하는 것이 아니라, 지역 간에 특히 인간과 인간의 연쇄(連鎖)라는 형태에서 국제무역이 이루어졌다는 점에서 아시아교역권은 전근대부터 지속성·연속성을 계속해서 이어왔다는 것이 검증되는 것이고, 동시에 그 의미의 중요성을 알 수 있는 것이다.

 이러한 상인 네트워크를 담당하는 주역은 개인적인 연결고리에 의해서 이루어진 것이기 때문에 비관료적인 메커니즘이라고 할 수 있다. 세계시장도 국가도 이러한 네트워크에 의존하지 않으면 작동할 수 없는 것이기 때문에 동아시아 지역은 엘리트계층과 대중과의 대립 관계, 즉 이러한 네트워크에 참가하는 자와 참여하지 않는 자와의 격차가 나타나게 마련인 것도 하나의 특징이라고 볼 수 있다. 그렇기 때문에 이러한 네트워크를 동아시아 지역 개발독재의 가족주의적 이데올로기라는 논리로써 접근하는 사람도 있는데, 이러한 논리의 출현은 그만큼 동아시아 지역의 네트워크가 다양성을 갖고 있다는 것을 증명해 주는 것이고, 이러한 네트워크의 다양성이 서로 연결된 형

---

26) 中島樂章, 桃木至朗,「'交易の時代'の東·東南アジア」, 桃木至朗編,『海域アジア研究入門』, 東京, 岩波書店, 2008, 92-93쪽.

태와 관계성에 의해서 「부단한 교류」가 이루어지게 되는 완결한 '순환적 모델'이라는 것을 말해주는 것이기도 하다.[27]

이처럼 동아시아의 네트워크는 교역·이민·송금·결제·정보 전달 등 소통의 편익을 촉진케 하면서 이문화(異文化) 간에 상호 교류와 교섭을 촉진케 하는 권역을 구성했던 것이고, 생활양식으로서의 문화가 공명하는 공간이기도 했던 것이다.

[사진 3] 당대 동아시아 문화권 형성도.

---

27) 佐藤幸南, 「アジア地域國際關係の原像」, 溝口雄三等編, 『アジアから考える[2] - 地域システム』, 東京, 東京大學出版會, 1993, 30-35쪽.

그리고 이를 유지하기 위한 정치경제원리와 교역이념을 윤리적으로 표현한 종교원리 등을 갖는 독자 기능을 하는 구조이기도 했으며, 「생(生)」의 충족을 인지하는 사람들의 연결공간이기도 했다. 나아가 이 권역 네트워크를 통해 상품의 연결점에 도시를 만들고, 국가 원초 형태의 기초가 되기도 했다는 것을 알아야 할 것이다. 그렇기 때문에 오늘날 동아시아 지역이 자본주의경제에 포섭되어 나가면서도 전통적인 상인 자본주의적인 행동을 현저하게 볼 수 있는 것이고, 외발적으로 강제되는 산업적 심성에 특화되지 않고 여전히 상업적 심성이라고 하는 환경적 조건이 에토스(고대 그리스어로 '성격', '관습', '습관' 등을 의미하며, 아리스토텔레스의 수사학에서는 '화자[話者]의 고유 성품' 또는 '신뢰성'을 뜻하는 핵심 개념)로서 민중 사이에 널리 존재하고 있는 것이다. 이러한 기본적인 네트워크를 동아시아 세계에 접목시켜 형성한 것이 바로 중화 이념에 기초하여 만들어진 중화 세계(한자문화권)를 유지해 온 조공과 책봉에 의해 정치권·문화권·교역권·교통권이라 불릴 수 있는 중층적 구조의 세계를 이루어왔던 것이며,[28] 이는 다시 동아시아 이외의 다른 아시아 제국들과 연결되어졌고, 나아가 외부 세계와도 교역을 통해 연결되는 특성을 유지해 올 수 있게 하였던 것이다.

5. 동아시아 지역과 동남아 지역의 연결시스템

이러한 동아시아 지역에 대해 동남아시아란 쌀과 생선을 주식으로

---

28) 西島定生,『日本歷史の國際環境』, 東京, 東京大學出版會, 1992, 4쪽.

하고, 나무 기둥 위에 주거를 만들어 생활하며, 두루마기 치마를 입으며 생활하는 습윤 아열대에서 습윤 열대에 걸쳐 그러한 생태조건에 맞게 생활하는 지역이다. 그런 점에서 동아시아와 동남아시아는 동일한 유형의 개념을 가지는 지역은 아니라고 할 수 있다.

그러나 동남아시아 문화권은 일찍부터 중국 문명의 영역 속에 있었고, 역사적으로 중국 령이었던 화남과 화중의 연안 지대와 10세기까지는 중국영토였던 북부 베트남과 같은 거대한 지역에서 서로 문명을 공유하고 있었다. 즉 이 지역은 남지나해 해구 지역에 속하는 완결된 교역권에 있었던 것이다. 적어도 한나라부터 원나라 말에 이르기까지 이루어졌던 남지나해에서의 교역은 동남-동아시아 지역 간의 교류가 아니라 남지나해 해구 내의 지역 네트워크에 존재하는 거대한 소비시장이라는 점에서 중국의 끌어당기는 압력과 동서의 물류를 파악한 동남아시아해 해역의 밀어 올리는 압력이 서로 공유되었던 지역이었던 것이다.

남지나해 해구에 있어서 무역질서의 완성은 송대(宋代)라고 할 수 있다. 시박사(市舶司)[29] 라고 하는 무역관에 의해 관리 무역적 형태를 가지고 무역을 통괄했다.[30] 관리 교역의 내용은 거의가 관세의 징수

---

29) 시박사(市舶司) : 중국의 당대(唐代)부터 명대(明代)에 걸쳐 설치되었던 해상교역 관련 사무를 맡아 보던 관서로, 주요 업무는 중국을 방문한 시박(외국 선박)과의 무역을 관리하고 외국 상인들에게서 세금(관세)을 거두는 것이었다. 시박(市舶)은 호시박(互市舶), 또는 번박(蕃舶)이라고도 하여, 당대(唐代)에 해마다 교역 등의 목적으로 중국 포구를 찾아왔던 외국 상선들을 총칭하는 말이다. 이들 시박은 국적에 따라 남해박(南海舶), 곤륜박이라고도 하며 동남아시아 선박), 바라문박(婆羅門舶, 인도 선박), 사자국박(獅子國舶, 스리랑카 선박), 파사박(婆娑舶, 페르시아 선박) 등으로 나뉘어 불렸다.
30) 취진량(曲金良) 지음, 김태만 옮김, 『바다가 어떻게 문화가 되는가·21세기 중국의 해양문화 전략』, 서울, 산지니, 2008, 197쪽.

와 일부 고액수입품의 전매가 주였다. 시박사 전매제도에 의한 수입은 상당한 수준에 있었다고 사료는 전하고 있는데, 시박사 제도의 기원에 대해서는 당대의 수입품 관매제도(官買制度)에서 비롯된 것이라고 볼 수 있다.

그러나 이러한 시박사 제도에 의해 동지나해 제 지역에서의 교역이 통괄되었던 것은 아니었다. 그것은 동남아시아 해에서의 관리 교역이 관리 교역 국가군과 관리 교역 도시 군으로 나누어져 있었다는 사실에서 엿볼 수 있다. 이는 국가적 체제가 갖추어진 곳과 갖추어 지지는 않았지만 중요한 교역 거점을 가진 도시를 통제하는 제도적 장치에 의해 구분되어진 것인데, 이는 서로 다른 경제적 가치관을 갖는 복수의 경제권이 서로 맞물려져 시장의 교환성·중립성을 유지하기 위해서 정치 권력이 발동되어야 하는 기술적 문제가 있었기 때문에 나타난 현상이라고 할 수 있다. 이러한 관리무역의 제 형태를 엿보게 해주는 것으로 13세기에 쓰인 『제번지(諸蕃志)』[31]를 들 수 있다.

예를 들면 중부 베트남의 점성(占城)왕국에서는 외국선이 박재(舶載)한 모든 화물을 모두가 왕국의 관리에 의해 등록되었고, 2할의 관세를 징수했다. 보르네오섬의 브루나이 지역에 있었다고 예상되는 발리국(渤泥國)에서는 국왕은 선박을 방문하여 헌상할 것을 요구했으며, 그 자리에서 신고 온 화물의 가치를 정했다.[32] 즉 이는 남지나해 전역이 공통직인 관리 교역에 있었음을 알게 해주는 것이고, 시박사

---

31) 趙汝适, 『諸蕃志』, 1225, 참조.
32) 重松伸司, 「ベンガル灣という世界 - 14~16世紀の地域交易圏」, 溝口雄三等編, 『アジアから考える[2] - 地域システム』, 앞의 책, 56-61.

의 교역은 그 일부에 지나지 않았던 사실을 또한 알게 해준다.

송나라 때 남지나해 교역을 가장 융성하게 했던 공로자는 정크라고 하는 선박의 개발에서 비롯되었다. 정크 선은 벽과 벽을 이어서 만든 구조선(構造船)으로 많은 물건을 싣고 험한 바다를 항해할 수 있게 구조화 되어 있었다. 특히 도자기와 금속재 등 무게가 나가는 교역품을 싣는데 안성맞춤이었다. 이러한 정크 선은 지금까지 동남아시아나 서방의 배에 의지해서 항행하던 남지나해를 중국인의 바다로 만들기에 충분했다.[33] 그리하여 광주(廣州)에는 많은 국제무역 상인들이 출현하였고, 동남아시아에 거주하는 중국인들도 점점 많아지게 되었다.

[사진 4] 정크선(복선)의 단면.

---

33) 윤상인 외 지음, 『위대한 아시아』, 서울, 황금가지, 2003, 814쪽.

[사진 5] 정크선 모형.

 송대 남지나해에서 유지되고 있던 해상업의 질서는 남지나해 해구(海口)와 이를 통한 인도네시아해 해구의 모든 교역 거점들을 통괄하는 국제교역 센터가 복건(福建)의 연안 지대와 광주에 만들어져 모든 교역의 관할권이 이곳으로 통합되어 졌다. 이처럼 이 지역이 구심점이 될 수 있었던 것은 역시 중국이라고 하는 큰 시장을 배경에 둔 지역이었기 때문이었다. 그러나 정크 상선대(商船隊)라고 할 수 있는 화인(華人)의 기술과 조직이 중국 왕조에 예속되어 있던 것은 아니었다.[34] 이들은 상인적인 네트워크를 통해 중국이라는 거대한 시장을

---

34) 위의 책.

배경으로 동아시아와 동남아시아를 연결하는 교역 네트워크를 만들어 모든 해상무역을 통제했다는 의미에 불과했다. 그리고 이러한 남지나해 질서의 완성은 동남아시아 해역 전체의 질서 형성을 가져오게 하였다.

그러나 이러한 남지나해의 상업권질서가 동아시아와 동남아시아로 분리되게 되었던 것이니, 그것은 왜구의 활동을 가장 싫어했던 명대에 실시된 해금정책(海禁政策)에 의해서였다. 해금정책은 명나라 홍무제(洪武帝)가 국내 경제의 안정을 위해서 조공교역 이외의 무역에 대해서는 모든 행상 교역을 일체 금지시켰던 법령인데, 남지나해는 이에 의해 북쪽과의 해상교역이 봉쇄되고 말았던 것이다. 그것은 지금까지의 원격지 교역에 의한 관리 교역에서 연차(年次)·횟수·수량 등을 한정하는 통제 교역으로 뒤바뀌어 졌음을 말해주는 것이었다. 즉 이는 교역의 원리를 무시한 처사였는데, 그 결과 동남아시아의 항시국가(港市國家)들은 그 숫자가 급격히 줄어들게 되었다.[35] 대신 조공권을 가진 국가가 그 주변 지역에서의 항시(港市)에 대한 지배권이 강화되게 되었다. 그 대표적인 나라가 타이만에 있던 섬라(暹羅)와 말래카해협에 있던 말래카 왕국이 바로 그들이었다. 그리하여 조공국가를 매개로 한 국제센터가 이곳에 성립되게 되었다.

이러한 국가 독점교역을 동남아시아해역 모든 나라에게 무력을 통해 강제적으로 하려는 차원에서 출발한 것이 바로 정화(鄭和)의 원정이었다.[36] 정화는 무력을 사용하여 내정간섭을 했고, 조공을 강제로

---

35) 弘末雅士, 『東南アジアの港市世界 - 地域社會の形成と世界秩序』, 東京, 岩波書店, 2004, 참조.
36) ルイズ・リヴァシズ, 君野隆久訳, 『中国が海を支配したとき-鄭和とその時代』, 東京, 新書館, 1996, 참조.

바치게 하였으며, 그 일부 국가를 원정 기지가 되도록 만들었다. 중국 해군에 의한 동남아시아 원정이라고도 할 수 있는데, 이러한 것은 결과적으로 13세기까지 이루어놓은 좋은 교역 네트워크를 파괴시키는 결과로 이어졌다.

그러나 중국의 상선대는 이러한 해금령 하에서도 자신들의 명맥을 유지하기 위해 조공 책봉제도를 교묘히 이용하면서 동지나해와 남지나해를 연결시키는 일을 주도면밀하게 하며 이어 내려왔으니, 15세기경의 '자바선'과 '팔렘방의 선'이 일본 연안과 류큐, 그리고 조선에 와서 무역을 요구하는 일들이 출현하게 된 것은 바로 그런 경우였다. 물론 이들 선박의 주인은 모두가 중국인이었다. 이후 류큐와 조선의 관계, 류큐와 동남아시아 제국과의 관계 등은 시기가 지나면서 크게 발달하였다는 것은 기존의 연구를 통해서 이미 밝혀진 바이다.[37]

다시 말해서 중국을 조공국으로 하던 책봉 국들은 자신들 나름대로 횡적인 유대관계를 유지하면서 동아시아 지역과 동남아시아 지역을 계속해서 연계시켜 나가고 있었다. 결국 이러한 흐름은 명나라의 경제 회복과 지정은(地丁銀)제도를 실시하면서 일본의 은과 멕시코의 은이 필요하게 되었고, 이러한 상황이 더욱 발전되면서 명 만력(萬曆) 년간에 이르게 되자 해금령은 거의 폐지되게 되었다. 이는 바로 해금령에 의해 실시되던 통제 교역의 폐지를 의미하는 것이었다. 대략 200여 년을 지속하게 되는 이 '황금유내' 관계는 17세기 후반 동아시아의 가격 혁명에 의해 세계의 은 가격이 통합되게 되어 원격지 교역

---

37) 浜下武志,「東アジアに見る華夷秩序」, 濱下武志編,『東アジア世界の地域ネットワク』앞의 책, 1996, 34-35쪽.

을 더욱 활발히 하게 하면서 동아시아는 세계 경제의 중심점에 서게 되었던 것이다.[38]

그러나 이러한 전성기도 일본 도쿠가와(德川) 정권의 쇄국정책과 해금에 의해, 또 조선의 쇄국에 의해, 그리고 후기 왜구의 도래에 의해 재차 해금을 실시한 명에 의해 이 '황금유대' 관계는 종말을 맞게 되었다. 대신 이러한 역할을 서양에서 건너온 네덜란드·포르투갈·영국 등이 차례로 계승해 가면서 대신함으로써 유럽이 산업혁명으로 이어지는 계기를 가져다주었고, 동아시아는 근대화에서 뒤처지는 바람에 결국 유럽 제국의 지배를 받아야 하는 시대로 전락하게 되었다. 이런 점에서 동남아시아와 동아시아의 연계가 얼마나 중요하고 유럽세력에 대한 저항의 틀이 바로 여기로부터 시작된다는 것을 역사 속에서 엿볼 수 있는 것이다.

[사진 6] 극동의 해적인 왜구의 해적질 모습.

---

38) 浜下武志, 『近代中國の國際的契機 - 朝貢貿易システムと近代アジア』, 東京大學出版會, 1999, 53-61쪽.

상업시대에 완성된 동남아시아의 역내 네트워크는 18C 이후 네덜란드 동인도회사의 중상주의적 식민지 경영에 의해, 다른 한편으로는 청조의 조공을 빙자한 교역적 통제 무역에 의해 남지나해 교역권과 인도네시아해 교역권으로 분리되었고, 결국 식민지주의가 이를 계승하는 결과로 이어졌다. 그리고 동남아시아의 제 지역을 획정하는 것으로 이어졌다.

1960년대의 인도네시아와 말레이시아의 대결정책, 1975년 이후 베트남의 인도지나 경제권 구상 등 동남아시아의 내셔널리즘은 식민지적 분단을 계승한 것에 지나지 않는다. 동남아시아의 역내 네트워크는 1960년대 말 아세안의 성립과 1987년 이후의 인도지나 제국의 아세안 권역의 참가에 의해 다시 회복되는 수준에 왔다. 그리하여 방콕·싱가포르·자카르타를 구심점으로 아세안의 경제권이 구축되게 되었고, 여기에 베트남이 가세하여 남지나해에 연결되게 되었으며, 나아가 필리핀이 가세하면서 태평양에 연결되는 새로운 네트워크가 형성되어 다시 한번 바다를 통한 동남아시아의 컨넥션이 이루어지고 있는 것이 현재의 상황이다.[39]

이러한 가운데 최근의 중국을 중심으로 하는 홍콩·대만·동남아시아 화교권을 잇는 중화경제권이 급부상하고 있고,[40] 일본과 싱가포르 등 동남아 국가와의 경제연대협정 체결 등 동아시아와 동남아시

---

39) 김종찬,『메이드인 아세안』, 서울, 새로운 사람들, 2004, 참조.
40) 중국과 아세안과의 FTA ECFA(양안경제협력기조협의)에 대해서는『매일경제』2011년 1월 23일 자를 참조.

아의 연결이 첨예화 되고 있다.[41] 한국도 이들과의 교류를 위한 관계 설정에 매진하고 있는 차제이다.

---

41) EPA(경제연대협정)에 대해서는 전영수, 『메이드인 아세안』, 비즈니스맵을 참조. 2008. TPP에 대해서는 『서울경제신문』 2011년 1월 20일 자를 참조.

19C 청일전쟁 전후, 동아시아 전통 교류시스템의 해체와 한중일의 대응
– 구질서에서 현대 질서로의 국제적 계기 –

목차

1. 전통 중화질서의 이념과 형태
2. 근대화 과정에서 나타나는 중일 관계의 변화
3. 동아시아 세계의 전통질서 해체와 조선의 대응
4. 동아시아 외교 관계의 과제와 전망

1. 전통 중화질서의 이념과 형태

중화(中華)의 통합원리는 예(禮)를 그 이념으로 해서 천자(天子) 즉 황제의 위광(威光)이 사방에 비추어져 그 주변국을 교화(敎化)한다고 하는 기본적인 이념구조를 가지고 유지되어 왔다.[1] 이러한 개념에 기초하여 중화질서가 유지되어 왔던 것인데, 이러한 질서는 중국이 중심이 되어 국내외를 아우르는 지배질서로 활용되었다. 특히 대외적(조공국 내지 호시[互市, 외국과의 물품 교역] 국가) 관계는 예부(禮部)

---

1) 중화질서 체제의 완성과 그 시기에 대한 논란은 여전히 계속되고 있다. 그러한 이론들의 대체적인 경향은 대체로 이러한 질서체계의 중요 요소인 소의 책봉과 조공은 한나라 시기부터 시작됐다고 보고 있고, 이러한 질서체계가 확립되는 시기는 대략 6세기에서 8세기 사이로 보고 있다. 그러나 수 문제와 수 양제, 그리고 당 태종 등의 고구려에 대한 인식을 통해 보면 여전히 이러한 시기 설정에는 한계가 있다고 본다. 西嶋定生, 『中國古代國家と東アジア世界』, 東京大學校出版會, 1983.

가 주관하여 관할하였고, 번속(藩屬: 몽고[蒙古], 청해[靑海], 서장[西藏, 티베트], 회부[回部, 위구르])[2]을 완무(緩撫)하는 데는 특별한 관청인 이번원(理藩院)을 두었다. 그러다가 청대에 들어오게 되면서 대외적으로 관련된 모든 정무를 취급하는 총리각국사무아문(總理各國事務衙門)이 설치되었다. 한편 대내적으로 서남지역 주변(四川, 雲南, 西康,[3] 靑海 등)의 각 소수 민족들에 대해서는 당해 지역마다 질서 유지를 위한 통괄 기관으로 토사(土司)를 설치했고, 이를 통괄하는 자인 토관(土官)을 두어 청국의 관리로 임명하였다.[4] 이들에게는 두 가지 면에서의 의무가 있었는데, 하나는 이들이 교체될 때는 정해진 규정에 의해서 행할 것과, 두 번째는 조공을 행할 것 등이었다. 그리고 이것과 똑같은 개념의 조공은 주변 국가들에게도 그대로 적용되었다. 다시 말해 조공이라고 하는 것은 하나의 공납과 같은 의미로 중앙과 지방을 이어주는 연결고리처럼 주변 국가를 이어주는 하나의 수단으로써 활용했다.

---

2) 회부 : 중국 청나라 때에, 동투르키스탄의 터키계 이슬람교도들이 살던 지역으로, 18C 중엽에 신장(新疆, 위구르)이 되었다.
3) 시캉(西康) : 티베트어로는 캄, 중국어로는 캉바(康巴)인데 티베트의 동쪽 지역을 말한다. 중화민국(1939~1949) 시기에는 대부분 지역이 시캉성(西康省)이었다가, 중화인민공화국이 들어서면서 군사적으로 점령되어 시캉 장족 자치구(西康省藏族自治区)로 바뀌었고, 1955년에 쓰촨성으로 흡수되었다. 캄 지역은 50개 주로 이루어져 있었으며, 현재는 쓰촨성(16주), 윈난성(3주), 칭하이성(6주), 티베트 자치구(25주)로 나뉘어 있다.
4) 당해 지역의 유력한 자를 중국의 관리로 임명해서 변경 통치의 책임을 지게했던 방법은 당대부터 시작하지만, 이것은 원대에 더욱 확대되었고, 명대에 이르러 완성되는 과정을 거치고 있다. 청대에 들어서 토사(土司)는 군정을 담당했고, 토관(土官)은 민정을 담당했다. 余貽澤, 『中國土司制度』, 中國邊疆學會, 1947, 참조.

이러한 사실이 의미하는 것은 중국에서 주변에 대한 지리적 개념으로서의 인식인 동양·서양·남양 등의 개념보다는 오히려 중화질서의 관계를 더 우선시하였음을 보여준다고 하겠다.[5] 다시 말해서 국내의 중앙과 지방의 통치질서를 축으로 하여, 그 주변 소수민족에 대해서는 토사와 토관을 설치하여 이민족을 질서화시켰던 것이고, 그 이외의 범주에 들어가는 여진 등 동북지역에 대해서는 조공을 통해 통제했던 기미(羈縻)[6] 관계를 유지했던 것이며, 나아가 그 이외의 범주에 속하는 지역의 국가들에 대해서도 조공 관계를 통해 자신들의 질서 속에 통합시켰던 것이다. 이들 조공국들은 다시 분류되어 조선처럼 아주 밀접한 관계를 유지했던 조공국과 이들 조공국 나름대로의 일이중적(一二重的) 조공 관계를 갖고 있던 류큐(琉球)·쓰시마(對馬島) 등 지역, 그보다 더 멀리 떨어져 있던 조공국들인 태국·말라카 같은 나라는 중국과의 관계를 바탕으로 다른 나라(월남 등)에게 또 다른 조공을 요구하여 대신 조공케 하는 식으로 이 질서 속에 포함

---

5) 黃省曾, 謝方 校注, 『西洋朝貢典錄』, 中華書局, 1982, 참조.
6) 기미(羈縻) : 중국의 이적(夷狄)에 대한 통제·회유책으로 주변 국가의 왕이나 세력을 중국에 조공하게 하여 관직을 수여하는 대신 그에 상응한 경제적 보상을 하는 것을 말한다. 중국은 기미정책(羈縻政策)을 통하여 천자로서의 권위와 변방의 안정을 확보하고자 한 것으로, 조선시대 명나라의 여진족에 대한 방식도 기미정책을 계승한 것이었다. 즉 중화(中華)가 이적을 대하는 방식이 기미(羈縻)이고, 중국 내부의 제후나 책봉국 간의 통교하는 방식을 교린(交隣)이라고 하였다. 그러나 조선에서는 기미의 경우에도 교린의 정신을 이상으로 하였기 때문에 교린을 표방하였다. 따라서 조선의 교린국에 대한 교류 방식으로는 적례교린(敵禮交隣)과 기미교린(羈縻交隣)으로 나눌 수 있다. 조선 조정은 일본·류큐·여진·동남아 국가와 교린 관계에 있었지만, 그 관계를 광의의 '기미교린(羈縻交隣)'으로 인식하였다. 일본에 대해서도 적례국(敵禮國)으로서 대등하다는 인식도 있었지만, 화이관(華夷觀)에 입각하여 야만시하는 경향이 강하였다. 막부 장군의 사절인 일본국왕사(日本國王使)에 대한 조선 측의 접대 의식도 결코 대등한 것이 아니었다. 조선 정부는 일본국왕사를 항상 조정의 조하(朝賀) 의식에 참가시켰으며, 세종대까지는 조회(朝會)할 때 수직인(受職人)인 여진족 추장과 같이 3품 반차(班次)에 배열하였다. 류큐국왕사도 마찬가지였다.

시켜 동아시아·동남아시아 전체를 통합 관리해 나갔다. 더 나아가 이들 이외의 지역인 일본·인도·러시아·유럽·이슬람 국가들에 대해서도 형식상으로는 조공국으로서 인정은 하고 있었지만, 실질적으로는 교역을 하는 수단으로 호시(互市)를 형성해 교섭 관계를 유지했다. 어쨌든 어떠한 형태로는 주변 세계 모두를 중화질서 속에 포함시킨다고 하는 관념을 중국은 갖고 있었던 것이다.[7]

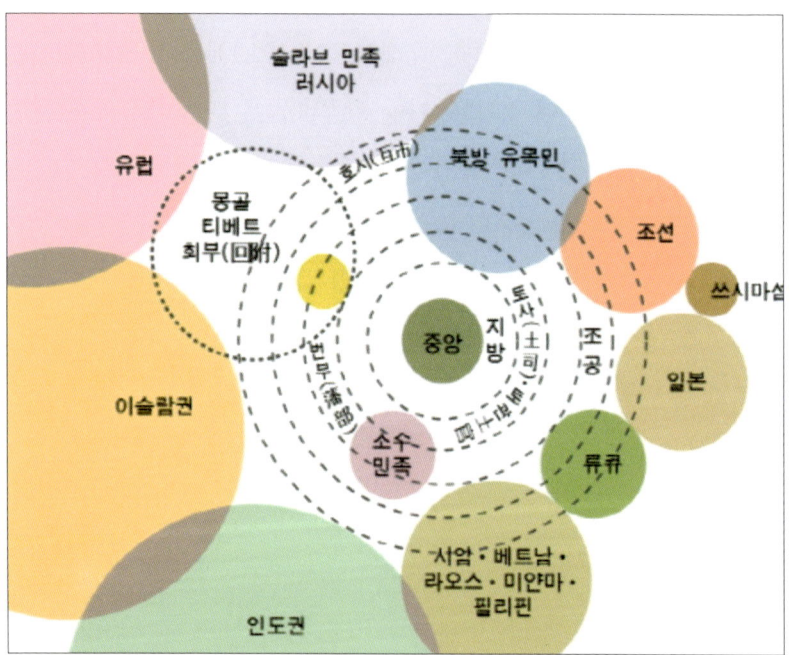

[사진 7] 명청 시기 중화질서 개념도.

---

7) 그러나 주의해야 할 것은 이러한 관계는 고정된 것이 아니라 시대에 따라서 중국 측으로부터의 조공국에 대한 시각은 달라졌다. 즉 조공국의 품계가 올라가기도 하고 내려가기도 했으며, 이러한 범주 속으로 들어가기도 하고 혹은 떨어져 나가기도 하였다. 浜下武志, 『近代中國の國際的契機 - 朝貢貿易システムと近代アジア』, 東京大學出版會, 1890, 30-35쪽.

하지만 이러한 질서 체제가 예(禮)를 중심으로 한 관계이기는 했지만, 유교·도덕을 강조하는 종교적인 측면에서의 외교적 관계는 아니었다.[8] 이를 중국 측에서 본다면 통치 관계적인 요소가 강한 측면이 있었다고도 할 수 있겠지만, 조공국 입장에서는 교역 관계를 유지하기 위한 하나의 구실로서 이를 수용하면서 유지해 갔던 것이다.

이와 같이 조공 관계라고 하는 것은 보다 다양하고 다층적인 요소를 가지고 있었다고 할 수 있고, 그렇기 때문에 정치 외교적인 면만이 아닌 이러한 이질적인 요소를 포함하는 동아시아 질서 체제의 유지를 위해 기능적인 역할을 했던 것이라고 할 수 있다. 즉 이러한 복잡한 구조가 중국을 중심으로 하여 하나의 체계로서 질서화 되어 있었던 것이다. 따라서 이러한 체제라고 하는 것은 포섭적인 관계이면서도 서로 경쟁을 유발하는 경합 관계를 동시에 갖고 있었다고 할 수 있다.

예를 들면 조선의 경우에 중국에 대해서는 조공국임과 동시에 일본과는 사절을 왕래하고 있었던 것이나, 월남이 라오스에게 조공을 바칠 것을 강요하는 경우도 존재했던 것인데, 이러한 것들은 중국과 직접적인 조공 관계를 맺지 않고 있던 나라들도 이와 같은 연쇄적인 관계를 통해서 중화질서 속에 포섭되어 있었던 것이다.

그런데 이러한 정치적인 관계보다도 더 중요한 조공 관계의 특징은 상업적 교역이 이러한 틀 속에서 이루어지고 있었다는 사실이나.[9] 즉 조공 관계가 조공 무역 관계로 이어져 하나의 교역을 위한 시스템

---

8) 위의 책, 33쪽.
9) 上原兼善, 『鎖國藩貿易』, 八重岳書房, 1981. 中村榮孝, 『日鮮關係史研究』, 吉川弘文館, 1969, 참조.

화 되었다는 것이다. 즉 이러한 관계는 당해 국가만의 이익을 추구하는 것이 아니라, 주변 국가들에게도 연쇄적인 이익을 가져다주는 결과를 가져옴으로써 다각적인 관계를 확보토록 하여 이익을 확보할 수 있는 환경을 조성해 주었던 것이다.[10]

예를 들면 화교에 의한 동남아시아의 교역 관계가 이루어지게 되었고, 조선은 중국과 일본의 시장을 연결시켜 주는 구실을 하였으며, 쓰시마는 조선과 일본을 연결시켜 주는 작용을 했다. 또 동남아시아와 일본은 류큐와 대만이 그 관계를 주선하는 역할을 했던 것이고, 나아가서는 아시아와 인도 혹은 이슬람 지역 혹은 유럽과의 교역도 이러한 조공 관계를 모토로 하여 이루어졌다고 볼 수 있는 것이다.

다시 말해서 조공 무역은 중계무역적인 기능과 역할을 했던 것이기에[11] 조공의 활성화는 교역의 활성화를 가져오게 하여 서로 간에 많은 이익을 얻을 수 있는 기능 역할을 하게 하였다.

이러한 관계는 명대에서 청대로 이어져 내려오면서 더욱 활발하게 되어 다음과 같은 결과를 가져왔다.

첫째, 중화의 통치이념을 계속 보호 유지하게 하였다. 예를 들면, 조선·일본·월남에 '소중화'라는 이념이 생겨나게 되었고, 이 이념이 점점 확립되어 갔다.

둘째, 구미가 이러한 체제에 잠입하게 됨으로써 초기에는 조공 무역의 확대를 가져오게 하였다.

---

10) Sarasin Viraphol, Tribule and Profit : Sino Siamese Trade, 1652-1853, Cambridge, Mass., Hatyard Univ Press, 1977, chap, 4.
11) 浜下武志, 앞의 책, 35쪽.

셋째, 조공 무역과 더불어 내면에서는 사무역이 일어나 무역의 전체적인 규모가 확대되어 갔고, 결제제도 및 징세 기구 등 교역에 필요한 관계기구가 확충되어 갔다.

1369년에 고려는 사신을 보내 새로운 왕의 즉위를 보고하면서 책봉을 요구하여 조공을 시작하였는데, 그 후 명나라 영락제(永樂帝) 이후에는 매년 조공을 행하게 되었다. 그러나 이러한 관계를 가장 잘 이용한 것은 조선이었는데,[12] 그 내부적인 이해관계야 어떻든 간에 여러 조공국들 중에서도 중국과 가장 밀접한 관계를 유지하는 나라가 되었다.

공물(貢物)과 회사품(回賜品)은 『명회전(明會典)』에 규정된 범위 안에서 행해져야 했다.[13] 그러다가 청나라에 들어서는 1636년부터 조선이 국경인 의주(義州)지역에서 조공 이외에 호시무역(互市貿易)인 사무역(후시[後市])도 하게 되었다.[14]

그런데 여기서 중요한 것은 공물에 대한 회사(回賜, 다른 나라의 조공물에 대하여 지급한 답례품)의 관계가 실질적으로 이에 대한 대가로써 지불되고 있었다는 사실이다. 즉 이러한 것은 일종의 교역이 이루어졌다는 사실을 입증시켜 주는 것이 되는데, 조정이 하나의 경제주체가 되어 이와 같은 조공 무역을 행하고 있었다는 사실을 확인할 수 있는 것이다. 공물에 대한 지불은 중국 화폐로 되었거나 혹은 그에 준하는 은(銀)으로 결제되었다. 이러한 지불 기준은 중국 북경에

---

12) 이러한 내용은 명나라 만력제 때 명 정부가 특정 사안이나 주제에 대해서 조사한 결과를 정리해 보고한 백서인 『명회전(明會典)』에서 잘 알 수 있다.
13) 『明會典』 卷111(回賜).
14) 『欽定大淸會典事例』 卷503(朝貢).

있는 시장 가격을 원칙으로 하여 행하여졌다.[15]

　이렇게 중국 화폐에 의한 조공 공물에 대한 중국 화폐로의 결제는 중국 화폐가 국제간의 공용 화폐로 환산됨을 의미하는 것으로, 이제 국제적인 교역이 본격적으로 이루어질 수 있는 조공 무역체제의 일원화가 정립되고 있었음을 의미해 주었던 것이다. 물론 이러한 과정에서 조공물에 대한 견적이 시장 가격보다 못하거나 지폐의 경우 그 신용도가 떨어지기도 했고, 각 지방에서의 교환가격이 틀림으로 해서 트러블이 일어나기도 했으며, 이에 대한 반대급부로서 국경에서의 사무역이 확대되어 서로 간에 손해를 보충하기도 했다. 어쨌든 간에 이러한 조공체제는 근대 동아시아의 정치 경제적 질서를 안정화시켰고,[16] 아시아가 아시아 나름대로의 근대화를 이룩할 수 있는 경제적 기반을 조성하고 있었다는 근거로 볼 수 있는 것이다.

　그러는 가운데 19C 중엽부터 나타나는 이러한 구조적 질서의 붕괴는 아시아 전 지역에 커다란 충격을 주게 되었고, 또한 이러한 질서를 파괴시키는 장본인들에 대한 적대감은 아주 대단했던 것이다. 이러한 장본인들 가운데 유독 아시아에 속해 있는 나라로는 일본만이 있었는데, 일본이 어떻게 이러한 틀을 깨야만 했는가에 대한 배경은 다음과 같다.

---

15) 佐久間重南, 「明代外國貿易」, 『和典博士還曆祈念東洋史論集』, 1951, 참조.
16) 물론 사무역인 후시가 당사국에 정치적 혹은 경제적으로 큰 손해를 가져오게 할 때는 금지시키는 법령을 선포하기도 했다.

2. 근대화 과정에서 나타나는 중일 관계의 변화

지금까지의 근대 중일관계사에 대한 시각은 서양세계의 충격에 대해 중국과 일본이 어떻게 대처했고, 그 대처 방법의 적절함에 의해 일본이 중국보다 더 빠른 근대화를 이룩했다고 하는 연구 내지는 청일전쟁을 계기로 해서 중국에 진출하게 되는 과정을 주요 연구 대상으로 해왔다고 볼 수 있다. 그러나 그것보다 더 중요하다고 생각되는 것은, "일본이 왜 이러한 중화질서를 붕괴시켜야만 했는가?"에 대한 시각을 바탕으로 한 연구가 아직 부족하다는 점이다.

따라서 일본이 근대화를 이룩하기 위해서는 중국의 독점적인 조공무역 체계를 극복하지 않으면 안 되었다고 하는 관점에서 보는 것도 근대 중일관계사의 새로운 연구시각이 아닐까 생각한다. 물론 이러한 시각은 일본의 과거 행위를 미화시키자는 것이 아니고, 아시아의 근대화 과정에서 잘못 인식되고 있는 일본의 외교 내지 경제적인 측면을 염두에 두고서 논하고자 하는 것이다.

먼저 경제적인 측면에서 일본의 근대화를 분석해 보면, 일본은 열강들에게 빼앗긴 관세 자주권의 회복과 공업화를 그 주요 목표로 했다. 이것은 다시 말해서 주권국가의 확립과 국민경제의 형성이라는 개념과 일치되는 것이다. 이것은 또한 어떻게 하면 부국강병을 이룩할 수 있겠느가 하는 시각과도 일치된다고 할 수 있다.

그러나 지금까지의 연구결과에 의하면 "일본은 왜 공업화가 이루어졌는가?"에 대한 정확한 해답은 아직 제시되지 않고 있다. 다만 중국에 대한 상업적 진출의 실패라든가, 나가사키(長崎)를 중심으로 하는 화교 상인들의 세력이 유럽 열강세력이 침투되면서 더욱 강화

되기 시작한 데 대한 위협감에서 나타났다든가 하는 이론 외에는 없는 것이다.

그런데 이러한 중국 상인 및 유럽 상인들의 세력은 일본에서의 생산이 여러모로 이익이 많았기 때문에 일본에서의 생산을 촉구하기에 이르렀다. 이러한 것이 계기가 되어 1886년경에 이르면 외국 상인들은 일본의 관리들을 부추겨서 본격적인 중국으로의 수출을 권하게 되고, 이러한 가능성에 대한 시장조사를 홍콩영사를 통해서 타진하게 되었다. 이렇게 하여 중국은 대량으로 수입을 하게 된 일본의 양포(洋布)와 경쟁 관계에 놓이게 되었다. 한편 이러한 외국 상사의 진출에 의해 확대되기 시작하였던 일본의 수출은 해산물, 석탄, 생사 등으로 파급되어 수출무역이 점점 활발하게 되었고, 이러한 자본의 축적은 일본의 공업화를 촉진케 하였다.

이러한 결과는 유럽 열강 상인들에 의한 상업적인 진출에 고무되어 나타났던 것으로, 외국 상사는 자기 나라의 상품만을 취급했던 것이 아니라 자신의 이익에 부합되는 물건이라면 어느 나라 것도 상관하지 않았기 때문에, 상대적으로 가격경쟁에서 우월했던 일본의 상품은 점점 이들에 의해 국제경쟁 속으로 뛰어 들어가게 되었던 것이고, 그 양적인 면에서도 대폭적인 확대를 가져왔다. 이러한 외국 상사들의 이익 추구를 위해 상대적으로 우월했던 일본의 여건을 이용한 수출 확대 때문에 일본의 자본이 확충되었던 것이지, 쇄국에서 개국으로 전환되면서 이러한 현상이 급작스럽게 나타났던 것은 아니었다. 그리하여 경제상에서 중국과의 이해충돌이 시작되었던 것이고, 결국 이러한 현상은 정치 외교적인 문제까지도 야기시키게 되었다. 이러한 과정에서 중국과 일본 사이에 맺어지게 되는 것이 1871년 9월 13일 조인된 일청수호조규(日淸修好條規, 中日辛未條約)였다. 이 조약은 양국의 평등성을 나타내고 있었고, 중국이 주도권을 갖고 실행했다는 점, 그리고 상호 승인 아래 영사재판권을 두는 등 평등한 관계의 근대적인 국제조약이라는 점에서 주목을 받는 조약이었다. 그러나 중국 측에서는 이 조약을 평등이라는 개념으로 보았을 리가 만무했다. 왜냐하면 전통적인 중화질서 체제 아래서의 관계설정은 언제나 예(禮)를 중심으로 하여 중국 황제에게 조공하지 않으면 안 되는 관계였기 때문에, 국제법상의 동등한 조약이라 하여 중국 황제와 같은 위치에 서게 된다고 하는 개념을 중국에서는 생각도 할 수 없는 일이었기 때문이었다.

또 다른 이유는 이러한 외교적인 업무를 담당했던 중국의 부서가 총리아문(總理衙門)이었는데, 이들의 권한은 군기대신(軍機大臣)을 구성원의 일원으로 포함하였기에 이번원 보다는 월등한 권한을 가졌었지만, 각 성(省)의 총독(總督)과 순무(巡撫)는 이들과 종속적인 어떤 관계도 없었던 것이다. 또 이러한 기구가 성립되는 경위를 본다면 이 총리아문이 주도한 외국과의 조약체결이 결국은 종주국 입장에서 볼 때, 하나의 외교적인 기구의 필요성에 의해서 체결된 조약에 불과했던 것으로 보았지, 중국 전체를 대표하는 기구로써 체결된 것이라고는 보지 않았던 것이다. 이것을 알 수 있는 것은 이러한 관념을 염두에 두고 청일전쟁 이후 일본과 중국 사이에 체결된 시모노세키 조약을 두고 일본 측이 중국 대표가 중국을 대표하는 전권을 가져야 한다는 문제를 들고나와 첫 번째 담판을 거부하는 상황이 벌어졌던 상

황에서 확인할 수 있다.[17]

그러자 이러한 중국 측의 고정관념을 바탕으로 한 외교 관계에 임하는 자세에 대해 이미 자본화가 이루어진 일본이 자신들이 추구하는 대외무역의 확대를 추진하는 과정에서 항상 벽에 부딪치게 되자 이러한 틀을 파괴하려는 책동을 하게 되었던 것이다.[18] 즉 전통적인 중화질서를 파괴하는 것이 일본의 근대화를 앞당길 수 있다고 생각하게 되었기 때문에 이미 유럽 제국으로부터 침략을 받았던 일본이기에 이들 경험에서 배운 대외적 침략이라는 제국주의적 사고를 생성하게 되었던 것이다. 즉 메이지유신까지는 중화질서 속에 포함되어 조공 무역이라는 교역권 속에서 행해지던 일본의 경제가 이제 쇄국으로부터 타의에 의해 개국이 됨으로써 외국 자본이 들어와 공업화가 추진되었으며, 이러한 결과로 대외적인 수출이 늘어나게 되어 주변 국가들과의 경쟁 관계에서 우위를 점할 수 있게 되었던 것이다. 그럼에도 여전히 이전의 정치 경제적 질서를 유지하고자 했던 중국 측의 관념적 구조와 이를 따르는 주변 국가들과의 사이에서 일본은 고립화될 수밖에 없었기 때문에 이러한 구도를 깨야만 일본의 근대화가 이루어질 수 있다고 생각하게 되었던 것은 어쩌면 당연한 일이었지 않았나 생각된다.

그러나 이러한 생각이 자신의 국익을 위해서는 어쩔 수 없었다는 것을 부인할 수는 없겠지만, 자신의 축적된 자본과 공업화에 의한 기술을 바탕으로 하여 주변국에 대해 무력이라는 야비한 수단으로

---

17) 陸奧宗光 저, 金勝一 역, 『蹇蹇錄』, 범우사, 1993, 참조.
18) 浜下武志, 앞의 책, 44쪽.

자신들의 우월성을 강조함으로써 주변국과의 불화를 조성하고, 이를 구실로 하여 무력적인 침략을 기도하게 된 것은 당연히 비판되어야 마땅하다. 그러면 "이러한 비인도적인 행위는 어떻게 진행되었을까?" 이에 대한 과정을 아래에서 살펴보고자 한다.

3. 동아시아 세계의 전통질서 해체와 조선의 대응

앞에서 말한 바와 같이 조선은 건국과 함께 명나라에 입공(入貢)하고 책봉을 받으면서 재차 중화질서 속에 편입되었다. 한편으로는 일본의 국왕으로 책봉된 무로마치 막부의 장군과도 대등한 외교 관계를 맺고 있다가 임진왜란 이후에도 도쿠가와 막부와 이러한 관계를 회복하여 일본이 쇄국하는 동안에도 사신(조선통신사)들이 왕래하고 무역도 활발하게 이루어지게 되었다. 그러나 일본은 청나라 때에는 이러한 중화질서 속에 직접적으로는 들어있지는 않았으나 조선과 류큐와의 국교를 매개로 하여 상인의 왕래를 통해 동아시아 세계의 일곽에서 위치를 유지하고 있었다.[19]

그러다가 19C 중엽에 이르게 되면 서구 열강의 강제에 의한 개국과 함께 자본주의 상품에 의해 동아시아 세계는 이러한 전통적인 틀을 더 이상 유지할 수 없는 상황에 말려들어 가게 되었다.[20] 그리하여 동아시아 내부로부터 전통질서의 해체를 촉진시키고자 책동한 주체가 메이지유신을 일으킨 일본이었다. 즉 1868년 메이지 신정부의 선포를 알리는 외교문서에서부터 일본은 전통적인 관례를 무시하

---

19) 中村榮孝, 앞의 책, 참조.
20) 荒野泰典, 『近世日本と東アジア』, 東京大學出版會, 1988.

고 일방적인 자세로 변해갔다. 그 첫 번째 대상이 바로 한국 정부였다. 즉 '황(皇)' '칙(勅)' 등의 용어를 사용하는 과정에서 자신을 높이려는 일본의 자세를 한국 정부가 용인할 리가 없었다. 한국이 끝내 이러한 국서(國書)를 받아들이려 하지 않자 일본 정부는 이러한 문제를 해결하기 위해 청국과 급히 교섭을 서두르게 되었다.

그러나 앞에서도 살펴본 바와 같이 중국의 입장에서는 1871년에 체결된 청일수호조규가 대등한 것이라고 생각하지도 않고 있었는데, 일본 정부는 이러한 중국의 태도를 무시하고 문서상의 내용을 통해 평등조약으로 인정하고 있었던 것이다. 그렇게 했던 것은 우선 조선에 대한 우월성을 확인하자는 의도 때문이었다. 그러나 조선과의 문제가 원만하게 해결되지 않자 일본은 강제로 운양호사건을 일으켜 조일수호조규를 맺도록 압력을 가하였다. 그 조규 가운데 제1조가 바로 "조선국은 자주국이고, 일본국과 평등한 지위를 보유한다.(朝鮮國自主之邦, 保有與日本國平等之勸)"라는 조항이었다.[21]

일본의 반항에 대해 위기감을 느낀 청나라는 동아시아의 방위에 절치부심하게 되지만, 이러한 과정에서 조선과의 종속관계는 변질을 가져올 수밖에 없는 극한 상황을 맞이하게 되었다. 그것은 바로 그때까지도 유럽 열강보다는 일본이 쉽다고 생각했던 이홍장(李鴻章)의 양무파였기에 이들은 구미 열강을 견제하기 위해 조선 정부에게 일본에 대한 개국을 오히려 권장하는 결과를 가져오게 하였다. 또 류큐 문제에 대한 처분을 둘러싸고 일본과 경쟁을 하게 될 때도 일본

---

21) 原田環, 「韓・中(兩國體制)成立前史」, 『近代朝鮮の社會と思想』, 未來社, 1981.

을 견제하기 위해 조선으로 하여금 구미 제국에게까지 개국하도록 강요했다. 이러한 청조의 내면에는 조선에 대한 종속관계를 구미 열강으로부터 인정받으려는 계산이 다분히 숨겨져 있었다. 그리하여 1882년 조미수호통상조약을 체결하게 하기 위해 이홍장 스스로가 나서서 이를 주선하게까지 되어[22] 그 결과로써 조선 국왕은 조인 후 "청국은 조선의 종주국이다"라는 것을 선언하는 결과로 나타나게 되었던 것이다.[23]

이러한 이홍장의 계산 속에는 "조선은 어디까지나 속국이라 할지라도 자주성은 있다"는 것을 겉으로 내세워 "자신들이 실질적으로 조선을 지배하고 있다"는 사실을 열강에게 보여주고자 했던 것이다. 그러나 근대 국제법에 의한 종주국과 속국과의 관계 개편을 통해 이러한 중조 관계를 철회시키려는 일본 측의 노력에는 청국도 할 수 없이 관계 개편을 생각하지 않을 수 없게 되었던 것이다.[24]

한편 중화질서 속의 전통적인 외교 체제를 파괴하려는 외세에 대해 조선의 저항은 위정척사파에 의해 주도되었다. 이들은 '왜양일체(倭洋一体)'라고 하는 관점에서 일본에 대한 개국은 물론이고, 유럽 열강 제국에 대한 개국도 반대하는 상소 쟁의를 전개하였다. 임오군란 때에는 대원군 정권과 손발이 맞아 일시적인 성공을 거두기도 하였다. 이에 대해 개화파는 일본과의 관계를 이전의 교린 관계로 파악해

---

22) 1882년 체결된 조미수호통상조약은 조선이 맺은 최초의 근대 조약이었지만, 협상의 실질 주체는 청나라였다. 조약은 톈진에서 청의 외교가 이홍장과 미국 대표 슈펠트 간에 진행되었고, 조선은 주권국으로서의 역할보다 형식적 당사자에 머물렀다.
23) 茂木敏夫, 「李鴻章の屬國支配觀: 1880년前後の琉球,朝鮮をめぐって」, 『中國・文化と社會』 2, 東方書店, 1987.
24) 위의 논문.

야 한다는 차원에서 일본과의 협조체제를 주장했다. 그러나 이들의 외교방략도 청국과의 조공 관계를 축으로 하고 있었기에 척사론자들과 다를 바가 없었다. 이렇게 볼 때 조미조약(朝美條約)을 체결할 때 종속관계를 선언했던 것은 조선 측의 당연한 선택이었다고 볼 수 있는 것이다.

임오군란과 더불어 청국 군대가 주둔하게 되고 간섭이 강화되자 청국으로부터의 독립을 요구하는 김옥균을 중심으로 하는 급진 개화파가 성립되었다. 그들은 일본의 지원 아래 갑신정변을 일으키지만 실패하고 말았다. 이러한 측면은 여전히 종래의 중화질서를 유지하면서 외압에 대해 저항해 나가겠다는 온건 개화파들의 세력이 당시에는 여전히 강했었다고 하는 사실을 알게 해준다.[25]

[사진 8] 시모노세키조약 체결 광경.

---

25) 趙景達,「朝鮮における大國主義と小國主義の相克」,『朝鮮史研究會論文集』22, 1985.

그러다가 갑신정변이 원인이 되어 청일 간에는 상당히 격앙된 분위기에 휘말렸으나 1885년에 톈진(天津)조약이 맺어지면서 일단은 안정화 되고 있었다. 그러나 청국은 계속해서 위안스카이를 조선에 파견하여 내정을 간섭했다. 이에 대해 일본은 경제적 침투를 계속하여 청국을 가상의 적으로 생각하며 군비 확장을 계속하였다.[26] 이러한 가운데 청일전쟁이 일어났고 일본은 승리함과 동시에 체결한 시모노세키조약 제1조에서 "조선국은 자주국이다"라는 조문을 다시 넣었던 것은 조청 간의 종속관계를 최종적으로 부정시키고자 한 의도였다.[27]

이렇게 되어 전통적인 동아시아 세계의 질서는 마침내 해체되게 되었으나, 일본의 한국과 중국에 대한 침략의 길은 더욱 넓어지게 되었다. 이러한 상황하에서 조선 정부는 1897년에 국호를 대한제국으로 고치고, 국왕을 황제로 칭하면서 독자적인 연호인 광무(光武)를 쓰게 되었는데, 이러한 일련의 변화는 동아시아 전통질서의 붕괴와 더불어 외압에 대한 독자적인 방어체제를 추구하려는 의도를 대변하는 것으로서 새로운 국제환경에 대한 자구책이었음을 알 수 있다.[28] 즉 소위 광무개혁을 통해 황제의 전제권력을 강화했고, 동시에 다각적인 외교 관계를 펴서 열강세력 사이에서 중립을 유지하며 독립을 지키려는 의도였던 것이다. 결과적으로 이는 국제적인 공동 보장에 의한 중립회 구상의 실현을 위한 외교적인 구상이었다.[29]

---

26) 永井和, 「東アジアにおける國際關係の變容と日本の近代」, 『日本史研究』 289, 1986.
27) 『蹇蹇錄』, 앞의 책, 제18장, 참조.
28) 愼鏞廈, 『韓國近代民族主義의 硏究』, 서울대출판부, 1987.
29) 梶村秀樹, 「朝鮮における日露戰爭」, 『史潮』 7·8, 1980.

그러나 조선에 대해 독점적인 지배를 추구하는 일본이 이러한 조선의 중립화 구상의 실현을 방조할 리가 없었다. 그리하여 조선 외교활동의 가능성을 막아버리고, 열강의 개입을 배제하기 위해 한국 정부의 외교권을 박탈하면서 보호국화 정책을 추진하게 되었던 것이다.

러일전쟁 중에 체결된 제1차 한일협약에서는 일본 정부가 추천한 고문을 두게 하여 중요한러일전쟁의 안건은 일본 정부와 협의토록 하였다. 나아가 전후에 있은 제2차 협약에서는 "일본국 정부는 동경에 있는 외무성에 의해 이후 한국의 외교에 대한 관계 및 사무를 감리하고 지도한다."라는 조항을 집어넣어 한국의 외교 주체를 완전히 부정시켰고, 한국을 보호국화 했던 것이다. 물론 이러한 보호국화는 열강의 승인 없이는 불가능했던 것이므로 카스라 태프트 조약 협정과 포오츠머드 조약 등을 통해 한국에 대한 일본의 지도-보호-감리 등의 권한을 부여받기에 이르렀다. 결국 이러한 환경하에서 고종은 마지막 수단으로 헤이그의 만국평화회의에 밀사를 파견하는 등 외교활동을 폈지만, 열강의 냉담한 태도로 말미암아 모든 것이 실패로 끝나고 말았던 것이다.

그러나 한국 내에서의 보호정치에 대한 저항은 끊이지 않았고, 일본은 또한 만주 문제를 둘러싼 열강들의 간섭이 한국의 문제로까지 파급되는 것을 두려워하여 완전한 식민지화를 서두르게 되었다.[30]

이러한 국제적인 환경하에서 한국은 교육 진흥과 식산 흥업을 통하여 자강을 통한 국권의 회복을 실현하자고 하는 애국계몽운동을

---

30) 森山茂德, 『近代日韓關係史硏究』, 東京大學出版會, 1987.

전개하였다.³¹ 그러나 이러한 자강의 기본 모델이 일본이나 구미 열강이었기 때문에, 이들에 대한 철저한 비판의식이 상대적으로 줄어들게 되어 당시의 문제점들을 극복할 수 있는 충분한 이론적인 체계가 결여될 수밖에 없었다고 할 수 있는 반면,³² 서구 문명에 대해 철저하게 비판했고 비타협적인 주장으로 일관했던 위정척사파 유생들에 의해 지도된 반일의병투쟁은 높이 평가할만 했다.³³

일본군에 체포되어 쓰시마에서 분사한 최익현은 충애(忠愛)·신의(信義)라고 하는 유교적 입장에서 힘의 논리가 지배하는 근대세계를 비판했고, 애국계몽운동가로서 출발하여 의병장이 되었던 안중근은 "도덕을 숭상하고 서로 경쟁하는 마음 없이 즐겁게 평안한 땅에서 생업에 종사함으로서 다 같이 태평스러움을 향유하자"라는 참된 문명의 관점으로부터 제국주의 현상을 비판하며 도덕적인 동양인으로의 회귀를 통한 '동양평화'를 호소했는데, 이러한 정신은 일본의 식민지 통치하에서도 계속 이어져 결국 한국의 독립을 찾는 귀중한 정신적인 보루가 되었음은 주지의 사실이다.³⁴

4. 동아시아 외교 관계의 과제와 전망

이상에서 살펴본 바와 같이 전통적인 동아시아의 질서 체제는 근대에 접어들면서 구미 각국의 자본주의적 상품 침략에 의해서 그 기본 제세가 붕괴되어 나갔고, 그러한 가운데서도 구미 자본주의의 주

---

31) 趙恒來, 『1900년대의 愛國啓蒙運動研究』, 아세아문화사, 1993.
32) 金義煥, 「丁未年(1907)朝鮮軍隊 解散과 反日義兵鬪爭」, 『鄕土 서울』 26, 1966.
33) 金昌洙, 『韓國近代民族意識研究』, 同和出版公司, 1986.
34) 趙景達, 「朝鮮における日本帝國主義批判の論理の形成」, 『史潮』 25, 1989.

구가 됐던 일본이 그들 대신에 동아시아 지역에 대한 무력 침략을 수반한 식민지화 정책을 통해 이러한 질서체계를 유린시키는 장본인으로 등장하게 되는 역사적인 아쉬움에 대해 살펴보고자 한다.

1960년대 말까지는 아시아의 근대화에 대한 시각이 유럽의 근대화와 비교되면서 상당히 부정적인 측면으로 결론이 내려지고 있었지만, 70년대 이후 소장 학자들에 의한 일련의 연구를 통해 아시아의 자본주의 발전 가능성이 여러 가지 각도에서 도출되었고, 이러한 연구성과를 토대로 하여 최근에는 그러한 환경을 수반할 수 있었던 동아시아의 질서 체제 즉 중화질서에 대한 개념을 새로운 각도에서 조명하고 있음을 볼 수 있다. 본문에서도 이러한 측면을 개설적으로 설명한 것에 불과하지만, 중화질서에 대한 최근의 연구내용에 대해서는 어느 정도 이해가 될 것으로 믿는다.

이러한 각도에서 볼 때, 아시아의 발전 가능성은 근대 이전부터 충분히 있었던 것임에도 불구하고, 유럽의 동점에 의해 이러한 질서 체제가 붕괴되었다고 하는 사실은 아시아의 역사적인 비극이라고 할 수도 있겠지만, 더욱 중요한 것은 앞으로 전개되는 역사 과정에서는 이러한 일이 되풀이 되어서는 안 된다는 점이다. 특히 서로의 기득권적인 측면만을 내세워 지금까지의 동반자적인 이웃에 대해 쉽게 등을 돌리는 한 말의 한반도를 둘러싼 열강들의 행위는 역사적으로 비판받아 마땅하다고 본다.

즉 일본의 경우 자신들의 공업화는 자신들의 주어진 조건하에서 이룩해야 했던 것이지 자신들의 한계점을 구미 열강과 타협해가면서 이웃 국가의 희생을 강요했던 역사적인 과오에 대해서는 이제라도 충분한 사죄와 보상을 통해 주변 국가와의 감정적 차원의 불협화음을 청산해야 한다고 본다. 결국 20세기 일본의 풍요라는 것도 주변 국가들의 희생을 바탕으로 이룩한 것으로 이러한 내용의 교육을 통해 일본 국민 모두가 반성하는 자세로의 전환이 필요하다고 본다. 이렇게 말하는 것은 향후 동아시아 세계의 발전을 위해서는 일본의 협력이 매우 커야 한다고 보기 때문이다. 그러나 일본의 주변 국가들에 대한 현 교육이 왜곡되고 있다고 하는 점은 차치하더라도 자신들의 어려웠던 전쟁 이전의 상황에 대해서조차 올바른 교육을 하지 않음으로 해서 일본의 젊은 세대가 이러한 역사적인 사실을 이해하지 못하고, 그런 시대와는 단절한 듯한 모습을 보이고 있는 것은 머지않아 일본 스스로가 화를 자처하게 될 것이라는 사실을 직시해야 한다는 것이다.

이에 대해 중국도 그동안 누려왔던 종주국으로서의 체면이나 의리도 내 팽킨 채 열강들 사이에서 자신들만의 기득권을 유지하려고 했던 구한말의 외교 자세는 결국 근본적인 자기 개혁이 아닌 타율에 의한 자구책이었기 때문에 최종적으로는 국내에서의 반발조차도 이겨낼 수 없으므로 해서 재기 불능의 상태로 빠지게 되어 오늘날과 같은 모습으로 탈바꿈할 수밖에 없었음을 주지해야 할 것이다. 따라서 청말 이후의 외교적 자세 내지 자신들의 우월주의에 대해 반성하는 역사연구와 교육이 이루어져야 한다고 본다.

이러한 면에 있어서 가장 큰 피해를 감수해야 했던 한국이야말로 당시의 나약했던 외교 자세, 즉 자신들의 정권욕과 그에 따른 각 열강과의 관계를 자신들의 정치적인 배경을 활용하고자 서로 단결은 못할 망정 서로를 패망케 했던 정치 외교적 자세야 말로 보다 철저한 비판이 있어야 할 것이다. 오늘날까지도 당시의 이러한 영향이 남아 있는 현실 속에서 이에 대한 연구가 더욱 분발되어야 할 것이고, 이러한 연구성과를 토대로 한 역사적 과제의 척결은 지정학적으로 볼 때, 또 동아시아의 중심적인 역할을 수행해야만 한다는 의무감에서도 이러한 역사적인 교훈을 연구하고 교육하는 것이 선결 조건이라는 점을 간과해서는 안 될 것이다.

이제 21세기는 아시아의 새로운 질서 체제의 구축을 고대하고 있다. 이러한 정황은 최근의 세계 각지의 학자로부터 주목되는 현상이고, 실질적으로 경제적인 측면을 보더라도 총생산액 규모면에서도 동아시아의 규모가 구미 제국의 그것보다 많다고 하는 사실을 통해서도 알 수 있다. 이러한 동아시아의 발전에 대한 두려움은 구미 제국을 그룹화하게 하여 대응하도록 하였던 것처럼,[35] 이처럼 동아시아의 협력체제도 구체화 되어야 할 것이다.

그러나 아직도 이러한 일이 성사되는데 필요한 동아시아의 역사적인 문제가 청산되고 있지 않다는 사실은 상당히 큰 유감이다. 이제 새로운 정권에 의한 개혁이 주도되고 있는 동아시아 각국은 이러한 문제에 눈을 돌려 보다 발전적인 동아시아의 새로운 질서 체제를 구축하는데 노력해야 할 것이다.

---

35) 물론 유럽공동체의 탄생 원인에는 여러 요인이 있음을 간과한 말은 아니다.

II
내재화

- **한중일의 성리학 수용과 자기화**
  (2010년 12월 한국사학회 편, 『사학연구』 제100호에 발표한 글을 바탕으로 씀)

- **한중일에 미친 출판문화교류의 영향과 교훈**
  (1995년 12월 출판학회 편, 『'95 出版學硏究』에 실린 글을 바탕으로 씀)

- **한중일의 불교 수용과 성격의 변화**
  (강의 노트를 바탕으로 씀)

- **한중일 다보탑 신앙의 특징**
  (2013년 川勝守博士古稀紀念論集刊行會編 『東方學論集』, 2013에 투고한 글을 바탕으로 씀)

한중일의
성리학 수용과 자기화

목 차

1. 머리말

2. 주자학의 특징과 조선이 정립한 성리학

3. 조선 성리학의 일본 전래와 발전

4. 조선 성리학과 에도막부(江戶幕府)의 정치적 안정화

5. 맺음말

1. 머리말

　에도막부는 일본의 봉건제하에서 265년간을 안정적으로 통치해 갔던 유일한 정부였다. 이렇게 오랫동안 안정적으로 통치해 갈 수 있었던 배경에는 두 가지 요소가 있다. 바로 대외적인 배경과 대내적인 배경이 그것이다.

　먼저 대외적인 배경이라는 것은 13세기 후반에만 12차례나 일본을 정벌하고자 했던 원나라의 원정계획이 실패로 끝나는 바람에 일본이 동아시아 세계의 범주에서 벗어나 독자적인 발전을 도모할 수 있었다는 점이다.[1] 원나라는 송나라 이후 전개된 동아시아의 국제무역

---

1) 浜下武志, 近代中國の國際的契機, 東京大學出版會, 1990, 參照.

질서가 자신들의 정복 전쟁으로 인해 파괴되어 동아시아 세계를 통제하는 데에 엄청난 힘이 들자 이전의 국제무역질서를 회복하려는 데에 온 힘을 기울였다. 그런데 자신들의 힘이 직접적으로 미치는 대륙에 인접해 있는 나라의 경우 대부분은 이러한 질서가 회복되었지만, 바다가 가로막아 자신들의 직접적인 통치권으로 들어와 있지 않던 일본은 통제 불능이었다.

당시 일본에서는 가마쿠라 막부(鎌倉幕府) 체제가 동요되면서 전국적인 혼란이 일어나자 경제적으로 어려워진 해안지역의 세력들이 왜구로 변해, 한반도 및 중국 남부해안 지역에 난입하여 국제무역 질서를 문란케 하였다. 그러자 원나라는 이러한 문제를 근본적으로 해결하기 위해 고려왕조를 동원하여 두 차례에 걸친 일본 원정을 기도했지만 태풍으로 말미암아 실패로 끝나고 말았다. 그 이후에도 원나라는 10여 차례나 일본 원정계획을 획책했으나 여러 가지 내외적인 문제로 인해 실질적인 원정은 이루지를 못했다.[2]

이러한 원정 실패는 결국 일본이 동아시아의 질서 체제에서 벗어날 수 있는 계기가 되었고, 이후부터는 독립적으로 자신들만의 국가 경영이 가능하게 되었다. 이것이 에도 막부가 안정적으로 장기적인 발전을 할 수 있었던 대외적 배경이라고 할 수 있다.

이러한 상황하에서 전국시대를 통일한 도쿠가와 막부(德川幕府)는 자신들만의 독특한 통치체제를 구축하여 안정된 국정을 펼쳐갔으니 이것이 바로 대내적인 배경이었다. 이러한 배경을 만드는 데 중요한

---

2) 金勝一, 韓國歷史의 國際環境, 耕慧社, 2005, 122쪽.

역할을 한 것이 바로 성리학(性理學)의 수용이었다. 다시 말하면 에도 막부가 자신들의 지배질서를 강화하기 위해 이전에는 없었던 신유학(新儒學, Neoconfucianism)인 '주자학'이 조선으로 전래 되어 새롭게 정립된 조선의 성리학이었다. 에도 막부는 이를 받아들여 자신들의 통치이념으로 삼고, 중앙집권제를 구축하여 강력하고 체계적인 통치체제를 완비하였던 것이다.[3]

이 글에서는 앞에서 설명한 두 가지 배경 중 대외적 배경에 대해서는 다른 기회에 살펴보기로 하고, 대내적 배경이라고 할 수 있는 에도 막부의 주자학 수용과 응용이라는 시각을 가지고 서술하고자 한다.

이러한 시각에서 분석해야 할 중요한 관점은 먼저 에도 막부가 주자학을 어떻게 받아들였고, 그 받아들인 주자학은 어떤 논리성을 가졌던 것인지, 그리고 그 주자학의 논리를 어떻게 정치적·사회적으로 활용했는가를 고찰해 보는 것이 이 글의 주요 목적이라 하겠다.

2. 주자학의 특징과 조선이 정립한 성리학

유학 사상은 송대에 이르러 '신유학'이라고 불릴 정도로 획기적인 변화가 일어났다. 이 새로운 유학을 총정리하여 체계화한 학자가 주자(朱子)이다. 이러한 신유학을 주자학 또는 성리학(性理學)이라고 한다. 성리학에서는 세계를 설명하는 방식이 그 이전의 유학과는 질적으로 달라졌다.

---

3) 歷史學研究會 및 日本史研究會編集, 講座日本歷史6, 東京大學出版會, 1989, 55-63쪽.

이전의 유학들은 끊임없이 변화하는 세계를 세계의 전체로 인식하고, 운동의 원인을 현상계 자체에서 찾으려는 경향이 강했다. 그런데 주자는 세계를 운동하고 변화하는 현상계와 그 형이상학적 근거가 되는 원리의 세계라는 이중 구조로서 파악했다. 즉 인간의 마음은 사물이 자극을 받지 않을 때는 발동하지 않아서 고요하다가 자극을 받으면 발동하여 움직이고, 그러다가 다시 고요해지는 반복운동을 거듭한다고 했고, 자연계도 밤과 낮이 순환하며 더위가 가면 추위가 오고, 추위가 가면 더위가 오는 반복운동을 계속한다고 했으며, 인간의 마음과 자연은 동일한 유형으로 변화한다고 했다.

이를 위해 주자는 마음의 작용과 천체(天體)의 운동을 관찰하고 역법(曆法)에 관한 문헌들을 연구하여 이와 같은 움직임이 일어나는 필연적인 이유와 근거를 탐색했다. 그리하여 순환적으로 운동해 변화하는 현상계를 '기(氣)'로 규정하고, 그 근거를 '이(理)'로 규정했다. 즉 『주역(周易)』에서는 "한 번은 음(陰)적인 방향으로 운동하고, 한 번은 양(陽)적인 방향으로 운동해 가는 것을 도(道)라고 한다"고 하여, "일정한 질서하에서 세계의 변화가 일어나는데 이것이 바로 '도'"라고 했던 것이 당시까지는 일반적인 사고였던 것에 대해,[4] 주자는 이러한 사고에 대해 "음양이 순환적으로 운동하는 것은 '기'이며, 그 근거인 '이'가 곧 '도'"라고 설명함으로써, 이로부터 세계를 '이'와 '기'의 이중 구조로써 파악하기 시작했던 것이다.

다시 말해서 이러한 '이'와 '기'는 "서로 분리되지 않으면서 동시에

---

4) 周易, 계사전.

섞이지도 않는 관계(不離而不雜)"에 있는데, "분리되지 않는다"는 것은 '이'와 '기'가 시공간적으로 분리되지 않는다는 것으로 '형이상(形而上)'과 '형이하(形而下)', 그리고 '절대적 가치'와 '상대적 가치'라는 독자적 영역을 갖는다는 것이었다.[5] 이러한 주자학이 갖는 특징은 '자연'과 '인간의 심(心, 마음)'을 '이'와 '기'라는 개념으로 설명해 체계화 했다는 데 있다.[6] 그중에서도 '심'이 보다 중심적인 과제였다. 이러한 '심'은 '성'과 '정'으로 이루어지며, '심'의 본체가 '성'이고, 작용이 '정'이라고 하였다. 주자는 이 가운데 '성'을 주제로 삼아 '이기론'으로 설명하는데 심혈을 기울였다. 그는 『중용(中庸)』 1장에 있는 "하늘이 명령해 부여해 준 것을 '성'이라고 한다"는 구절을 해석하면서, "'성'이 곧 '이'다"라고 정의했다.[7] 즉 인간의 본성은 모든 가치의 근원이 되는 '절대 선(善)' 그 자체라는 것이었다.

그러나 현실에서 인간은 '선(善)'한 정도가 모두 다르며, '선'하지 못한 경우도 있다. 이에 대해 주자는 현실적으로 존재하는 모든 것은 '이'와 '기'의 '합(合)'인 '심(心)'의 본체'이기 때문에 어떤 방식으로든 '기'와 연계되어야 한다고 하여, 일단 '이'와 '기'가 '결합'해야만 현실적인 '사물의 본성'이 된다고 보았다. 그런데 '이'와 '기'가 '결합'되면 '기'의 청탁 정도에 따라 그 '선'함이 구현될 수도 있고, 은폐(隱蔽)될 수도 있는데, 이러한 탁한 '기'는 수양과 교육 등을 통해 인간의 '선'한 본성을 실현시켜 성인(聖人)이 될 수도 있다고 했다.

---

5) 崔永眞, 退溪 李滉, 살림, 2002, 53쪽.
6) 이는 당시까지는 볼 수 없었던 "宇宙와 個人" 과의 관계를 문제로써 다루었던 것이다.
7) "天命之謂性, 率性之謂道, 修道之謂敎", 中庸天命章.

[사진 9] 주자가 강의했던 악록서원(岳麓書院).

종합해 볼 때, 주자가 맹자(孟子)의 '성선설(性善說)'을 계승해 "'성'이 곧 '이'"라고 한 것은 인간은 '이'라는 본성을 갖고 있기 때문에 누구나 절대적으로 '선'한 존재라서 도덕적 행위가 가능하므로, 수양을 통해 본성의 '선'함을 회복하고 이를 사회적으로 실천해야 한다는 것이었다.

그러나 주자는 '성'과 더불어 '심'을 구성하는 또 하나의 요소인 '정'에 대해서는 "성이 발현(發顯)되어야 '정'이 된다"라는 정도의 언급만 했을 뿐 체계적인 설명은 하지 않았다. 즉 중국의 성리학에서는 '정'이 문제로써 인식되지 않았던 것이다. 그런데 조선에서는 이 '정'에 대한 문제가 본격적으로 제기되었던 것이니, 이 점이 중국의 주자학과 조선 주자학의 차이라고 볼 수 있고, 또한 조선의 독창적인 이론 체계라고도 할 수 있는 것이다.

이러한 이론을 체계화하는데 나타난 논리가 '사단칠정론(四端七情論)'이었다. 이 이론 체계는 16세기에 들어와 체계화되었는데, 물론 사단(四端)[8]은 『맹자』에서, 칠정(七情)[9]은 『예기(禮記)』에 나오는 말이고, 주자가 '사단'과 '칠정'을 함께 언급하기도 했지만,[10] 이를 하나의 학설로 체계화한 것은 중국이나 일본에는 존재하지 않았다는 점에서 조선 성리학의 독자성을 알 수 있게 한다.

이 이론의 핵심은 '사단'과 '칠정'이라는 '정', 특히 '사단'을 '이기론'으로 어떻게 설명할 수 있는가 하는 점에 있었다. 다시 말해서 조선의 유학자들이 '심'의 실질적인 작용인 '정'을 주제로 설정했다는 것은 철학적 논의를 보다 현실화시키고, 구체화시켰던 것이다.

부언한다면, '사단칠정'에 대한 논쟁의 배경은 이황이 "사단을 '이'의 발현으로, 칠정을 '기'의 발현으로 구분하는 '이원론(二元論)'"을 주장했고, 이이는 "칠정만을 '기'의 발현으로 보는 일원론(一元論)"을 주장하면서 논쟁이 이어졌던 것이다. 이처럼 8년 동안이나 진행되어 온 '퇴고사단칠정론변(退高四端七情論辨)'[11]은 최종적으로 기대승(奇大升)이

---

8) '四端'은 孟子가 인간의 本性이 善하기 때문에 道德的 行爲가 가능하다는 자신의 주장을 논증하기 위해 제시한 것이다. 그는 '不忍人之心(다른 사람에게 차마 하지 못할 짓을 하지 않는 마음)'의 구체적이고 경험적인 내용이 四端이라고 했다. 즉 '惻隱之心' '羞惡之心' '辭讓之心' '是非之心' 등 네 가지 도덕적으로 선한 감정을 가진 인간이기에 도덕적 행위가 가능하다는 것이다. 孟子 公孫丑上 第6章.
9) 禮記 禮韻편에 나오는데, "무엇을 인간의 情이라고 하는가? '희노애구애오욕(喜怒愛懼哀惡欲)' 일곱 가지는 배우지 않아도 能한 것이다" 고 하여 이러한 일곱 가지 인간의 정감을 七情 이라고 하였다.
10) 四端七情論辨에서 문제가 되는 것은 七情이 아니라 中庸 1장에서 나오는 '喜怒哀樂' 네 가지 감정인데, 그런 면에서 七情은 인간의 감정 전체만을 포괄하는 일반 명사로서 숫자에는 크게 구애받지 않았던 것이다.
11) 퇴고사단칠정론변(退高四端七情論辨) : 조선 후기 성리학자 이익(李瀷)이 퇴계 이황과 율곡 이이의 사단칠정 논쟁을 비판적으로 재해석한 저술로, 사단과 칠정의 관계를 기존의 이원론적 구도에서 일원론적으로 통합하고자 한 점이 특징이다.

이퇴계(李退溪)의 견해를 받아들이면서 종식되었다.[12]

이러한 논변에 대해 성호 이익은 사단과 칠정을 구분하지 않고, 감정의 근원을 '이'로 통일함으로써 기존의 '사단-칠정' 이원론을 극복하고 칠정 중심의 철학으로 나아가는 계기를 마련하여 조선의 성리학을 한 단계 더 발전케 하는 계기가 되게 하였다. 즉 이익은 『사칠신편(四七新編)』[13]에서 '퇴고사단칠정론변'을 핵심 논거로 활용하여 이이의 '기발리승일도설(氣發理乘一途說)'[14]과 이황의 '이기호발설(理氣互發說)'[15]을 모두 부정하고, 사단과 칠정을 모두 '이의 발현'으로 해석하는 '이발기수일로(理發氣隨一路)'[16]를 제시했던 것이다. 이처럼 이익은 감정의 발생을 '외부의 자극→인심(人心, 기의 작용)→도심(道心, 사단/칠정)'의 단일 구도로 설명했던 것인데, 이러한 이익의 변은 한국 유학에서 감정의 본질을 새롭게 해석하는 데 중요한 전환점이 되게 하였다.

---

12) 四端과 七情은 본래 아무런 연관성이 없는 개념이었다. 이 두 개의 개념이 연관성을 가지며 나타나는 것은 權近(1352-1409)의 入學圖說에서 비롯되었다. 그리고 이러한 시도는 그 후 柳崇祖(1452-1512)의 大學十箴으로 이어져 사단과 칠정에 대한 명제가 설명되어 지다가 이것이 鄭之雲(1509-1561)의 天命圖解를 통해 사단과 칠정을 '理'와 '氣'로 설명하면서 논쟁의 도화선이 되었다. 그 이유는 李退溪가 이 天命圖解를 보고 鄭之雲을 만나 토론하고 연구하여 1553년에 수정본을 확정했는데, 이를 본 奇大升(1527-1572)이 이 책을 비판하면서 '退高四端七情論辨'이 시작되었던 것이다.
13) 『사칠신편(四七新編)』: 조선 영조 때의 실학자인 성호가 지은 고전서로 사단과 칠정을 공과 사, 즉 형기(形氣, 겉으로 보이는 형상과 기운)의 개입 여부로 구분해 사단칠정론을 확고히 전개하면서 율곡의 입장을 궁휼직으로 비판, 김도하는 형식을 취한 책이다.
14) 기발리승일노(氣發理乘一途說): '이'와 '기'는 본래 서로 분리되지 않지만, 하나의 존재도는 여기서 않는다는 주장으로, 개념적으로는 '이'가 '무위(無爲)'이고 '기'가 '유위(有爲)'라는 주장이다.
15) 이기호발설(理氣互發說): 사단은 "'이'가 발함에 '기'가 따르는 것이고, 칠정은 '기'가 발함에 '이'가 타는 것이다."라고 하여 '이발'과 '기발'을 모두 인정한 설.
16) 이발기수일로(理發氣隨一路): 이황이 주장한 '이발기수설'에서 이기(理氣)의 관계를 설명하는 핵심 용어로, "원래 이(理)가 먼저 발현되고, 기(氣)가 그 뒤를 따른다" 뜻이다. 이는 이(理)가 발현의 근본 원인이며, 기(氣)는 발현되는 구체적인 내용이자 그 뒤를 따르는 대상임을 의미한다.

결국 이러한 논변을 통해서 중국의 주자학이 한국의 성리학으로 토착화되는 기반이 구축되게 된 것이고, 이러한 조선 성리학자들의 이기론 논변은 이후 우주론(宇宙論), 심성론(心性論), 수양론(修養論) 등에 대한 논변으로까지 이어지게 되었던 것이다.

이처럼 조선의 성리학은 중국의 주자학이 '수신(修身)'을 강조하는 '수기지학적(修己之學的)' 특징과 '치인(治人)'을 강조하는 '치인학적(治人學的)' 특징을 동시에 가지고 있었던 것에 대해 조선은 이를 수용하면서 '수기지학적' 특징이 더욱 강화된 형태로 변화시켰던 것이니,[17] 이러한 논리 구조는 전국시대(戰國時代)를 마감하고 새로운 치세(治世)를 준비하고 있던 도쿠가와 막부에 있어서 아주 필요한 통치이념으로써 받아들여지게 되었던 것이다.

3. 조선 성리학의 일본 전래와 발전

도쿠가와 이에야스(德川家康) 및 그 지지자들은 "천도(天道)"[18]를 이용하여 자신들이 받들던 원래의 주군(主君)을 궤멸시키고 에도(江戶)시대의 서막을 올리게 되었다. 그러나 그들의 심중에는 또한 '천(天)'이라는 이름으로 누군가가 반역을 도모해 자신들을 궤멸시킬 가능성을 배제할 수가 없었다. 이 때문에 이에야스는 전국시대의 '하극상(下剋上)' 풍조를 소멸시키고, 봉건질서를 회복하는 것이 급선무였다. 또 신 무사 정권이 건립한 에도막부의 정당성을 어떻게 설명해야 할지, 어떻게 천황의 권력을 한지(閑地)로 몰아다 놓았는지에 대한 합리

---

17) 阿部吉雄, 日本朱子學と朝鮮, 東京大學出版會, 1965, 1~3, 39쪽.
18) 宇野精一等篇, 講座東方思想 第10卷, 東方思想的日本型展開, 東京大學出版會, 1967, 303쪽.

성을 설명할 필요가 요구됐던 것이다.

그리하여 이 문제를 해결코자 후지와라 세이카(藤原惺窩)가 편찬한 것인지, 아니면 창업 공신인 혼다 마사노부(本多正信)가 지은 것인지 확인되고 있지 않은『본좌록(本佐錄)』을 저술하여 유학의 천도관(天道觀)으로서 이 문제를 해결하고자 했다. 이 책에서는 "이에야스가 무력으로 천하를 얻은 것이 아니라 '천(天)'이 천하를 다스릴 수 있는 능력의 소유자인 이에야스를 선택한 것이다"라고 했다.[19]

그러나 이러한 권력이 '천(天)'으로부터 내려졌다고 하는 내원은 이에야스가 처음이 아니었고, 이미 '다이카 개신(大和改新)'[20]때 이용했던 발상이었다.[21] 또한 이로 인해 언제든지 힘 있는 자의 출현에 의해 '하극상'이 일어날 수도 있었다. 또한 '천(天)'은 곧 '천황'을 대변할 수도 있으므로, 천황을 한지로 보낸 이에야스에게 있어서는 합리적인 처사가 못 되었던 것이다.

그러나 사상적 의식형태 면에서 한당(漢唐)의 유학을 근거로 한 '천명관(天命觀)'을 가지고는 이러한 형세에 적응해 나가는 데에는 한계가 있었다. 따라서 에도막부의 통치자들은 이러한 현세의 질서를 긍정케 하는데 필요한 이념이 긴박하게 요구됐던 것이다.

당시 일본의 사상계에서 영향력을 가지고 있던 것은 불교, 기독교

---

19) 위의 책.
20) 다이카 개신(大和改新) : 孝德天皇의 즉위 년호가 '大化' 인데, 그의 신정부는 新政의 개시를 대외에 알리고, 佛法을 널리 알리려 불교의 중흥을 위해 힘썼으며, 호족의 토지 겸병을 억제했고, 兵器를 모아서 국가 질서를 도모했다. 이해 말에는 수도를 아스카(飛鳥)로 옮겼고, 646년에 4개 조로 된 '改新의 詔'를 만들어 선포하여, 고대 일본이 중흥하는 토대를 마련한 개혁을 말한다.
21) 王家驊, 同前, 26-41쪽 참조.

(耶蘇敎), 신도(神道), 유학 중의 주자학과 양명학(陽明學) 등이 있었다. 그러나 불교는 내세(來世)의 행복을 기원하는 이념으로서 현세에 대해서는 경시하는 점이 강했고, 당시에는 사상의 창조력과 흡인력이 상실되어 있었다.[22] 따라서 불교로서는 당시 새로운 형세의 요구에 대해서 적절하게 대응할 수가 없었다. 기독교는 당시 규슈(九州)지역에 많은 신도를 가지고 있었고, 비록 이들 신도들의 인내심과 정신적인 흡인력은 뛰어났으나, "상제(上帝) 앞에서 모든 인간은 평등하다"고 함으로써 당시 에도(江戶) 정부가 추구하고 있던 엄격한 신분등급제에는 논리적으로 합당하지가 않았다. 심지어 농민 봉기의 기치를 들었던 예도 있었다.[23] 양명학이 주장하는 '심즉리(心卽理)' 사상도 개조되어 막부 체제에 대해 반기를 들 가능성이 매우 많았다.

그러는 가운데 막부의 통치자들에게 가장 받아들이기 쉬웠던 것은 사변성이 풍부했던 주자학이었다. 주자는 세계의 근본적인 원천을 '이(理)'로 보았고, 또한 '인의예지충효(仁義禮智忠孝)'를 들어 '시비(是非)' '선악(善惡)'의 표준을 정하여 이를 구별하는 봉건 윤리를 제시하는 등 수많은 현상을 이용하여 자연의 규율성을 가지고 봉건 윤리의 필연성을 논증하였다. 따라서 이를 통해 현세의 봉건질서를 긍정하는 데 사용하고자 했던 것이다. 예를 들면 "아비의 자애로움, 아들의 효, 군주의 신민에 대한 인애, 신민의 군주에 대한 충성(父之慈, 子之孝, 君仁臣忠)"을 강조하며 이를 "하나의 공공의 도리(一個公共的道理)"

---

[22] "由佛者言之, 有眞諦, 有俗諦, 有世間, 有出世. 若以我觀之, 則人倫皆眞也". 阿部吉雄, 日本朱子學と朝鮮, 東京大出版會, 1965, 89쪽.

[23] 시마바라 농민 봉기(島原農民蜂起) : 1637년에 일어난 농민봉기로 예수교를 종교적 이단으로 보는 막번체제에 반기를 든 투쟁임.

라고 긍정하였고,**24** 또 '이(理)'와 '천(天)'을 결합시켜 '삼강오상(三綱五常)'을 승화시켜 더 이상 높을 수 없는 '천리(天理)'로까지 올려놓았다. 이러한 '삼강오상'의 절대성은 종교화까지 되지는 않았지만, 다른 그 어떤 종교보다도 봉건질서를 유지 보호하는 데는 아주 편리했던 것이다. 그러나 에도막부가 막 성립했을 당시에는 이러한 신유학인 주자학을 일본인들은 아직 모르고 있었다. 이러한 상황에서 임진왜란을 통해 포로로 잡혀 온 강항(姜沆, 1567년-1618년)**25**이라는 조선인을 일본 주자학의 시조라 할 수 있는 후지와라 세이카(藤原惺窩)가 만나고부터 조선의 성리학을 알게 되었고, 이 신유학의 단맛에 빠져들게 되었던 것이다.

[사진 10] 강항과 그를 추모하기 위해 세운 전남 영광의 내산서원.

---

24) 『朱子語類』 권75.
25) 강항(姜沆, 1567~1618) : 조선 중기의 문신, 의병장이다. 본관은 진주(晉州), 자는 태초(太初), 호는 수은(睡隱)이다. 좌찬성 강희맹의 5대손으로, 아버지는 강극검이고 성혼(成渾)의 문인이다. 임진왜란 때 의병장으로 활약하였으며, 정유재란 때 일본에 포로로 끌려갔다가 성리학을 전하였고, 귀국을 종용하여 1600년 탈출한다. 대구향교 교수, 순천향교 교수 등을 지낸 뒤 학문연구와 후학 양성에 전념하였다. 정유재란 때 일본으로 포로로 끌려간 강항이 일본에서 보고 듣고 한 것을 책으로 집필하였는데 그 책이 바로 간양록이다.

에도 정부가 들어서기 전인 전국시대에는 하극상이 판을 쳐 "임금과 신하의 도리(君臣之義)"라고는 없었다. 물론 중세 막부시기에 유교가 완전히 없었던 것은 아니었다. 그러나 당시 일본의 선승들은 불교에 대한 보학(補學)으로서만 유교에 관심을 두고 있을 뿐이었다. 이 유교는 한당유교(漢唐儒敎)로 오경(五經)이 중심이 된 훈고학(訓詁學)이었다. 이런 유교를 연구하던 대표적인 인물이 바로 후지와라 세이카(1561-1619)였다.

그러나 당시 세이카가 공부했던 오경 중심의 유교는 시대에 뒤떨어진 치학(治學) 태도였다. 그는 오직 보불론(補佛論)을 주장하면서 불교 이론상에서 부족한 부분을 보충하기 위한 차원에서 유교를 공부했을 뿐이었다.[26] 이러한 그였음에도 에도시대에 있어서 새로운 주자학=성리학이 그로부터 시작되었다는 것은 역사의 아이러니라고 하지 않을 수 없다.[27]

세이카는 1590년에 이미 조선의 국사(國使) 일행이 교토(京都)에 있을 때 이들을 방문하여 시문을 증답(贈答)한 바가 있었는데, 이때 조선 사절의 서기관(書記官)이었던 허잠(許箴)이 그에게 다음과 같은 글을 써주었다.

---

26) 헤이안(平安) 시대의 대학료(大學寮)라는 이름이 남아 있다는 점에서 알 수 있듯이, 조정에는 박사가(博士家)가 있어 유교가 세습적인 비전으로써 전해지고 있었다. 또 송나라에 유학한 선승(禪僧)들이 불교를 보충한다는 의미의 학문으로서 유학을 연구하고 있었으나 주자가 주창한 신유학에 대해서는 그다지 큰 관심을 두고 있지 않았다. 더구나 이들이 연구했던 유교라는 것은 모두가 폐쇄적인 「가학(家學)」이었고, 일반 민중에게 개방되었던 것은 아니었기에 유학에 대한 세인의 관심은 매우 적었다.

27) 姜在彦, 『朝鮮儒敎の二千年』, 朝日新書, 2001, 318쪽.

[사진 11] 강항이 성리학을 가르쳤던 교토의 후시미 모모야마성과 후지와라 세이카.

"당신은 불교 신자이나 공자의 제자라는 것을 언제나 부인해서는 안 된다. 반대로 다른 신앙을 가진 사람이라도 이것은 공자의 경계함을 위반하는 것도 아니고, 다른 유파의 사악한 말에 빠졌다는 것도 아님을 생각하라(子釋氏之流而我聖人之徒, 拒之尚無暇, 反爲不同道者誹, 豈非犯聖人之戒而自陷異端.)"[28]

이처럼 허잠이 선종(禪宗)과 유교를 명확하게 분별해 주며 설명해 주자 선유(禪儒)를 함께 공부하며 생활했던 세이카는 큰 충격을 받았다. 그러나 그때만 해도 세이카는 허잠이 왜 그렇게 유교를 '성인의 무리(聖人之徒)'라고 했는지에 대해서 잘 알지를 못했다.

---

28) 阿部吉雄, 『日本朱子學과 朝鮮』, 京都大學出版社, 1970, 48쪽.

그러한 그에게 유자로서 자립하는 데에 도움을 준 사람이 정유재란(丁酉再亂) 당시 조선에서 포로로 잡혀갔던 강항(1567-1618)이었다.[29] 퇴계의 학맥을 잇고 있던 그가 일본에 끌려가 연금되어 있을 때, 일본의 많은 사상가들이 그를 찾아와 성리학을 배움으로써 일본에 신유학을 중흥시키는 장본인이 되었다. 강항은 세이카 및 그의 문인(門人)들의 협력에 의해서 1600년 5월 귀국하게 되는데, 귀국 후 그는 일본에서 견문한 내정과 체험을 자세히 기록한 문집인 『간양록(看羊錄)』[30]에서 처음 세이카와의 만남을 다음과 같이 전하고 있다.

"나는 왜경(倭京)에 오고부터 왜국의 내정을 알기 위해 때로는 왜승(倭僧)과 접촉했다. 그중에는 문자(한문)을 이해하고 사리를 분별할 줄 아는 자가 없지는 않았다. 그들 중 몇몇이 종종 연금 중에 있는 나에게 와서 만나주었다. 그들 중에는 묘수원(妙壽院)의 순수좌(舜首座)도 있었다. 그는 아주 총명하여 고문을 알았고, 책에 대해 정통하지 않은 것

---

29) 강항(姜沆)은 토요토미 히데요시(豊臣秀吉)가 재 출병 했을 때인 1597년 8월 남원성(南原城)의 싸움에서 패해 전라도 영광군(靈光郡)이 일족과 함께 해상으로 탈출했을 때, 토도 다카도라(藤堂高虎) 수군의 포로가 되었다. 처음에는 이요(伊予)의 오즈성(大洲城, 愛媛縣 大洲市)에 연행되어, 후에 교토(京都) 후쿠미(伏見)로 옮겼다. 세이카와의 만남은 바로 여기서였다. 강항은 16세기 명유(名儒) 성혼(成渾)의 문하에서 배웠고, 1593년 과거 문과에 합격했다. 일본군 재출병 시에는 호남성 방위의 명군 및 조선군을 위해 군량 조달을 담당하는 호조의 현지 출장소인 분호층(分戶層)의 종사관(從事官)을 하고 있었다.
30) 1600년에 귀국한 강항은 국왕인 선조에게 일본에서 견문한 것을 보고했고, 전라북도 영광군 불갑면(佛甲面)에 칩거하며 후진 교육과 저술에 전념했다. 여기에 그를 제사 지내는 용계사(龍溪祠)가 있고, 19대 국왕인 숙종은 「금소무(今蘇武)」라고 하는 서액(書額)을 하사했다. 소무(蘇武)는 중국 한나라 때 흉노에 포로로 있던 19년간 양을 기르면서 절개를 지키다가 귀국했던 인물이다. 『간양록(看羊錄)』이라는 서명은 여기서 유래한다.

이 없었다."[31]

여기에 나오는 묘수원의 순수좌가 바로 후지와라 세이카였다. 그는 이에야스의 환대를 거절할 만큼 청빈하고 강직한 선비였기에, 새로운 학문을 전하는 강항이 비록 연하였음에도 기꺼이 그의 제자가 되어 성리학을 에도 막부에 접목시키는 역할을 했다.[32] 그는 먼저 강항의 도움을 받아 『사서오경왜훈(四書五經倭訓)』이라는 책을 편찬했다.[33]

일본어로 주자학 관점에서 사서오경을 주석한 책이었다. 이전에는 경전에 밝았던 박사들 외에 민간인이 유가 경전을 주해(註解)하는 일이 금지되어 있었다. 따라서 송학신주(宋學新注)가 소개는 되고 있었으나 그것이 사회에 미치는 영향은 그다지 넓지를 않았다. 선승 중에서 유교 경전에 밝은 박사에 의해 『대학』 『중용』 등에 대한 새로운 주(注)가 있었을 뿐, 『논어』 『맹자』와 오경은 여전히 한당(漢唐)의 예전 주(注)가 통행되고 있던 시기였다. 그러한 상황에서 세이카가 송학적(宋學的) 관점에서 주해한 사서오경은 전통에 대항하는 행위였다. 그러나 이는 유학에 대한 새로운 변화를 의미하는 것이었다. 이러한 그의 노력에 의해 일본유교는 궁정에서만 지식교육으로 진행되어 오던

---

31) 『看洋錄』, 「賊中見聞錄」.
32) 세이카는 『사서오경왜훈(四書五經倭訓)』의 발문을 강항에게 부탁했는데, 발문은 제자가 스승에게 부탁하는 것으로서, 이처럼 강항에게 발문을 부탁한 것은 큰 의의가 있는 것이다.
33) "본조의 유학 박사(博士)들은 예전부터 오직 한당(漢唐)의 주소(注疏)만을 읽어서, 경(經)과 전(傳)에 방점(傍點)을 찍어 왜훈(倭訓)을 첨가하였을 뿐이다. 그래서 정부(程朱)의 서(書)에 이르러서는 이제 겨우 10분의 1도 알지를 못한다. 때문에 성리학을 아는 자가 매우 적다. 그리하여 선생(세이카)과 아츠마츠씨(赤松氏, 가마쿠라 말기에서 모모야마 시대에 걸쳐 하리마국(播磨國)을 지배했던 다이묘)의 권유로 강항 등 십수 명이 사서오경을 정서(淨書)하였다." (『세이카 선생 행장(惺窩先生行狀)』)

것이 사회에 개방되게 되어, 비로소 유학을 직업으로 하는 유자들이 출현하게 되었던 것이다.

그러는 가운데 1609년 부산에 왜관(倭館)이 설치되고, 그 이후로 장군이 바뀔 때마다 조선통신사가 일본에 가게 되니 모두 12회였다. 그때마다 왕성한 문화 교류가 이루어졌는데,[34] 당시 사절단에 들어 있던 조선의 유학자들은 에도막부의 유학 사상과 학문을 발전시키는 데 큰 바탕이 되었다.[35] 그러한 교류를 통해 조선의 성리학을 가장 통달하고 널리 전파한 인물이 있었으니 또한 선승 출신의 하야시 라잔(林羅山)이었다.

그는 총명하여 한국의 유학을 열심히 배워 이에야스의 인정을 받았다. 그리하여 그는 한국의 성리학을 수용하고 보급하는 데에 크게 힘쓸 수가 있었다.[36] 그는 세이카의 4명의 고제(高弟,「藤門四天王」) 중 한 사람으로 장군을 보필하면서 막부정치의 정비에 크게 공헌했고, 문치(文治)를 하는 중에서 예절을 중시하는 사상으로서의 성리학을 막부에다 공인시키기까지 했다. 그 때문에 지방의 번(藩, 다이묘[大名]의 영지)에서 등용하는 학자들도 성리학자가 주축이 되었고, 그러는 가운데 막부에 등용된 기노시타 준안(木下順庵, 1621-1698)과 그의 문하인 아라이 하쿠세키(新井白石, 1657-1725), 무로 규소(室鳩巢,

---

34) 青木美智男外,『日本史』, 三省堂, 1993, 참조.
35) 일본 사서(史書)에서는 이러한 사실을 감추고자 자신들의 관학(官學)으로 승인된 성리학을 중국에서 전해진 것이라고 서술하고 있는데, 이는 조선이 일본보다 선진국이었다는 사실, 조선으로부터 제 방면의 영향을 받았다는 사실들을 은폐하고자 하는 행태에서 비롯된 것이라 할 수 있다. 高永子,『日本的近世將軍時代』, 撑字出版社, 2004, 142쪽.
36) 洪允基,『日本文化史』, 瑞文堂, 1999, 358-359쪽.

1658-1734)와 퇴계의 학문을 그 출발점으로 삼고 퇴계의 저서를 교과서로 삼았던 일본 주자학의 제1인자로 명성을 떨친 야마자키 안사이(山崎闇齋, 1618-1682), 그리고 퇴계의 『자성록(自省錄)』을 읽고 자득해 학문체계를 수립하여 구마모토(熊本) 실학파의 시조가 된 오츠카 다이노(大塚退野) 등의 성리학자들이 배출되었던 것이다."[37] 그리고 이들의 다음 세대인 다니 진산(谷秦山)이나 모토다 나가자네(元田永孚) 같은 근대유학자들로 이어졌다.[38]

이러한 조선 성리학의 영향을 받았다는 주장에 대해 중국학자들 중에는 세이카(惺窩)가 송의 유학을 추종하였다고 주장하는 이도 있다.[39] 그러나 그가 말한 송 유학이란 조선으로부터 수용한 조선의 성리학이었다. 즉,

> 세이카는 오산(五山, 선종5산)에 전해진 송학(宋學)의 연구 성과를 전했을 것이고, 이는 허산전(許山前, 조선에서 온 사신)[40]에게서 촉발되었으며, 강항에게서 격려를 받았을 것이다. 세이카는 유교 독립의 횃불을 올릴 때 강항으로부터 학문적 영향을 크게 받았는데, 이를 증거하는 것으로서 세이

---

37) 青木美智男外, 『日本史』, 三省堂, 1993, 참조.
38) 일본의 주자학도 중국과 일본에서처럼 여러 학파로 나뉘어 가며 발전하지만, 일본이 경우는 唯心主義의 색채를 띠면서 神道까지를 融合시키려는 계열, 그리고 唯物主義의 側面으로 접근하려는 계열 등으로 나뉘어질 뿐, 身分秩序와 社會秩序를 파괴하는 데까지는 이르지 못한 채 전개되어갔다. 王家驊, 同前, 91쪽.
39) 王家驊는 "日本諸家言儒者, 自古至今, 唯傳漢儒之學而未知宋儒之理. 四百年來, 不能改機舊習之弊…若無宋儒, 豈續聖學之絶緖哉." (源了圓, 『近世初期實學思想의 研究』, 創文社, 1980, 159쪽)과 같은 세이카와 姜沆과의 필담 내용을 들어 주장했다.
40) 退溪 門下의 3傑 중 하나인 柳希春의 제자로써 퇴계학을 일본에 전해주었다.

카는 주자가 편저한 『연평답문(延平答問)』만을 오로지 존중하였다는 데서 알 수 있다. 그는 「이일분수설(理一分殊說)」을 설파하며 쇄락한 경지를 자득해야 한다고 주장했는데, 이것도 이 책에 근거했기 때문이다. 그리고 그의 수제자인 하야시 라잔(林羅山)에게 라잔(羅山)이라는 호를 붙여준 것도 이 『연평답문』 때문이었다. 그런데 이 책은 실은 조선의 퇴계가 정성을 다하여 교각(校刻)한 부발본(附跋本)이다. 더구나 세이카가 라잔에게 주었던 것으로 여겨지는 당시의 이 책이 현재 내각문고(內閣文稿)에 남아 있다. 또한 세이카는 그의 이기철학(理氣哲學)에 있어서도 퇴계의 『천명도설(天命圖說)』에 찬성하여 적절한 평가를 내렸다. 이러한 사실들을 알고 보면 세이카는 자신이 유학자로서 독립한 때문만이 아니라 그의 철학적 근거가 조선 유학으로부터 직접 간접으로 깊은 영향을 받았음을 알 수 있다.[41]

이러한 점에서 세이카가 수용한 주자학은 조선의 유학, 특히 퇴계의 학설에 가까운 것이었음을 알 수가 있다. 또한 세이카의 이론 체계를 평하는 중에서도 이러한 설을 뒷받침해 주고 있다. 즉,

"대저 인의예지(仁義禮智)의 '성(性)'은 원형이정(元亨利貞)의 천도(天道)와 이름은 다르지만 내용은 같다. 따라서 사람이 리

---

41) 阿部吉雄, 『日本朱子學と朝鮮』, 東京大出版會, 1965, 1~3, 39쪽.

(理)를 따르면 천도가 그 속에 있으니 하늘과 사람은 여일(如一)한 것이다. 그리하여 「천인여일(天人如一)」의 사상을 표명하였다. 천인관계(天人關係)에 있어서 하늘과 사람이 매개체 없이 직접 연결되는 것은 조선 성리학의 특징이며, 「천인여일」의 근거로써 인의예지를 연결하는 것은 특히 퇴계학(退溪學)의 특징이다. 중국의 주자학에서는 「천인여일」의 실질적인 과제로서 「격물치지(格物致知)」의 「궁리공부(窮理工夫)」와 「성의정심(誠意正心)」의 「거경공부(居敬工夫)」가 병존되어 있다. 그러므로 세이카가 여기서 「천인여일」의 실질적인 과제로서 '이(理)에 따르는 것'을 제시한 것은 그가 수용한 주자학이 주자학 그 자체라기 보다는 오히려 퇴계학이었음을 나타내는 증거이다."[42]

라고 하였다.

한편 같은 중국학자라도 세이카와 주자의 사상이 일치한다고 하면서도, 세이카는 주자가 관심을 둔 '이본체론(理本體論)'보다, '윤리학' 쪽에 더 관심을 두었다고 평하는 이도 있는데,[43] 이는 바로 일본의 주자학이 조선의 성리학에 뿌리를 두고 있음을 간접적으로 인정하는 견해라고 할 수 있는 것이다.

---

42) 『惺窩先生文集』 卷9, 講筵矜式.
43) 王家驊, 『儒家思想與日本文化』, 浙江人民出版社, 1990, 85쪽. "人事亦不可忽諸, 是人事卽天理", 源了圓 『近世初期, 實學思想の研究』, 1980, 創文社, 170쪽.

4. 조선 성리학과 에도 막부의 정치적 안정화

　유교사상은 '윤리도덕'과 '조상숭배'를 핵으로 하여 이루어진 가치관으로서 바로 인간의 절대적인 존재성을 어떻게 인정해주며 살아야 할 것인가에 그 원초적인 목적을 두고 있다. 이러한 유교의 전통적인 의식을 송나라 주자는 정치적 이데올로기로 승화시켰다. 소위 '신유교'의 핵심이 되게 했던 것이다. 즉 그는 이러한 사회적 관계, 혹은 인간적 관계를 '이'와 '기'의 관계로써 풀어냈던 것이다.

　이러한 이기(理氣)의 관계에 대한 해석을 보다 더 구체적으로 설명하고, 주자가 관심을 두지 않았던 '정(情)'의 작용 원리에 대해 과학적 이론 체계를 세웠던 것이 바로 조선의 성리학이었다. 조선의 성리학이 에도 막부에 전해지자 자신들의 정통성 보전을 위해 고민하던 에도막부는 일순간에 걱정을 떨쳐낼 수 있는 이론 무기가 되기에 충분하다고 생각하게 되자 신속하게 이를 수용하고 자신들의 통치 이데올로기로 접목시키게 되었다.

　조선의 성리학은 상하 간의 신분질서를 명백히 하였고, 주종간(主從間)의 의리(義理)를 중시하였다. 이처럼 봉공정신(奉公精神)을 함양시키는 데에 '충효의 덕'을 근본으로 삼았던 성리학이 도쿠가와 막부의 통일을 합리화시키는 이론으로서는 안성맞춤이었다. 즉 전국시대에 창과 칼을 통해 입신한 다이묘(大名)들은 "수신제가치국평천하(修身齊家治國平天下)"라고 하는 단계를 밟아 온 것이 아니었다. 그러나 유학자들은 그들에게 합리성을 주었다. 사욕 없이 세상의 악을 배제하는 행위를 정당한 행위로 보게 되면서 역성혁명(易姓革命)을 시인받게 됨으로서 도쿠가와 막부의 통일을 합리화할 수 있었던 것이다.

[사진 12] 조선의 성리학을 일본의 관학으로 공인시킨 하야시 라잔

이러한 일을 주도적으로 해 간 인물이 앞에서 소개한 하야시 라잔(1583~1657)이었다. 그는 강항에게 조선의 성리학을 배웠고, 조선통신사의 접대와 외교문서를 기초하는 일을 이에야스(家康)-이에타다(家忠)-이에미쓰(家光-이에쓰나(家網) 등 4대 장군을 보필하면서 담당하였기에, 이들과의 접촉을 통해 조선 성리학의 진수를 거의 섭렵했던 인물이었다. 그는 이러한 조선의 성리학을 정치의 모토로 삼아 성리학 이외의 양명학, 기독교(耶蘇教), 불학 등을 이단으로 하여 배척하였다. 이러한 하야시 라잔이 세이카 등 그 이전의 유학자들과 달랐던 것은 유학의 가르침을 실제로 사회에 응용하여 적응하려고 했다는 데 있었다. 그것의 대표적인 예가 바로 성리학을 일본의 관학(官學)으로 공인케 하여 『대학』의 "수신제가치국평천하" 사상을 주축으로 가르침을 폈다는 것이다. 그는,

"사람들은 모두가 천하 국가라고들 말하는데, 천하의 근본은 나라(國)에 있고, 나라의 근본은 가정(家)에 있으며, 가정의 근본은 체(體)에 있다. 그러므로 『대학』의 '수신제가치국

113

평천하의 도리를 알아야 한다"[44]

고 했다.

이러한 라잔의 사상을 존중한 도쿠가와 막부 장군들은 성리학으로써 문치(文治)를 펼 수 있었고, 예절을 중시하게 되었다. 이러한 막부의 움직임은 지방의 번(藩)에게까지 영향을 미쳐, 그들이 등용하는 학자들도 성리학자가 주축이 되었다.

당시 라잔의 생각은 에도 막부 체제하에서 장군과 다이묘, 다이묘와 무사 사이에는 봉토상사(封土賞賜)와 진충보호(盡忠保護) 관계로 이루어졌기 때문에, 중국보다도 훨씬 강하게 봉신(封臣)이 주군(主君)에 대한 충성을 강조하지 않으면 안 된다고 생각했다. 이렇게 해야만 이 막번체제(幕藩體制)에서 통치자의 내부관계가 안정될 수 있었기 때문이었다. 그리하여 '충효'를 대할 때, '충'을 더 중시했던 그의 관념은 중국의 전통적인 관점과는 다를 수밖에 없었다.[45] 즉 라산은 "가정(夫家)의 개인적인 일(私事)"보다 "군주와 나라의 대사(君國大事)"를 훨씬 더 중시했던 것이다.

이런 라산의 생각은 물론 막부의 요구에 맞추기 위함이었다. 그리하여 그는 에도시대 무사계급의 수많은 문제를 모두 성리학적 태도로써 해결하고자 했고, 또한 세이카 시기에는 '수신제가'적 차원에 머물렀던 성리학을 '치국평천하'를 사상적 무기로 하는 차원으로까지

---

44) 『林羅山文集』 卷第68, 隨筆4.
45) "二者不可得而謙也, 舍輕而取重也", 朱謙之, 『日本的朱子學』, 人民出版社, 2000, 164쪽.

끌어올렸다.⁴⁶ 이런 데서 그의 사상적 특징을 엿볼 수 있는 것이다.

이러한 논리를 세상에 알리기 위해 그는 군신부자(君臣父子)의 상하존비(上下尊卑) 관계를 "천지도리"라고 설명했다. 즉

"천지 사이의 도리는 매우 명확하다. 하늘은 존귀하고 땅은 저속하며, 상하에는 존귀한 지위가 있다. 따라서 임금은 임금다워야 하고, 신하는 신하다워야 하며, 부모는 부모다워야 하고, 자식은 자식다워야 하며, 그 나머지 또한 그렇다.(天地之間, 道理炳然, 故天尊地卑, 上下尊位, 君君, 臣臣, 父父, 子子, 其餘亦然)"⁴⁷

라고 했다. 또한 그는

"도(道)가 있으면 문(文)이 있고, 도가 없으면 문은 없다. 문과 도는 이치를 같이 하여 표리가 같다. 도는 문의 근본이고, 문은 도의 말(末)이다. 끝은 작게하여 근본을 크게 두어라. 이에 힘쓰고 잘 가꿔야 할 것이다"⁴⁸

라고 하여, 도는 인륜을 행하는 이치로서, 즉 도덕을 칭했던 것이고, 문은 박학을 의미하여 문을 도덕보다 아래에 두었던 것이다.

---

46) 王家驊, 『儒家思想與日本文化』, 浙江人民出版社, 1990, 87쪽.
47) 朱謙之, 『日本的朱子學』, 同前, 162쪽.
48) 『林羅山文集』卷第68, 隨筆4.

이러한 사상의 보급을 위해 에도시대 중기부터는 조선식 서당인 사자옥(寺子屋)을 설립하여 가르치기 시작했다. 이 사자옥은 일종의 아동 교육기관으로 초닝(町人)인 도시민 자녀뿐만이 아니라 농민 자녀들에게까지도 교육했다.[49] 이 또한 조선통신사들과의 접촉을 통해 알게 되면서 이루어진 것이며, 조선의 초등교육 영향을 받아 설립되었던 것임을 알 수가 있다.

이처럼 도쿠가와 정부는 독자적인 일본의 중세적 질서를 근세적으로 재편성하기 위해 학문을 권장하고 조선에서 들어온 성리학을 관학(官學)으로 수용하여 이를 크게 융성토록 했기

때문에, 성리학은 도쿠가와 막부 초기부터 말기까지 "제일의 학문"으로서 막부 치세의 근간이 될 수 있었던 것이다.

5. 맺음말

이상에서 살펴본 바와 같이 조선의 성리학은 송나라 주자학과는 다른 특징을 갖고 있으며, 그러한 특징을 갖는 조선의 성리학은 도쿠가와 막부가 고민하던 역성혁명(易姓革命)을 합리화시키는 이론을 정립해 주었고, 동시에 도쿠가와 막부가 265년간 안정된 발전을 구가할 수 있게 했던 통치 이데올로기를 제공해 주었다. 이러한 조선의 성리학은 임진왜란을 통해 빼앗아간 조선인들이 보주(補注)한 성리학 관련 책과 포로로 간 유학자 및 전쟁 후 조선통신사 사절들과의 교류를 통해 배운 조선 성리학의 사변 논리를 도쿠가와 막부는 일본 정치

---

49) 高永子, 『日本的近世將軍時代』, 撐字出版社, 2004, 140쪽.

사회의 질서유지책으로써 응용했던 것이다.

　도쿠가와 막부 성립 이전에도 일본에는 유교가 이미 들어와 있었고, 선승(禪僧) 중심으로 유학에 관한 연구가 진행되고 있었지만, 그것은 어디까지나 보불책(補佛策)에 불과했던 것이라 신유학에 대한 접촉이 거의 전무하여 시대에 뒤떨어진 치학(治學)태도로 일관하고 있었다. 그러던 것이 전쟁을 통해 조선의 성리학을 접하면서 불학의 논리 틀에서 벗어나 성리학적 관념을 수용하게 되었고, 이를 새로운 막부시대를 열어나가는 통치 이데올로기로써 활용하게 되었던 것이다.

　그리고 이러한 상황하에서 정립된 도쿠가와 시대의 사회질서 및 자본윤리 의식은 오늘날 일본인 의식의 근간이 되었으며, 나아가 근대화를 이룰 수 있는 사회적 배경이 되었던 것이다. 또한 사무엘 헌팅턴이 말하는 소위 '일본문명'을 탄생시킬 수 있었던 배경이 되었던 것이다.[50]

---

50) Samuel P. Hyntington著, 鈴木主稅譯, 『文明の衝突』, 集英社, 1998, 28-32쪽.

한중일에 미친
출판문화교류의 영향과 교훈

목차

1. 출판 문화교류의 중요성
2. 한반도와 중국 출판문화교류의 성격
3. 시기별 한중일 출판문화교류의 성격
4. 한중일의 출판문화교류 재개와 문제 해결 모색

1. 출판 문화교류의 중요성

　전통 한중관계의 모습에 대한 각종 주장은 대체적으로 두 가지로 축약된다. 하나는 한반도가 중화질서 속에서 하나의 지방 정권이었다는 설, 다른 하나는 중화질서 속에서 정치적 예속성을 띠긴 했어도 각 방면에서의 독립성은 유지됐다고 하는 설이다. 이러한 논리는 모두가 조공(朝貢)과 책봉(冊封)을 통해 중화질서를 유지해 온 중국의 독특한 통치형태에서 나타난 일련의 역사적 제현상을 분석하는 과정에서 나타난 주장들이다.

　일본에서는 근대화의 성공과 근대 이후 자신들이 걸었던 제국주의 행보에 대한 합리화를 이론적으로 뒷받침하려고 전자보다는 후자의 시각을 갖고 있는 듯하다. 중국 및 대만에서의 시각은 자신들을 중심으로 하는 중화적 역사관이 근저에 깔려 있음은 당연하다.

그러나 문제는 이에 대한 한국인의 시각이 애매모호하다는 사실이다.[1] 따라서 한반도는 이러한 중화질서에 대해 나름대로의 역사적 시각을 정립할 필요가 있는 것이다. 그 이유는 복잡한 국제사회의 구조적 관계 속에서 자신의 독자성을 유지하고, 또 그들과 대등한 경쟁성을 유지해야 할 필요가 있기 때문인데, 이를 위해서 제일 중요한 것이 문화교류에 대한 시각을 정립하는 일일 것이다. 왜냐하면 교류상에 있어서 보이지 않게 상대방에게 영향을 주는 것이 바로 문화교류이기 때문이다. 그리고 이러한 문화적인 교류를 가장 효과적으로 행하는 방법이 문헌 교류와 인적 교류를 통한 문화적 접촉인데, 이처럼 문헌과 인적 교류를 통해 행해지는 교류를 이 글에서는 '출판문화교류'라고 명명하고자 한다.

오늘날 국제사회는 전 세계 모든 나라와 문화교류가 가능하게 되었지만, 근대 이전에는 지역별 소세계(小世界), 예를 들면 유럽 세계, 이슬람 세계, 이집트 세계, 서아시아 세계, 동아시아 세계 등 그 안에서만 가능했었다. 그중 하나인 동아시아 세계에서는 중국을 중심으로 한 중화문화권이 형성되어 문화적 교류가 활발했고, 중국의 문화를 받아들이면서 역사발전이 이루어졌다.

동아시아 세계에 속하는 여러 나라 중에서 직접적이고 가장 많이 중국문화의 영향을 받은 나라는 바로 한반도 내의 여러 국가들이었고, 그 다음이 한반도의 국가들을 통해 간접적이나마 많은 영향을

---

1) 온건 개화파인 김윤식은 "중국이 우리나라를 책임지는 모습을 세계가 본다면 무시하지 않을 것이다. 중국의 보호 아래 자주 외교를 유지하는 것이 양득(兩得)이다." 고 했고, 급진 개화파인 김옥균은 "청나라가 우리를 속국으로 여긴 이상, 독립국이 되기 위해서는 정치와 외교를 갈고닦고 강하게 해야 한다." 고 했는데, 같은 한국인 내에서도 이렇듯 인식이 달랐다.

받은 나라가 일본이었다. 이러한 역사적 전통과 지리적 근접성은 교통과 통신이 발달한 오늘날에도 한중일 삼국 간의 교류가 모든 분야에서 다른 나라와는 비교할 수 없을 정도로 서로에게 큰 영향을 주고 있음을 알 수 있다.

다만 근대 이후에는 한중 양국이 오히려 일본 출판의 영향을 많이 받고 있다는 점이 아이러니할 뿐이다. 그러나 그 영향을 주는 방향이 비록 바뀐다고 하더라도 이러한 삼국의 문화교류는 향후에도 지속될 것이 틀림없다. 따라서 삼국의 출판문화교류가 앞으로 어떤 방향으로 이루어지는 것이 서로에게 유익한지를 알아보는 것은 매우 중요한 문제이고, 그 중요성의 근원을 출판문화교류의 전통적 성격에서 찾아보고자 하는 것이다.

최근 동아시아 국가들의 비약적인 경제성장과 이에 동반한 문화의 발전은 바로 근대 이전까지 축적된 동아시아 세계의 문화를 기반으로 한 지식의 축적이 그 기초라고 평가하고 있다. 이러한 축적된 문화가 없었다면 짧은 기간에 이만한 성과를 거둘 수도 없고, 향후 발전에도 큰 걸림돌이 될 것이다.[2] 그런 점에서 고대 동아시아 세계 출판문화교류의 유기적 관계를 이해하는 것은 매우 중요한 일이다.

이처럼 동아시아가 비축해온 출판문화교류의 전체적인 상황과 진정한 가치에 대해 재발견 하는 것은 오늘날을 살아가는 동아시아인들에게는 향후의 협력체제를 더욱 공고히 하고, 이를 세계적 시스템으

---

2) "한 중 일 지식 교류 확대는 미래를 보는 지식사회가 추진해 나가야 할 과제다. 3국이 갈등과 반목의 굴레를 넘어 지식, 경험 공유와 협력의 길을 넓혀나가지 않으면 세계의 미래는 지금보다 더 불안해질 수밖에 없다". 조윤재, 「아시아의 시대, 한중일은 준비하고 있는가?」 『중앙일보』 2024. 08. 02.

로 승화시키는 데 있어서 매우 중요한 밑바탕이 될 수 있다고 본다.

2. 한반도와 중국 출판문화교류의 성격

출판문화교류라고 하는 말은 자국의 모든 사상, 의식, 문화 등을 총망라한 것을 상대방에게 모두 알려주어 자신들이 살아가는 방식 및 노하우를 전수해 준다는 데 특징이 있다. 이는 다시 말해서 자신들의 삶의 방식, 통치방식, 상대방에 대한 자신들의 인식 등 모든 것을 보여줌으로써 공동체적인 관계를 가질 수 있도록 맺게 해주는 끈과 같은 것이다.

그렇기 때문에 고대로 거슬러 올라갈수록 출판문화교류는 국가적으로 통제하였고, 상대적으로 문화가 높은 나라에서는 자신들의 권리를 독차지 하기 위한 방법의 하나로 상대의 자세나 태도 혹은 그들과의 관계 개선을 꾀하는 데 이용하곤 하던 분야였다. 그러한 것이 근대로 올라 올수록 공유되어야 하는 지리적·정치적 관계로 인해 상대국과의 교류가 점점 폭넓게 이루어져 가기는 했으나 이 또한 선별되는 가운데 이루어졌음은 주지의 사실이다.

따라서 역대 한·중 양국의 출판문화교류사를 통해 어느 시기에 양국의 이해관계가 잘 맞아떨어졌고, 어느 시기에 서로의 갈등이 깊었는지, 시대에 따른 함수관계를 되돌아보며 향후 양국의 관계발전 방향을 생각해 보는 것은 매우 중요한 일이다.

국가와 국가의 관계, 개인과 개인의 관계는 모두가 본인과 상대방의 상황과 배경이 일치되는 정도에 따라 교류의 속도나 횟수 등이 비례한다는 것은 주지의 사실이다. 다시 말해서 서로의 필요에 의해서 이루어졌을 때 훨씬 더 효과적이고, 그 결과 또한 매우 이상적이 된 다는 말이다.

중국과 한반도의 관계는 더욱 그러했다. 즉 중국의 바람과 한반도의 바람이 맞아떨어졌을 때 그 교류는 서로 간에 큰 만족감을 주었다는 사실을 우리는 출판문화교류의 역사를 통해서 증명할 수 있기 때문이다. 물론 이러한 상황은 정치적, 경제적 제조건이 가장 큰 요소로서 작용했다. 다시 말해서 정치적으로 서로에게 안정감을 가져다주기를 원하거나, 경제적으로 서로에게 이익을 주는 경우에 일어나는 출판문화교류는 그 횟수가 매우 빈번했고, 내용이 있었으며, 서로에게 미치는 성과 또한 상당했다는 것을 이 방면의 연구결과들이 잘 보여주고 있다.[3] 그러나 그러한 조건이 성숙되지 않은 상태에서의 교류는 그만큼 형식적인 교류에 지나지 않았음을 또한 알 수 있다.

중국과 한반도는 육지와 바다로 연결되어 있어, 고대서부터 상호 밀접한 관계 하에서 서로에게 영향을 주는 가운데 발전해 왔다. 당연히 역사 전개 과정에서 국토의 면적이 계속 확대 되어갔고, 인구도 기하급수적으로 증가하면서 막강한 영향력을 지니게 된 중국에 비해 그들의 피 지배적 위치에 있어야만 했던 한반도는 당연히 중국의 영향을 일방적으로 받아야 했다.

그렇지만 다른 여러 나라들과는 달리 한반도에 출현했던 각국은 중국으로부터 전해오는 우수한 문화를 자기 문화와 습합시키며 독창적인 문화를 형성함으로써 명대에 800여 개에 이르던 타민족 국가

---

3) 鄭判龍 외 편저, 『朝鮮—韓國文化与中國文化』, (조선학—한국학 총서), 70~71쪽, 중국사회과학출판사, 1995, 참조.

(소위 소수민족)와는 달리, 오늘날까지 독자적인 삶을 유지하며 생존해오고 있다는 점에서 다른 민족국가와는 차원이 다른 문화를 형성해 왔다고 할 수 있다.

이러한 것은 외교관계 내지 자체적 발전을 잘 유지해 올 수 있었다는 점을 강조할 수도 있겠지만, 무엇보다도 자체적인 문화의 질을 제고해 왔다는 점에서 그 요인을 찾을 수 있다.

그러한 것은 동아시아 지역의 복잡한 관계구조 속에서 동아시아 문화의 원천지였던 중국의 문화를 시기별로 어떻게 받아들이고 흡수해 왔는지를 밝히는 방법에 의해서만 찾을 수 있다. 그리고 이러한 일은 향후 우리가 한반도에서 계속해서 살아갈 수 있는 방법을 재조명할 수 있는 방법이 될 수 있는 일이며, 동시에 동아시아 세계에 살고 있는 각 민족과 국가의 발전, 나아가서는 세계 인류에 공헌할 수 있도록 우리의 능력을 제고시킬 수 있다는 점에서 매우 중요하다고 하지 않을 수 없는 작업이다.

3. 시기별 한중일 출판문화교류의 성격

21세기 전후 동아시아 국가들의 비약적인 경제성장과 이에 동반한 문화발전은 물론이고, 최근 동남아시아 지역의 발전도 근대 이전까지 축적된 동아시아 문화를 기반으로 한 지식의 축적이 그 기초라고 평가되고 있다. 이러한 축적된 문화가 없었다면 짧은 기간에 이만한 성과를 거둔다는 것은 생각할 수도 없다는 점에서, 고대 동아시아 세계의 유기적(有機的) 교류 관계를 이해하지 않으면 안 되는 것이다.

이러한 문화를 바탕으로 한 지식의 축적은 두말할 것도 없이 출판문화교류의 결과라고 하지 않을 수 없다. 그런 점에서 동아시아가 비축해온 출판문화교류의 전체적인 상황과 진정한 가치에 대한 재발견이 필요한 것이기는 하나, 이에 대한 논술은 지면상·시간상 제한으로 인해 다음으로 미루고, 한중일 양국 사이에 이루어졌던 출판문화교류의 특징을 시대별로 간단히 검토해 보면서 그 중요성만을 제기하고자 한다.

한중일의 출판문화교류와 그 영향은 왕조별로 그 상황이 달랐다. 즉 중국의 시대별 상황이 통일왕조였던 시기보다는 분열되었던 시기, 즉 삼국 시기, 위진남북조 시기, 북송·요·금 등의 대립 시기에는 서로 간의 첨예한 갈등으로 인해 생존 자체가 위협을 받을 수 있는 어려운 시기였기 때문에, 중국의 각 왕조는 한일 양국의 각 왕조와 밀접한 관계를 맺기를 원했고, 평상시 문화 전수를 꺼려하던 분야까지도 이들 왕조에게 전해주고자 했다.

이렇게 했던 것은 자신들의 한일 양국에 대한 기득권(조공관계)을 유지하려는 측면도 있었지만, 교류를 통해 자체적 역량을 키우는 것을 도모하고 한일 양국에서 필요한 것을 지원받기 위한 전략적 사고가 있었기 때문이었다.

그러나 질적 수준이 높은 출판문화교류 방면에서 한일 양국에 큰 영향을 주었던 왕조는 한족에 의해 건립된 당, 송, 명 등의 왕조였다. 그것은 사신의 파견 혹은 학승이나 유학생의 도항(渡航), 그리고 상인들의 왕래 횟수나 교류 품목 등을 통해서 알 수 있다. 다만 본고에서 조감(鳥瞰)하려는 출판문화교류 상황은 지면상 한중 양국의 교류를 중심으로 해서 살펴보고자 한다.

진나라 말 서한 초기에 한중 두 나라는 서로 간에 대규모 이주를 시작하였다. 그러는 가운데 문화교류도 하게 되었다. 그러나 이 시기에는 아직 출판이라고 하는 개념이 설정되지 않았던 시기였으므로 출판문화교류라고는 할 수 없으나 향후 이러한 교류가 가능하도록 한 한자가 한반도로 전해졌다는 데서 출판문화교류사의 획을 긋는 계기가 되었다고 평가할 수 있을 것이다.

중국 사람들이 대량으로 한반도로 이주하고 두 나라 무역이 발달하게 되면서 여러 가지 금속제품 및 새로운 기술들이 도입되었다. 그러나 이러한 모든 것들 보다도 중요한 것은 한자의 전래였다. 문자의 발명은 인류사회가 원시사회에서 문명사회로 전환하는 중요한 이정표가 되는 표식이었다.

대체로 중국에서 한자가 어느 정도 사회에서 활용되기 시작한 시기는 상대(商代) 후기부터였다고 보고 있다. 그 당시 갑골 복사(卜辭)와 기물 등의 명문에 나타난 글자 수는 대략 3,500개 정도였다.[4] 이러한 한자가 더욱 보편화 되는 시기는 동주 이후부터 진나라말에서 서한 초에 이르는 시기의 각종 금속제품의 명문 속에서 확인할 수 있다.

이러한 한자가 정확히 언제쯤 한반도에 전래되었는 지에 대해서는 확인할 수 없지만, 지금까지 한반도 내에서 명문이 새겨진 금속제품을 통해서 어느 정도의 연대 추정은 가능하다. 그러한 명문 중 가장 명확한 것은 1925년 평양에서 발견된 진나라의 창(戈)에 새겨진 "진

---

4) 곽말약 주편《중국사고》제1책 200쪽.

시황 25년"이라는 명문을 통해 기원전 220년에 이미 한반도에 한자가 전래 됐음을 알 수 있다. 이후 한반도 서북부에서 많이 출토된 명도전(明刀錢)[5]에서는 많은 명문이 발견되었는데, 조사된 한자 수가 3,000여 자나 되었다.

이렇게 본다면 한반도에서는 이미 전국시대부터 서한 초에 이르는 기간에 한자가 전래되었음을 알 수 있고, 동시에 한자를 사용하기 시작했다는 사실을 또한 추정할 수가 있다.

그러다가 후한(後漢) 중엽에 들어서면서부터 동아시아 세계의 통치 원리로서 작용하던 유불(儒佛)사상이 널리 퍼지게 됨에 따라 이들과 관련된 유가와 불가 서적을 수입하려는 한반도의 열의는 많은 문헌들의 전래를 가져오게 하는 촉진제 역할을 하였다. 나아가 이러한 경향은 일부 지식계층에 한해서만 나타나던 풍조에서 이제는 학교를 세우는 제도까지 생기게 되면서 이들 문헌의 수요는 더욱 확대되어 갔다.

한자의 전래와 더불어 민도가 높아지면서 학문에 대한 경외심이 생겨나 한(漢)나라 사람들에 대한 동경 의식이 생겨났고, 동시에 이러한 경향이 서한 사람들에게도 전해져 내란 등으로 시끄러운 중원을 떠나 한반도지역으로 건너오는 사람들도 많아졌다. 그들 중에는 지식계층도 많이 있어 자신이 전문으로 하는 분야의 지식을 한반도 사람들에게 전해주었고, 동시에 자신의 전공과 관련된 책을 가지고 들어왔음을 추측할 수가 있다.

---

5) 명도전(明刀錢) : 전국시대 때, 동아시아에서 통용되던 화폐로 통상 연(燕)나라의 화폐로 알려져 있다. 손칼 모양의 청동 화폐로, '明' 자가 대전체(大篆體)로 장식되어 있어서 '명도전' 이라 부른다.

이러한 당시의 상황을 모두 기록해 놓은 것이 바로 『후한서』와 『삼국지』에 들어 있는 「동이전」이다. 이들 책들을 검토해 보면 서한에서 한사군으로 유입된 많은 문화적 유산이 있음을 알 수 있다.

바로 이러한 상황에서 출판문화 교류사에서 획기적인 영향을 주는 발명품이 나타났으니 바로 종

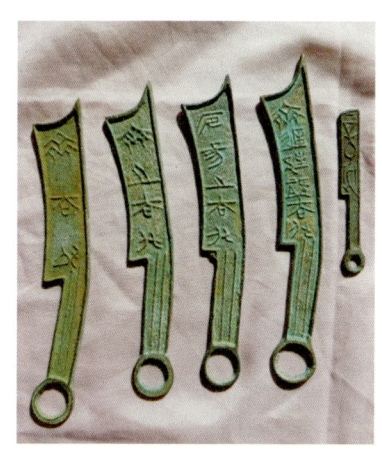

[사진 13] 명도전(明刀錢)

이였다. 종이는 서한 때 사람들이 처음 발명한 것을 동한의 채윤(菜玧)이 105년에 이를 더 개량하여 일반화시켰다고 알려져 있다. 그런데 이 종이가 언제 한반도에 전래되었는지는 알 수 없으나, 그 연대를 가늠케 해주는 것이 285년(진 무제 태강 6년, 일본 응신천왕 16년)에 백제의 학자 왕인이 《논어》와 《천자문》을 가지고 일본에 갔던 사실에서 알 수 있다. 당시 그가 가지고 간 책들은 모두가 종이에 필사한 것들이었다. 이는 중국의 종이가 한반도로 들어간 시기로서 가장 늦은 하한선이 되는 시기라고 할 수 있다. 이러한 종이의 전래를 통해 이제 출판 교류가 보다 대량으로 신속하게 이루어지게 되는 것이라 볼 수 있다.

그러는 가운데 등장하는 중국의 남북조시기는 많은 전란으로 인해 동탕의 시기이기도 했지만, 여러 민족이 중원지역으로 진출하면서 중국문화와 융합되는 과정에서 새로운 문화가 형성되었고, 또한 그들의 문화로 습합함으로서 넓은 지역으로 퍼져나가게 되었다. 그 외에

도 각국이 서로 투쟁하는 가운데 자국의 승리를 위해서 다양한 제도가 성립되었고, 다양한 문화를 발전시키는 원동력을 제공하게 됨으로서 이러한 상황은 문화적인 발전을 가져왔다.

이러한 상황은 곧바로 한반도에도 영향을 주었다. 이들 각국은 자신들의 지원세력을 이끌어내기 위해 한반도의 삼국과 교류를 깊이 하고자 노력하였고 이는 중국의 발달된 문화가 한반도 삼국으로 전해지는 계기가 되었다. 이러한 문화적 교류의 대체적인 흐름은 유학 방면과 불교 방면, 그리고 도교, 음악 풍수 방면 등으로 나뉘어 졌다.

그러나 중국 역사에서 가장 강력한 나라로 평가되고 있는 당나라 시기와 비교하면 하늘과 땅 차이였다. 이 시기에 한반도의 고구려·백제·신라 삼국은 서로 앞다투어 당나라의 문화를 받아들이려 했다. 그중에서 가장 먼저 많은 문화를 접할 수 있던 나라는 육로로 직접 연결되어 있던 고구려였다. 고구려와 고대 중국의 관계는 이중적 관계였다. 정치적·군사적으로는 극적인 적대관계를 유지하며 서로를 견제했지만, 한나라가 세운 한사군에 이미 들어와 있던 한나라 문화의 기초 위에서 출현한 고구려였기에 자연히 발달한 한나라 문화를 쉽게 받아들일 수 있었으며, 이는 고구려의 발전에 큰 영향을 주어 삼국 시기 중엽까지는 가장 강력한 국가로 군림했었다.

백제는 해양을 통해 중국 남조와 관계를 갖게 되면서 나름대로의 문화적 축적을 통해 초기에는 강력한 국가로 부상하며 한반도에서 고구려와 주도권을 다투는 세력으로까지 성장해 갔다. 이러한 문화적 축적은 고대 일본의 국가 형성과 통치에 큰 영향을 주었고, 일본의 고대국가 발전에도 큰 도움을 주었다.

이에 비해 신라는 초기에는 중국과 문화적 교류를 할 수 없는 편벽(偏僻)한 곳에 위치에 처해 있어 다른 나라에 비해 발전하지 못하고 있다가, 6세기 중엽 한강 유역을 확보함으로써 중국과의 직접 교류가 가능하게 되면서 자국의 독자적 문화에 새로운 외래문화를 보강해 가는 차원에서의 교류를 통해, 결국은 삼국을 통일할 수 있는 고도의 문화를 이룩할 수 있었다. 이후 신라는 당나라와의 교류를 강화하면서 눈부신 발전을 거듭함으로써 1000년 왕국의 찬란한 문화를 이어 나갈 수 있었다.

그러나 당나라에 지나치게 의존한 나머지 당의 멸망과 함께 신라도 멸망을 하게 되는 것이니 양국의 문화적 협력이라고 하는 것은 그만큼 서로에게 미치는 영향이 매우 컸었다는 것을 의미해 준다고 할 수 있다.

이상에서 보았듯이 기원후 시기에 해당하는 이 시기에는 각 분야의 서적들이 이미 많이 한반도로 전해졌음을 알 수 있다. 비록 그 구체적인 이름이 사서에 기록되어 있지는 않지만, 당시의 정치 제도 및 사상과 문학 등의 발전 정도를 살펴보면 여러 종류의 서적들이 많이 전해져 들어와 읽히고 있었고 교육되고 있었음을 알 수 있다..

이처럼 출판문화의 교류는 고대 왕국을 건립하는 과정에서 없어서는 안 될 필수적인 일이었다. 그렇게 해서 들어온 각종 서적들은 정치적 이념을 체계화하고 이를 실천하는 방법으로써 각종 사상이 유행되게 되었는데, 이러한 방법은 동아시아 지역 어느 나라고 동일한 방식이었다.

송대는 당나라와는 달리 국력이 미약했다. 그렇기 때문에 항상 북방민족들로부터 많은 압력을 받았고, 또한 때로는 전쟁의 참화를 받아야 했다. 그러다 보니 주변국과의 교류가 그다지 활발하지 못했다. 그러나 북송의 경우는 아직 북방민족이 그리 큰 세력을 갖지 못했던 시기였기 때문에 고려와의 교류는 어느 정도 활발하게 진행되었다.

 그러나 송대의 문화는 그런 가운데서도 이전에 볼 수 없었던 많은 발전을 가져오고 있었는데, 그것은 이전 중국의 문화와 본질적으로 다른 것이었다. 그렇게 될 수 있었던 것은 경제적 발전에 바탕한 문화의 발전이 이루어졌기 때문이었다. 북방의 여러 민족으로부터 압력을 받고 있던 송은 이들의 압력으로부터 자유로워질 수 있기를 원하는 가운데 남방 지역에 대한 개발을 하기 시작했고, 그것은 남방의 풍부한 조건을 통한 경제개발로 이어졌다.

 그 결과 주변국에 대한 통제를 경제력에 의존해서 했는데, 이러한 상황은 주변국이 오히려 그러한 정책을 이용하는 식으로 전환하도록 하였다. 이러한 경향은 문화교류에서도 그대로 나타났다. 그리하여 고려는 송으로부터 많은 새로운 문화를 받아들일 수 있었고, 이를 바탕으로 훌륭한 문화적 성취를 이룰 수 있었던 것은 고려에 있어서 아주 행운적인 일이었다. 그리하여 이 시기에는 많은 서적들이 고려로 들어왔고, 또한 혼란스런 상황에서 많은 책을 산실 하게 된 송에 역으로 책을 보내주기도 하는 현상이 일어났으니 그야말로 그동안 없었던 새로운 문화적 교류가 시작되었다고 이 시대를 평가할 수 있다.

 고려와 요나라의 출판문화교류는 『요장(遼藏)』이라는 대장경을 들여온 것 외에는 거의 없다고 하겠다. 이에 비해 원나라와의 교류는 여러 방면에서 다양했다. 그것은 원나라의 지배를 직접적으로 받아야 했던 당시의 환경 속에서 이루어진 것들이었다. 그러한 요소는 오늘날까지도 많은 요소를 남기고 있다. 이러한 가운데 가장 바람직하게 교류가 이루어진 부문은 역시 풀판문화교류였다. 그 부문도 다양했다.

그러나 이러한 문화적 교류도 원나라 초기 다양한 문화적 요소를 받아들여 원나라의 것으로 소화하면서 이루어졌던 문화적 요소들을 들여올 때는 바람직한 것들이 많았으나 점차 후대로 내려오면서 문화적 질과 그 부문도 점차 축소되어 갔다.

그러나 지식계층에 의한 인적 교류는 서로에게 주는 영향이 컸으며 이들에 의한 원나라의 고려 지배를 어느 정도 완화시키는 계기를 가져다주었다는 점에서 인적 교류의 역사적 의의를 평가할 수 있다고 하겠다.

중국 역대 왕조 중에서 가장 문화적으로 발전한 왕조는 명대였다. 또한 여느 왕조와 마찬가지로 건국 초기에는 안정을 바탕으로 많은 발전을 이루었으며, 특히 강남지역에서의 새로운 품종의 등장과 새로운 경작방법의 등장으로 인해 획기적인 생산물이 산출되기 시작하면서 경제적으로도 매우 안정되어 있었다. 그렇기 때문에 명나라의 문회는 주변국에 지대한 영향을 줄 수 있었고, 또한 그 교류 빈도는 그 어느 왕조보다 매우 활발하였다. 특히 가장 큰 소공국이었던 조선과의 교류는 다른 나라들의 추종을 불허할 정도였다.

그런 가운데 인적 교류가 활발해졌고 이것이 문헌 교류 차원으로 이어져 상당한 발전을 가져왔는데, 이때 전해진 주자학이 조선의 성리학(性理學)으로 발전하여 양국 간의 출판문화교류는 일찍이 없었던 대성황을 이루게 되었다.

그러나 일본은 전쟁으로 인해 자국 내의 경제가 어려워지자 왜구들이 출현하여 동아시아의 경제적 유통망을 어지럽히게 되었다. 그러자 명나라는 해금정책을 실시하여 일본과의 자유무역을 금지시켰다. 그러나 명은 지정은 제도의 실시로 일본이 대량생산하고 있는 은과 동이 필요했으므로 이를 들여오기 위해 조선이 중간에서 양국의 교류를 중계해주었다.

이러한 국제정세의 변화는 한중일 삼국의 교류를 더욱 활발하게 해주었고, 조선은 이러한 이점을 최대한 활용하여 출판문화교류에까지 영향을 끼치게 하여 삼국의 지적 교류는 최고의 전성기를 맞이하게 되었다.

그러나 이러한 국제상황의 변화에 둔감했던 토요토미 히데요시는 조선과의 전쟁(임진왜란)을 일으켜 이러한 국제질서를 혼란시켰다. 결국 이러한 혼란의 야기는 토요토미 히데요시 자신의 시대를 마감케 했을 뿐만 아니라 명나라가 통제해 오던 동아시아의 질서를 혼란케 하여 명나라의 붕괴를 가져오게 함으로써 결국 명과 조선과의 출판문화교류도 이러한 영향을 받지 않을 수 없었다.

조선과 청나라와의 출판문화교류는 전반기에는 활발했으나 19C 이후부터는 청나라나 조선이나 국내외적인 상황 상황변화로 인해 교류 상태는 단절되었다. 대외적으로는 서구열강의 침략과 그에 저항하기도 어려운 상태에서 과거와 같은 동아시아 세계의 유기적 관계는 이미 근대화된 무력과 기술 앞에서 무기력한 것이었고, 대내적으로는 청나라의 경우 군벌들의 활거로 인한 대립과 마찰, 그리고 그러한 전시 상태나 다름없는 상황에서 살아가는 백성들의 삶은 청나라 조정의 멸망을 보여줄 뿐이었다.

조선도 삼정 문란과 세도정치로 인해 거의 통제 불능의 상황으로 치닫고 있었기 때문에 서구의 침략은 물론 국내 통치계층에 대한 민중의 폭발이 언제 일어날지 모르는 위기상황에서 국가 간의 교류는 아무런 의미도 없었고, 그러한 교류를 생각할 의욕조차 없었던 상태였다.

따라서 서로에게 영향을 주는 인물에 대한 흠모의 정에서, 혹은 그의 새로운 사상을 자신들의 현실 극복에 이용할 수 있게 하고자 하는 차원에서 그 사상적 특징을 받아들였을 뿐 실질적인 서적 교류 혹은 인적 교류는 거의 전무하였다고 해도 과언이 아니었다.

반대로 한국인들의 경우는 중국으로 건너가 나라의 운명을 걱정하며 울분을 토로하는 가운데 중국인들에게 자국의 아픔을 알려 공동으로 위기를 극복하자고 하는 내면적인 바람을 문학적으로 소개하는 정도였다. 그리하여 1992년 한중 국교가 재개될 때까지는 중국과 한일과의 출판문화교류가 단절되어야 했다.

이러한 역사적 교류 상황의 변화를 볼 때 중국의 문화발전은 주변국에 많은 영향을 미쳤고, 주변국들은 중국에 대한 예(禮)를 취하면서 교류하는 계기를 많이 만들고자 노력했음을 알 수 있다. 그러나 이를 받아들인 주변국에서는 받아들인 문화를 그대로 자국에 이식한 것이 아니라 그들 문화의 종속에서 벗어나고자 온갖 노력을 다하였다. 이를 위해 자국 고유의 문화와 외래문화를 습합시키면서 자국

문화의 질을 높여갔고, 이러한 교류의 성과에 의해 독자 문화를 창조해 나갔던 것이다.

동시에 국제적인 문제로 인해 이러한 교류가 제대로 이루어지지 않을 때에는 중간자적 역할을 하는 나라가 중계를 통해 결국 동아시아 전 지역에 서로에게 영향을 주게 되는 문화교류가 중요한 교류시스템으로 자리잡게 되었다. 이 또한 동아시아가 갖고 있는 특수한 유기적 관계의 결과라고 할 수 있다. 그렇기 때문에 동아시아 세계는 이러한 유기적이고 우호적이었던 고대의 교류시스템을 오늘날 사회에 다시 회복시켜 인류의 화해와 공생에 이바지할 수 있는 역할과 기능을 하는 지역으로 거듭날 수 있도록 노력해야 할 의무가 있는 것이다.

4. 한중일의 출판문화교류 재개와 문제 해결 모색

아편전쟁 이후 동아시아 세계의 구심적 역할을 했던 문화 대국 중국의 문화 전수기능(傳授機能)은 중지되고 말았다. 비록 양무운동·무술변법·항일 통일전선의 구축 등에 힘입어 약간의 출판문화교류가 이루어지기는 했지만, 그것은 아편전쟁 이전 시대와 비교하면 매우 미미한 것이었다. 더구나 국공내전·약진운동·문화대혁명 등 일련의 중국 내에서 실시되었던 정책 혼선은 중국을 은둔의 나라로 만들면서 국제사회에서 자취를 감추는 바람에 문화 대국 중국의 면모는 잠시 사라지고 말았다.

그러다가 출판문화교류의 물고가 터진 것이 1984년 10월 13일 대한출판문화협회 회관에서 열린 제1회 국제출판학술발표대회였다. 이는 아편전쟁 이후 140여 년 만에 한·중·일 삼국의 출판연구자들이 처음으로 가진 회합이었는데, 이는 "세계에서 처음으로 출판학회라는 독립된 학술단체가 결성된 것으로 동아시아 출판계 전체의 영광스런 일이었다"고 당시 일본 시미즈 히데오(淸水英夫) 회장이 술회했던 점에서도 알 수 있다.

이를 계기로 한중일 삼국 간의 출판문화교류가 또 다시 진행되게 되었다. 특히 1992년 한중 양국의 국교 재개는 양국의 출판문화교류를 더욱 활성화시키는 계기가 되었고, 일본 출판계와의 교류는 일본 서적의 영향을 많이 받아야 했던 한국 출판계의 상황에서 비대칭적이기는 했지만 그만큼 양국의 출판 교류는 활발하게 진행되어 왔다고 해도 지나친 말은 아닐 것이다.

[사진14] 국제출판교류를 위해 헌신한 범우사 윤형두 사장의 활동기, 김승일 지음.

그럼에도 불구하고 삼국 간의 이데올로기(의식현태) 문제, 교육제도의 차이, 역사 인식의 문제, 세금 제도의 문제, 문화 감정의 차이 등 구조적인 면에서 많은 차이가 있기 때문에 출판교류 내면에는 해결되어야 할 문제점이 상당히 많이 내포되어 있다. 이러한 문제점을 단시간 내에 해결한다는 것은 어려운 일이 되겠지만, 삼국 간의 지리적 접근성, 경제적 의존도 등을 고려한다면 하루속히 해결하지 않으면 안 되는 역사적 과제를 떠안고 있는 것이다.

오히려 아편전쟁 이전까지는 종속·비 종속이라는 문제점은 있었지만, 위에서 말한 이러한 문제들은 거의 존재하지 않았었기 때문에 삼국 간 서로에게 미친 영향은 사실상 엄청났던 것이다. 그러다가 근대 이후 이들 면에서의 편차가 점점 더 확대되어 감으로써 그 후유증은 지금까지도 이어지고 있다.

현재 한국의 경우는 IT산업의 발달로 독서인구가 대폭 줄어들어 한국의 출판산업이 고사 직전에 직면해 있다. 중일 양국 또한 이러한 상황을 마주하고 있다. 그러나 삼국 모두 이를 해결할 수 있는 방법을 아직 못찾고 있는 상황이다. 따라서 이들 문제에 대한 타개책을 찾아내기 위한 한중일 삼국 출판계의 공동 노력과 협력이 그 어느 때보다 절실히 요구되고 있음을 강조하고자 한다.

한중일의 불교
수용과 성격의 변화

목차

1. 동아시아 불교의 세 가지 계통 및 특징
2. 불교의 중국 이식(移植)과 변천
3. 한국과 일본의 불교 수용과 전개 방향

1. 동아시아의 불교의 세 가지 계통 및 특징

 동아시아 불교란 한마디로 말해 동아시아 지역에 널리 퍼진 전통 불교를 총칭해서 하는 말이다. 다시 말해서 문화적으로 동아시아 지역에서 형성된 불교가 퍼져 있는 종교를 의미한다. 이러한 불교는 세 가지 계통으로 구분되는데, 그 기준은 근대 이전의 전통에 근거하여 구분된다.

 첫 번째 계통은 기원전 3세기이래 스리랑카를 중심으로 동아시아 전 지역에 퍼진 남방불교, 즉 상좌불교(上座佛敎) 혹은 장로불교(長老佛敎)라고 불리는 불교를 들 수 있다. 이러한 불교는 스리랑카, 미얀마, 타이, 캄보디아, 라오스 등에 각각의 교단을 두고 있다.

 이들 지역에서 사용하는 불전은 팔리어로 쓰인 불전(스리랑카 상좌부가 소지한 불전)을 공통으로 사용하고 있다. 문자는 국가별로 이 불전을 서사(書寫)한 문자가 다 다르지만, 교의체계(敎義體系)는 소승불교(小乘佛敎)이다. 이 소승불교는 대승(大乘)불교가 흥기하기 이전에 있던 보수적인 전통불교에 속하는 불교이다.

두 번째 계통은 1세기 이후에 중국을 중심으로 한반도, 일본, 베트남 등에 퍼진 불교로 한어로 번역된 한역불전(漢譯佛典)이 성전(聖典)으로 사용된 대승불교이다.

세 번째 계통은 7세기 이후 티베트에 전래 된 후, 몽고 및 내륙 아시아에 퍼진 불교로, 불전은 티베트어로 번역되었고, 후에는 몽고어로도 번역되어 퍼진 불교이다. 이중 몽고 불교는 티베트 불교의 교학(敎學) 및 교단조직 체계를 이어받았기에 티베트 불교의 연장이라고 할 수 있다. 다른 이름으로는 라마교(Lamaism)라고도 하는데, 인도의 대승불교 전통에 충실한 독특한 불교라고 할 수 있다.

[사진 15] 동아시아 불교 전파도.

사용언어에 따라서는 팔리어 불교, 한역불교, 티베트어·몽고어 불교로도 나눌 수 있는데, 이들 중 팔리어 불교 이외의 불교들에 대한 특징은 다음과 같이 말할 수 있다. 그것은 무엇보다도 한국과 일본이 이미 자국어를 구축하고 있었음에도 현대 이전까지는 한역불교를 자국어로 번역하지 않았다는 점이다. 그것은 다름 아니라 한역불전을 성전(聖典)으로 보았기 때문인데, 태국과 미얀마가 팔리어 불전을 성전으로 보고 자국어로 번역하지 않았던 것과 같은 맥락이라고 할 수 있다. 다만 팔리어는 불타가 사용한 언어와 같은 언어라는 점에서 성전어(聖典語)로 쓰였다는 것에 반해, 한자로 쓰인 불전은 전혀 다른 불전임에도 성전으로 인정되었던 것은 정치성이 짙었던 한자의 위력 때문이었다고 볼 수 있다. 그러나 티베트·몽고어 불교는 7세기 이후 한역 불전이 전해졌음에도 다시 티베트어로 재번역하여 사용하였던 것은 그만큼 본국어로 번역된 불전에 대한 믿음이 강했기 때문이라고 볼 수 있다. 더 구체적으로 보면 그것은 이들 지역에서 사용한 불전이 네팔에 전해진 산스크리트어로 쓴 불전을 성전으로 하는 전통이 있었는데, 그것이 인도불교의 정통계열(正系)이라고 믿었기 때문이고, 교학적(敎學的)으로는 티베트어로 번역된 불전과 함께 후기 대승불교의 주류라고 보았기 때문이다.

 인도 본토는 이슬람교가 진출하자 13세기 초기부터 불교 교단이 근거지를 잃고, 인도어계 불전은 팔리어 불전과 함께 네팔, 동벵갈(방글라데시), 캐시미르 등 주변 지역으로 퍼져나갔다. 그러나 동벵갈 불교는 미얀마 교단과 관계가 깊었던 것에 비해, 네팔 불교는 산스크리트어로 쓴 경전이 네팔에 많이 전해진 데다 교학 상 티베트 불교와 가까웠기 때문에 인도불교나 마찬가지로 여겨졌던 때문이었다.

베트남어 불교는 티베트와 같은 위치였으나 자신의 불교로 이어지지는 못했다. 베트남 북부는 중국의 교주(交州)에 속해 있었고, 베트남 남부는 캄보디아 일대를 포함하는 지역의 일부였던 부남국(扶南國)이었다. 이런 상황에서 불교가 2세기에 교주에 이르게 되었다. 그렇게 된 원인은 교주가 인도 문화권의 첨단지역이 되면서 중국 문화권과 접하게 되자 가능하게 되었다. 교주는 전한(前漢) 한무제 때 처음 진출한 곳인데, 그때는 교지군(交趾郡)을 설치했었다. 그러다 삼국 시기에 이르러 오(吳)나라가 지배하게 되면서 중국이 비로소 중요지역으로 여기기 시작했고, 그러는 가운데 이곳에 전해진 불교는 중국 중원에서 이주해 온 한인(漢人)들에게 알려지게 되었고, 남에서 수입된 불전에 대한 역경 사업도 행해지기 시작했다.

그러나 이후 남으로부터의 정치적 임팩트가 약했기 때문에 중앙으로의 진출 기회가 적어지면서 불교에 대한 자료는 하나도 없이 사라지게 되었다. 다만 교역의 중심지가 되어 인도 남해를 목표로 해서 순례를 떠나는 구도승들에게 출발점이 되는 역할만 간신히 하게 되었다. 그러다가 당말 혼란기인 10세기경에 안남국(安南國, 옛날의 교지[交趾])이 독립하자 동시에 불교의 움직임 또한 활발해지게 되었다. 당시 안남국은 천재지변이나 내란, 외적의 침입 시에 불교 경전을 강독하며 물리치기를 기원하거나 진언 밀교에 의한 비법을 행하여 국가를 수호하는 진호국가(鎭護國家)의 목적에서 불교를 보호했는데, 이때 중국에서는 노장사상이 가미된 한역불전이 생겨나 선종(禪宗)을 중심으로 한 불교가 성행하게 되었다. 물론 중앙아시아를 경유한 불교가 돈황(敦煌)으로 들어와 중국불교의 황금기를 가져오게 했던 것은 주지의 사실이다.

2. 불교의 중국 이식(移植)과 변천

그러면 외래문화인 불교가 왜 중국문화권의 한자, 유교, 불교, 율령제 4요소에 들어가게 되었는가 하는 의문이 들 것이다. 그럼 먼저 중국 사상사의 시대구분부터 알아보자. 그 시기는 대체로 4단계로 나누어지는데, 첫째는 중국 고유 사상의 형성기로 기원전 6세기인 선진(先秦)시기에서 2세기인 진한시대(秦漢時代)까지로 볼 수 있다. 두 번째 단계는 2세기 말인 후한 말에서 9세기 수·당 중기까지인 불교와 도교의 발전기로 볼 수 있다. 세 번째 단계는 10세기 말인 당나라 말기부터 18C 청나라 중기까지로 볼 수 있다. 네 번째 단계는 명말 혹은 명말 이후부터 현대까지인 서양문화의 침투기까지로 볼 수 있다.

이 각각의 시기별 특징은 다음과 같다.

첫 번째 단계는 중국 고유 사상의 형성기로 고전(古典)시대라고 할 수 있는 중국의 제도와 학술이 정비되는 시기이다.

두 번째 단계는 환제(桓帝)와 영제(靈帝) 사이인 후한말에 사회가 혼란해지면서 불교 신의 신통력으로 민심을 달래기 위해 불전의 한역이 진행되는 등 불교가 뿌리를 내리는 시기이며, 나아가 삼국 시기에 이르러 전국적으로 사회가 동탕(動盪)에 휘말리게 되고, 호족(胡族)이 중원으로 진입을 시작하면서 한인 왕조가 남조로 이동하여 남북대치가 이루어지는 위진남북조 시기가 되면서 남북 양조에서는 더욱 불교를 중시하게 되어 「불교 시대」가 되었는데, 소위 「불교가 중국을 정복했다」고 할 정도의 시기였다.

이는 진한(秦漢)체제를 구축한 유교가 개인의 혼을 구제하는 일에는 적극적으로 주장을 하지 않았기에 이에 대한 반동에서 이를 임무로 하는 사상으로써 환영되게 되었다고 할 수 있다. 동시에 불교의 중국화가 이루어지게 되었는데, 예를 들면 화엄(華嚴)과 같은 독자적 교학(敎學)이 뿌리를 내리게 되었거나, 선(禪)이라는 교단이 발생하는 등의 현상이 일어난 데서 알 수 있다.

세 번째 단계는 신유교의 발전기로 안록산(安祿山)이 난을 일으키면서 다시 혼란기가 찾아와 5대 10국으로 나뉘어 싸웠지만 송조가 일어나 이를 통일하면서 사회 도덕을 규범화시키고, 예학(禮學)으로 이를 다스리려는 철학 체계를 갖춘 성리학이 출현하는 시기였다. 이러한 신유교에 의한 유학의 부활은 불교의 지위를 깎아 내리는 결과를 가져왔지만, 유교가 불교를 배격하는 데까지는 이를 수 없었다. 왜냐하면 여진족·거란족·몽고족 등이 북방으로부터 군사적 위협을 가해오자 불교 신앙이 바탕이 된 방위적 국가주의가 태동되었기 때문이었다.

이때의 불교는 유불도(儒佛道) 삼교가 융합된 사상이 탄생 되었는데, 이러한 배경에서 출현한 불교의 주류가 선종(禪宗)이었다. 이로써 불교는 외래사상이 아니라 완전히 중국 불교화가 되었다. 즉 선종은 중국화한 불교의 심벌이 되었던 것이다.

[사진 16] 선정에 든 석가모니 부처님(석굴암).

　네 번째 단계는 서양문화가 침투하여 중국의 관념을 파탄시키는 위기에 처하게 되는 시기로 오늘날 현대 중국인의 관념 속에 「삼교(三敎)융합」은 잠재되어 있지만, 기능적으로는 분리되어 사용되고 있음을 알 수 있다. 그러한 예는 공산주의 사회인 중화인민공화국에서는 찾아볼 수 없지만, 화교 사회와 타이완 등을 통해 이러한 현상을 엿볼 수가 있다.

　이러한 단계를 거치기는 했지만, 불교가 중국문화의 4요소에 들어갈 수 있게 된 원인에는 불교가 전래된 시점부터 4세기 말까지 중국인의 불교에 대한 이해에서 비롯되었다. 왜냐하면 불타는 노자와 같이 신으로 제사를 지내게 됨으로써 불교의 대중화 및 진근감이 이루어졌고, 출가한 수행자들이 불살생(不殺生)을 지키느라 자비심을 배양하는데 노력했으며, 마음을 안정시키기 위한 선정(禪定) 수행을 종지로 하였기 때문이다. 그것은 허무(虛無), 무위(無爲) 등을 기조로 하는 격의적(格義的) 해석에 의한 노력 때문이었는데, 즉 노장사상에 의해 불교를 이해하려 했던 것으로 시대적 불안감을 정신적으로 해소할 수 있는 수단이 되었기 때문이었다.

그 가르침의 특색은 「사생(死生)의 보은(報恩)」 즉 선악을 행하게 되면 현세나 내세에서 보답을 받는다는 정신이 모토가 되었던 것이다. 다시 말해서 정신은 과거·현재·미래에도 불멸한다고 생각하게 되어 '신 불멸설'이 태동하게 되었고, 이에 대한 논쟁은 이후 지속적으로 가속화되어 영혼불멸설 적인 이해의 주류로 이어지게 되었다. 이것이 통속신앙으로 이어져 동아시아 지역에서는 오늘날까지도 지배적으로 전승되어 오고 있는 것이다.

이렇게 되자 이에 대한 이해를 돕기 위한 경전이 수없이 만들어져 그 수가 방대해졌을 뿐만 아니라 내적으로 추구하는 것은 하나였지만 이를 이해시키기 위해 많은 이론과 용어가 생겨났기 때문에 점점 더 이론이 어려워지게 되었고, 그러는 가운데 방대한 경전은 서로 간에 이론상에서 모순을 나타나게 하였다. 따라서 비록 대승과 소승의 구별은 구마라집(鳩摩羅什)에 의해 구분되게 되었지만, 각 경에 대한 분석을 위해 교판론(判敎論) 소위 교상판석(敎相判釋)이 중국불교의 중요한 연구 방향으로 되었고, 학술과 신앙이 연계되는 상황이 정착하게 되었으며, 동시에 불경에 대한 새로운 번역사업이 시작되어 불교가 한인사회에 정착되게 되었던 것이다.

3. 한국과 일본의 불교 수용과 전개 방향

이렇게 성행하게 된 중국불교는 한자문화권을 중심으로 한 고대 동아시아 세계의 정치외교체제가 성립되면서 주변국에 대한 통제정책의 방법으로써 만들어진 책봉과 조공체제가 갖추어지게 되었다. 불교의 전파는 이 책봉체제의 유지를 위한 한 방편으로써 "중국이 은혜를 베푼다"는 형식의 하나로 불상과 불경이 주변국에 내려지게 되었고, 불승(佛僧)도 증여하는 형식으로 주변국에 하사됨으로써 불교가 전파되게 되었다. 이는 불교의 전파가 공전(公傳)과 공인(公認)에 의해 전파된 것이지 불승들에 의해 전도된 것이 아니라는 것을 증명해 준다. 이러한 일환으로 한국과 일본에도 도교의 보급과 함께 중국불교가 전해지게 되었다. 이렇게 시작된 동아시아제국이 불교를 수용하게 되었다는 의미는 중국의 선진적 문화의 상징인 불교가 수입되는 의미로도 볼 수 있는 것이다.

초기의 불교는 가람(伽藍)을 건립하게 하고, 불상에 예를 올리며, 승려들을 모아 독경을 하게 한 것은 자국의 왕과 왕세자의 안락을 기원하는 목적에서였다. 물론 중국과 주변 국가와의 수호(修好, 우의를 다짐)를 깊이 하고, 자국 문화의 질을 높이려는 데에도 그 목적이 있었으며, 불교의 교리를 배우고 신앙을 넓히기 위해 유학승을 파견하고, 중국 승려를 초빙하여 관계를 돈독히 하려는 목적도 있었지만, 무엇보다도 선진문화를 수입한다는데 큰 의의를 두고 있었다고 할 수 있다.

당시 동아시아 세계에 속하는 국가들의 최대 과제는 국가의 체제를 정비하는 일이었는데 이러한 불교 수용과 함께 전래 된 선진문화는 국가체제를 정비하는 기틀이 되었다. 사실 견수사(遣隋使)·견당사(遣唐使)라는 이름으로 승려들을 중국에 파견했던 주요 목적은 율령

체제(律令體制)를 도입하려는 데 최대의 목적이 있었다고 해도 과언이 아니다. 동시에 유교, 불교, 율령 제도를 들여온다는 것은 한자와 한자 문화의 수입을 의미하는 것이기도 했다. 이렇게 해서 국가체제가 확립되어 갔던 것이다.

중국은 송대 이후 신유교[1]의 등장으로 불교의 영향력이 감소되어 가나, 한반도의 통일 신라와 고려, 일본의 나라(奈郞)시대와 가마쿠라(鎌倉)막부까지는 불교가 상대적으로 정치적·사회적 면에서 더욱 강해져 갔다. 그러다가 불교 일색의 체제가 변화하는 시기를 맞이하게 되는데, 한국은 조선시대 이후이고, 일본은 남북조시대 신국사상(神國思想)이 대두하면서, 또 에도막부(江戶幕府)가 주자학을 채용하면서 중기 이후에는 국학(國學)이 발흥하여 국수주의가 창궐하면서 불교는 쇠퇴하게 되었다.

그러면서 한일 양국의 불교 형태도 변화되어 갔는데, 한국에서의 불교는 도시에서 산속으로 들어가게 되었고, 그러한 상황은 오늘날까지 근본적으로 변하지 않고 있는데, 그것은 조선시대에 들어서면서 유교가 신봉된 데다가 그러한 전통이 오늘날까지 강하게 남아 있음으로 해서 비롯된 것이라 볼 수 있다.

일본은 기독교를 방지하기 위해 불교 교단이 이전과 마찬가지로 지속적으로 존재하는 등 불교국으로서의 색채가 농염하나 중국불교와 한국불교와는 전혀 다른 모습으로 변했다. 그중 가장 크게 변질된

---

1) 신유교 : 북송(北宋)에 이르러 주돈이(周敦頤), 정호(程顥), 정이(程頤) 등이 나와 과거 훈고에만 치중하던 유교를 형이상학적인 면에서 다루어 크게 부흥시켰고 이어 남송의 주자(朱子)가 이들 학설을 집대성하여 주자학을 확립시킨 신흥 유교.

경우는 승려의 처대(妻帶)가 확대되어 갔다는 점이다. 이는 식민지 한국과 대만에도 전래 되었지만, 각국이 독립한 이후 일본이 철수하자 이들 승려가 처대하는 경우는 대부분 사라졌다고 할 수 있다. 이러한 처대 문제는 근대 이전부터 있었던 일본 불교의 특색이기는 하지만 현재 일본 대승불교의 과제가 되고 있기도 하다. 처대하는 승려에 대해서 "승려도 아니고 속인도 아니다(非僧非俗)"라고 하여 「우독(愚禿, 어리석은 대머리)」이라는 신분이라고 비웃음을 사고 있고, 동시에 절을 가문에서 전승시키기 위해서는 처대가 필요하다면서 이를 사회적으로 용인해줄 필요가 있다는 식의 논란이 일기도 하는 상황이다.

이외에도 계율(戒律), 교단(敎団), 교리(敎理) 등 면에서도 한중일 삼국은 각국의 환경에 맞춰 수용 후 내재화하는 과정에서 독특한 성격으로 변화하며 나름대로의 불교를 이끌어 가고 있는 중이라고 볼 수 있다.

한중일 다보탑
신앙의 특징

목차

1. 머리말
2. 다보탑이 상징하는 의미
3. 한국 다보탑의 조형적 표현의 특징
4. 중국·일본 다보탑의 특징
5. 맺음말

1. 머리말

　불교사적으로 대승불교에 대한 『법화경』의 역할은 다른 어떤 경보다 그 미친 영향이 훨씬 크다고 할 수 있다. 이러한 경향은 한중일 삼국 모두에 있어서 공통적인 성격이었지만, 한국에서는 『법화경』이 조선시대의 억불숭유책으로 인해 화엄경을 주축으로 하는 조계종으로 통합됨으로 해서 오랫동안 한국 민중에게 그 모습이 잊히고 있었다. 그러다가 『법화경』을 근본 경전으로 하는 천태종이 1967년 중창(重創)되면서 다보탑에 대한 관심이 높아지게 되어 경주 불국사에만 남아 있던 다보탑이 지금은 여러 사찰에 건립되어 있다.
　이러한 분위기 속에서 『법화경』의 대의(大義)를 가장 절실하게 증명하는 다보탑에 대한 연구는 주로 문화재 보호 차원에서 필요한 조형적·외형적 측면에서의 연구가 주류를 이루어왔을 뿐 이 탑이 지니고 있는 사상적·이념적 측면에서의 연구는 그다지 주목을 받지 않아 왔다고 해도 과언이 아닐 것이다.

그러나 동아시아의 불교사를 논할 때 가장 보편적으로 널리 전파되었고, 또 대승불교의 구심점이 되어 왔던 『법화경』과 그 『법화경』에서 중요시하는 불탑 숭배 사상이 동아시아 불교의 한 특징이었다는 점에서, 특히 다보탑이 법화사상 표현의 핵심이라고 볼 때 이에 대한 연구는 이제부터라도 활발히 진행되어야 할 과제라고 할 수 있다.

그런 점에서 그동안 한중일 삼국에서 연구된 결과를 중심으로 경주 불국사의 다보탑이 내포하고 있는 사상적 측면의 의미와 조형적 측면의 가치를 살펴보고, 중일 양국 다보탑의 특징과 상호 비교하여 한국의 다보탑이 지니고 있는 특징을 고찰해 보고자 한다.

2. 다보탑이 상징하는 의미

『법화경』이 한국 불교사에서 중요한 위치를 차지하게 된 시발점은 고려 숙종(肅宗) 때 대각국사(大覺國師) 의천(義天)에 의해서였지만, 『법화경』의 신수봉행(信受奉行)은 이미 삼국시대부터 행해지고 있었고, 천태교학(天台敎學)도 통일신라 이전에 이미 들어와 있었다.[1]

특히 6, 7세기에는 경전 자체에 대한 독송(讀誦)과 연구에만 그쳤으

---

1) 『법화경』의 한국 전래는 사료의 부족으로 정확한 연대를 알 수 없고, 다만 고승들의 『법화경』 연구결과 및 『삼국유사』를 통해 대략의 시기만을 추측할 뿐이다. 김영태, 「法華信仰의 傳來와 그 展開」, 『韓國佛敎學』 3輯, (서울, 한국불교학회, 1977), 15~16쪽.

나 7, 8세기가 되면 원효(元曉)의 『법화경종요(法華經宗要)』[2]에서 알 수 있듯이 신라 특유의 독창성이 가미되어 『법화경』을 이해함과 동시에 폭넓게 법화사상이 현실 속에 수용되어 들어갔다. 이러한 경향은 9세기 중국 산동(山東)으로까지 확대되어 이곳에 주재하거나 왕래하는 신라인들을 위해 적산(赤山) 법화원(法華院)이 건립되는 수준에까지 이르게 되었다.

이처럼 신라에서 법화사상이 널리 신봉되게 된 것은 독창적인 관점에서 『법화경』을 이해하고자 한 원효의 법화정토론(法華淨土論)을 바탕으로 한 신라왕조의 불국토화(佛國土化) 실현 노력과 신라인들의 현실성불관(現實成佛觀)에서 기인되었다고 할 수 있다.[3]

다보탑의 조성은 이러한 상황하에서 무형(無形)의 사상을 유형(有形)으로 표현하려는 신앙심의 귀결이라고 할 수 있는데, 이는 불국토화를 염원하는 신라인들의 내면을 형상화한 결정체라고 할 수 있다. 그렇기 때문에 한국의 다보탑은 중국·일본의 다보탑과는 달리 그 추구하는 바가 개인적 차원이라기 보다는 국가적 차원의 서원(誓願)이었기에 다른 나라와는 전연 다른 모습으로 조성될 수밖에 없었다고 볼 수 있다.

---

2) 『법화경종요(法華經宗要)』: 법화경의 요지를 독특한 견해와 사상으로 기록한 책으로 이 중 특히 회삼귀일(會三歸一)과 일불승의 사상이 강조되어 신라의 삼국통일에 커다란 영향을 미쳤다.

3) 신라의 국토를 법화정토(法華淨土)라고 하는 이유로 영취산(靈鷲山)이라는 산명과 보현보살(普賢菩薩)과 문수보살(文殊菩薩)의 출현, 변재천녀(辨才天女)의 역할 등을 들기도 한다. 金煐泰, 「新羅佛敎의 現身成佛觀」 『新羅文化』 第1輯(東國大, 新羅文化硏究所, 1984) 101~103쪽.

다보탑의 조성은 그 사상적 배경으로서 『법화경』[4]을 근거로 하고 있는데, 특히 구마라집(鳩摩羅什)이 번역한 『묘법법화경』 28품 중 제11품인 「견보탑품(見寶塔品)」의 불탑숭배 사상을 형상화 시킨 것으로 보고 있다.[5] 다시 말해서 다보탑은 『법화경』이 갖고 있는 사상을 외형적으로 표현함으로써 중생들로 하여금 대승불교의 진리에 가까이 갈 수 있도록 한 것에 그 주요 목적이 있었던 것이다.[6]

이 『법화경』은 석가모니가 불멸(佛滅)한 후 그의 신행(信行)을 따르려는 재가 신도들이 자신들의 정당성을 주장하고 신앙의 입장을 보다 명확히 하기 위해 새로운 경전의 제작을 시도하는 가운데 만들어진 경전의 하나이기 때문에,[7] 누구나가 힘든 수행을 하지 않고서도 스스로의 깨달음을 통해 성불할 수 있다는 불법의 보편성을 강조한 경전이다.

이러한 『법화경』의 중심사상은 '회삼귀일(會三歸一)'과 '제법실상(諸法

---

4) 『묘법연화경』은 『법화경』의 여러 한역본 중 구마라집(343~413)이 406년에 번역한 것으로 총 8권 28품으로 되어 있다. 이외의 『법화경』으로는 축법호(竺法護)가 286년에 번역한 『정법화경(正法華經)』 10권과 도나굴다(闍那崛多) 등이 705년에 번역한 『첨품연화법화경(添品妙法法華經)』 7권이 있다. 이중 구마라집의 것이 가장 널리 유통되어 읽히고 있으며, 일반적으로 『법화경』이라고 약칭되고 있다.
5) 한국에서는 제11품 「견보탑품(見寶塔品)」(부처님 법을 수호하는 거대한 보탑이 땅에서 솟아나와 그 안에서 부처님이 계시는 웅장하고 화려한 광경을 통해 부처님 법의 진실성을 증명하는 내용을 담음), 제15품 「종지용출품(從地涌出品)」(강력한 세력을 가진 보살 집단의 출현을 나타냄), 제16품 「여래수량품(如來壽量品)」(영원하고 근원적인 부처라는 새로운 불타관을 나타냄), 제25품 「관세음보살보문품(觀世音菩薩普門品)」(관음 신앙의 근서가 됨)을 중요시하였다.
6) 李箕永, 「象徵的 表現을 통해서 본 7, 8世紀 新羅 및 日本의 佛國土 思想」, 『韓國佛敎硏究』(서울, 韓國佛敎硏究院, 1982), 513쪽.
7) 석가모니 불멸 후 법의 보편성과 인간의 평등성에 대한 문제가 일승도(一乘道)의 사상과 이체 중생의 성불사상(成佛思想)으로 전개되었는데, 이후 두 사상은 평행발전하면서 불타설법의 의의를 재인식시킨 『법화경』에 의해서 통일되어 일승 사상으로 나타나게 되었다. 그리하여 이 일승사상이 태동된 이후부터 『법화경』은 불교경전 가운데 가장 널리 신봉됐고, 가장 많이 간행되었던 것이다. 徐慶田, 「法華經에 나타난 敎化情神」, 『李箕永博士古稀紀念論叢: 佛敎와 歷史』(서울, 韓國佛敎硏究院, 1991), 118쪽.

實相)'인데,⁸ 이는 일승의 교리로 모든 사람이 성불할 수 있음을 제시한 동시에 개개인의 가치를 중요시 한다는 개념이다. 일승 사상에서의 일승은 삼승(三乘)에 상대되는 용어로 가르침은 하나라는 의미이고, 삼승은 성문승(聲聞乘)·연각승(緣覺乘)·보살승(菩薩乘)을 가리키며, 인간의 능력 차이를 인정하고 그 가르침에 차이를 두어야 한다는 의미이다. 따라서 '회삼귀일'의 의미는 모든 사람이 성불할 수 있도록 인도하려는 불타의 자비심을 대변하는 말이라고 할 수 있다.⁹

이처럼 타인을 차별하지 않고 모든 존재를 분별없이 하나의 것으로 포착하는 세계, 그리고 그것을 깨닫는 것이 '일승 사상'의 궁극적인 목적이고, '제법실상'의 모습이라는 점에서 『법화경』의 특징을 볼 수 있는데,¹⁰ 이러한 일승 사상의 실천적이고 구체적인 표현을 위해 이를 불탑신앙으로 표현한 것이 다보탑인 것이다.

이러한 『법화경』이 가지고 있는 사상을 이해하는 바는 한중일 삼국 모두가 공통하는 것이지만, 삼국은 각자 이러한 사실을 자신의 현실에 맞도록 변화시켰고, 그러다 보니 이러한 자기화 된 사상을 표현하는 방식에 있어서 차이가 나게 된 것이므로, 삼국의 다보탑이 각각 지니는 사상적·조형적 측면에 있어서의 다른 점은 바로 여기에서 연유되게 된 것이라 볼 수 있다.

신라는 통일을 이룬지 약 70여 년이 지난 후인 경덕왕(景德王) 대에 이르러 진정한 통일의 완성을 이루게 되었다. 그것은 현실적·물질적

---

8) 제법실상(諸法實相) : 삼라만상에 있는 그대로를 존중하는 것을 말한다.
9) 平川彰, 梶山雄一, 高埼直道 編, 慧學 譯, 『法華思想』(서울, 경서원, 1997), 26쪽.
10) 徐慶田, 앞의 글, 132쪽.

통일 외에 정신적인 자유스러움을 만끽하는 사상적·종교적 자유의 실현이 이때에 이루어졌다고 할 수 있기 때문이다. 즉 경덕왕 대에는 화엄과 유식을 중심으로 미타(彌陀)·미륵(彌勒)·관음(觀音) 등의 신앙과 교학이 융성하여 교학 불교의 전성기를 맞이하였고, 이러한 사상의 발달은 인간 신앙의 본질인 사상의 내면적인 것을 외형적으로 표현하려는 경향을 가져왔으며, 이러한 경향이 불교 문화 예술로써 나타나게 된 것이다. 경덕왕 대에 많은 불사들이 이루어졌던 것도 그러한 경향의 하나였다고 볼 수 있다.[11]

이러한 경향은 신라 정부의 의도가 많이 작용했다고도 볼 수 있는데, 그것은 통일 이후 전국적인 화합을 통해 불국토 세계에서 공존하자는 의지를 명확히 한 것이고, 또한 이것이 가능하다는 사실을 알림으로써 정권의 안정을 기하려 했던 의도에서 나타나게 되었다고 할 수 있다.[12] 따라서 이를 위해서는 불국토임을 증명할 수 있는 상징적인 것이 필요했으니 이것이 바로 다보탑을 조성하게 된 근본적인 이유라고 하겠다.[13]

물론 불국사가 법화사상에만 근거하여 지어진 사찰은 아니다. 오히

---

11) 성덕왕(聖德王)을 위한 봉덕사종(奉德寺鐘)의 주조와 황룡사(皇龍寺) 종의 주성(鑄成), 그리고 영묘사(靈妙寺)의 불상을 개금(改金)한 것, 나아가 이러한 불사의 최고의 극치가 된 불국사와 석불사(石佛寺)의 조성이 그것이다.
12) 김영태, 「신라불교의 신앙적 특수성」, 『佛敎思想史』 (서울, 민족사, 1992), 365~368쪽.
13) 『법화경』의 신앙형태는 불탑 공양에 있는데, 이는 출가수행자들의 난해한 수업과는 달리 불탑 공양만으로도 쉽게 성불할 수 있다는 것으로 대승불교의 특색인 동시에 일승의 『법화경』 정신과 상통하는 것이기도 하다. 즉 불탑에 대한 신앙형태가 사리탑에만 국한되지 않고 보다 많은 불탑을 조성함으로써 사바세계의 정토화를 이룩할 수 있게 된다는 것이다. 다보탑 또한 이러한 대승불교의 불탑 공양 진리에 따라 조성된 것이지만, 특히 『법화경』의 「견보탑품」에 나오는 내용을 중심으로 건립된다는 점에서 다른 탑들과 구별될 수 있다.

려 전반적인 조영의 근거는 화엄 사상과 그에 연계된 밀교적 요소가 더 크게 작용했다고도 할 수 있다.[14] 그럼에도 불구하고 대웅전 일곽을 법화 도량으로 연결시킨 것은 바로 불국토를 증명하는데 다보탑의 조성이 필요하기 때문이었다. 다시 말해서 신라가 불국토임을 다보여래(多寶如來)가 확실하게 증명해 준다는 것을 나타내 주려는 의도에서 건립되었다는 말이다.

다보여래는 석가모니 이전의 부처로 영원히 살아 있는 본체(本體)의 부처, 즉 법신(法身)의 부처를 말하는데, 과거의 불로서 진리 그 자체라고 할 수 있고, 모든 존재의 불성을 그대로 나타낸 인격적인 모습의 표현이다.[15] 따라서 그의 출현은 곧 불국토를 의미하는 것이다. 그러한 다보여래의 출현을 상징적으로 표현한 것이 다보탑이기에 불국사를 건립하면서 다보탑을 세우지 않을 수 없었던 것이다. 이처럼 불국토는 다보여래에 의해서만 증명되는 것이기 때문에, 이 다보여래가 출현하는『법화경』,「견보탑품(見寶塔品)」의 내용을 바탕으로 다보탑을 조성하게 된 것이며, 통일신라의 존재성을 부여해주는 상징적인 탑으로서 작용하게 되었던 것이다.

따라서 이제 불국토가 완성된 이상 다시 새로운 불국토를 증명하는 다른 다보탑의 출현은 오히려 신라의 불국토 사실을 부정하는 위험성을 가지게 되는 것이므로, 이후에는 더 이상 재조성 되지 않았던 것이라 볼 수 있으며, 동시에 신라 하대에 들어서면서부터는 선종이 수용되면서 불탑신앙과 불교예술에 대한 미의식이 약화 되어 간

---

14) 金相鉉,「石佛寺 및 佛國寺 硏究 그 創建과 思想的 背景」『佛敎硏究』 2, (서울, 한국불교연구원, 1986), 참조.
15) 金萬權 譯,『法華經講義』 II, (서울, 삼영출판사, 1988), 349쪽.

데다가 고려시대에 이르러서는 이러한 신라시대의 통치이념을 새로운 국가 차원에서 재 활용할 수 없었기 때문에 대른 새로운 이념을 찾아야 했으므로 이후에는 다보탑의 출현이 없게 된 것이라고 생각할 수 있는 것이다.

3. 한국 다보탑의 조형적 표현의 특징

다보탑이 중국이나 일본에서는 많은 수가 전해지고 있는 데 대해 유독 한국만이 단 한 가지 다보탑을 갖고 있다는 것은 한국 다보탑의 특수성 내지 독창성을 대변해 주는 것이라고 할 수 있다. 이러한 특수성 내지 독창성은 전 장에서 설명한 탑 조성의 사상적 측면에서 비롯된 것이지만, 이러한 사상적 특징을 외형적으로 표현한 조형상의 완벽성 또한 한국 다보탑의 중요한 특색으로 들 수 있다.

[사진 17] 경주 불국사 내의 다보탑.

일반적으로 경주 다보탑의 조형 형식은 방형(方形)의 2층 기단(基壇) 위에 팔각의 탑신(塔身)을 얹은 것으로 보고 있다. 특히 옥개석(屋蓋石) 끝 단이 석가탑처럼 날카롭게 솟아나도록 처리되어 있고, 신라 성대(盛代)의 연화문(蓮華門) 장식의 형태가 보이며, 괴임 부분이 엄격하게 처리되어 있는 특징을 보이고 있다. 그러나 탑의 일반적인 구분법처럼 탑신부(塔身部)와 상륜부(上輪部)로 나눠지기는 하지만, 탑신부의 특수한 형태로 말미암아 그 층수에 있어서는 정확하게 구분 짓지 못하고 있다. 다보탑은 보는 관점에 따라서 3층 탑과 4층 탑, 그리고 단층 탑·무급 탑(無級塔)으로 다양하게 볼 수 있는 아주 특이한 형식의 탑이라고 할 수 있다.[16]

이러한 다보탑의 형식은 전례가 없는 형식이기 때문에 그 기원에 대해서는 정확히 말할 수가 없다. 비록 다보탑의 조성 배경이 『법화경』 전체에 탑의 양식을 규정하는 내용이 없기 때문이다.

그러나 다보탑의 특수한 양식이 근거 없이 나타나지는 않았을 것이다. 이에 대해 고유섭(高裕燮)은 『마하승지율(摩訶僧祇律)』에서 조탑(造塔)의 근거를 들어 다보탑의 조형을 설명했다.[17] 그러나 이는 다보탑의 전체적인 모습을 설명하는 데는 일리가 있을지 모르나 다보탑의 세부양식까지 설명하고 있는 것은 아니기 때문에, 충분한 설명이라고는 볼 수 없다는 것이 지배적인 시각이다.

---

16) 황수영은 다보탑을 신라 석탑의 일반형과 사리 탑계의 팔각형의 두 양식으로 상하를 구성한 단층탑으로 보았다. 이에 대해 임영배와 장충식은 3층 탑이라고 보았다. 黃壽永, 「多寶塔과 新羅의 八角浮屠」, 『考古美術』 123-124合集, (서울, 韓國美術史學會, 1974), 林永培, 「韓國石塔建築의 造形 漸移에 대한 硏究 II」, 『大韓建築學會誌』 23권, (서울, 大韓建築學會, 1979, 8), 張忠植, 『韓國의 塔』 (서울, 一志社, 1989) 참조.
17) "作造塔, 夏基四方, 周欄楯, 圓起二重, 方牙四出, 上盤蓋, 施長表相輪"

예를 들어 탑에 있어서 방형(方形)의 기단은 중국의 영향을 받아 한국과 일본에서도 기본이 되는 형태이다. 즉 불국사 다보탑의 기단이 돈황석굴 103번과 217번 굴 등의 벽화에 보이는 서탑(西塔)의 탑들과 매우 유사하다는 점에서 이러한 사실을 엿볼 수 있다.[18] 또 난간(欄楯)으로 표현된 난간(欄干)은 중국의 고탑(古塔)에서도 보이기 때문에, 이를 다보탑 특색으로 들기에는 한계가 있다는 말이다.

한편 다보탑 팔각탑신부의 연관성을 감은사(感恩寺) 서탑 내 사리탑이나 팔각 부도에서 찾는 연구도 있었다.[19] 그러나 부도가 조성되게 되는 의미는 탑을 조성하는 의미의 그 기원부터가 다르므로 이러한 해석이 타당성을 갖기 위해서는 다른 측면에서의 설명이 더 가미되어야 할 것이다.[20]

이처럼 다보탑의 조형 형식에 대해서는 아직까지 정통한 이론이 정립되지 않고 있으므로 앞으로 이에 대한 새로운 고증이 요구되고 있는 것이 현실적 상황이다. 그러나 다보탑의 조형적 특징에 대한 논란과는 달리 조성되어 있는 형식에 대한 세부적인 해석에 대해서는 대체로 의견이 통일되어 있다고 할 수 있다.

즉 상하 중층(中層)의 기단 표시는 진체(眞諦)와 속체(俗諦)를 의미하고, 4각의 방향은 이체(二體)의 근본인 고집멸도(苦集滅道, 苦諦 와 集諦 는 俗諦 부분으로 滅諦 와 道諦 는 眞諦 의 근본으로 해석함)를,

---

18) 韓正熙, 「韓國古代雙塔의 硏究」, 홍익대학교 석사학위논문, 1981) 38쪽.
19) 黃壽永, 「多寶塔과 新羅八角浮屠」, 『考古美術』, 123-124 合集(서울, 韓國美術史學會, 1974), 22 25쪽.
20) 부도는 탑에서 비롯된 것이 아니라 미타관음의 불정(佛殿)에서 점차 사리를 봉안하게 되어 탑 형태로 변화되면서 나타난 양식이다. 윤마루, 「신라 말, 고려 초 습탑에 관한 연구」, (연세대 석사학위논문, 1982), 18쪽.

4면의 정방형(正方形)은 사섭(四攝), 사무량(四無量), 열반(涅槃)의 4덕(四德)과 4체(四諦)의 도리를 천명하는 것이고, 이는 불 세계에 오르는 계제(階梯)이며, 돌계단 10층은 각각 화엄경의 십신(十信), 십주(十住), 십행(十行), 십회향(十廻向)의 40위(位)를 표시하고 이는 불법 수행에 따르는 십바라밀(十波羅蜜)로 볼 수 있으며, 이 돌계단 길을 감싸고 있는 기둥은 팔정도(八正道)를 나타내는 것이라 하고, 그 상부에 있는 넓은 판석(板石)은 허공장세계(虛空藏世界)로, 상하 8각과 방형의 난간, 8각 원주(圓周)의 탑신은 불 세계이면서 불신(佛身)을 상징하는 총지(總持)의 의미로 모든 힘을 남김없이 간직하는 것이라고 분석하고 있는 것이다.[21]

 이를 종합해서 말한다면 다보탑은 『법화경』에서 표현하고자 하는 개개인과 사물 하나하나에 모든 가치를 부여하는 인간의 평등성과 존엄성을 대변하는 '제법실상'을 표현하고자 한 것이라고 할 수 있다. 이를 정치사상 적으로 말한다면 7세기의 불교가 삼국통일을 위해 통합을 주장했던 데 대해, 8세기는 통일된 사회의 화합을 추구하며 이를 기반으로 개개인의 가치와 존엄성까지도 존중해야 한다는 다양한 불교의 역할을 대변하여 표현한 것이라고도 할 수 있다.

 이를 위해 다보탑의 구조를 원과 4각과 8각 등으로 다양하게 구조화시킴으로서 모든 의미를 포함시켰던 것이니 바로 '제법실상'의 의미를 형상화시켰던 것이다. 즉 방(方)과 원(圓), 공(空)과 유(有), 원돈(圓頓)의 묘상(妙相)과 장엄은 결국 법화 불교의 근본인 회삼승(回三乘),

---

21) 한국불교연구원, 『佛國寺』, (서울, 일지사, 1993), 52~55쪽. 張忠植, 앞의 책, 92~93쪽.

귀일승(歸一乘)의 최상승(最上乘)으로 회향(廻向)되고 있다는 말로 대변할 수 있는 것이다.[22]

다보탑의 양식은 복잡하게 보이지만 이처럼 '제법실상'의 의미를 형식적으로 표현하기 위한 것이었으며, 그것이 궁극적으로 추구하는 것은 모든 것이 다 각자의 존재가치를 지니기는 하지만, 결국은 '회삼귀일'의 일승으로 귀착된다고 하는 『법화경』의 의미를 설명하고자 했던 것이다. 다시 말하면 원과 4각과 8각이라는 기본구도를 통해 만물의 다양한 상을 상징적으로 표현하면서 탑 자체가 불 자신인 불법을 표현하고자 했던 것이라 할 수 있는 것이다.

4. 중국·일본 다보탑의 특징

그동안 한국학계에서는 불국사의 다보탑에 대해 너무 외형상의 미적 구도 및 그와 연계되는 종교적 의미를 부여하는 연구에만 치우쳤지 중국과 일본 다보탑과의 비교를 통한 한국적 특색에 대해서는 연구가 없었다고 해도 과언이 아닐 것이다. 따라서 본 절에서는 그동안의 부분적인 연구성과를 종합하여 한중일 삼국 다보탑의 차이점을 고찰하여 한중일 삼국의 다보탑·법화 신앙에 대한 비교 검토를 해보고자 한다.

첫째로 사상적 배경의 차이를 들 수 있다. 경주 불국사는 화엄 사상에 밀교 사상이 가미되어 조성된 사찰이지만, 그 일곽을 법화 도량으로 연결시킨 것을 불국사라는 이름을 통해서도 알 수 있듯이 이

---

22) 高裕燮, 『高裕燮全集 : 韓國塔婆의 硏究』 I, (서울, 통문관, 1991), 341쪽.

는 신라의 불국토를 증명하는데 다보탑의 조성이 필요하였기 때문이었다. 따라서 이러한 다보탑의 조성은 오로지 법화사상만이 그 사상적 배경이 될 수 있는 것이다.

이러한 사상적 배경은 중국에서도 그대로 적용되었다고 할 수는 있지만, 신라처럼 자국의 불국토 실현을 증명하는 차원에서가 아니라, 중국문화의 전통이 소승불교의 교의보다는 대승불교의 교의에 쉽게 적응할 수 있음으로 해서 대승불교를 대변하는 법화 신앙이 발전하게 되었고, 그러한 신앙 배경을 토대로 다보탑이 조성되었다고 볼 수 있다. 이러한 것은 신라처럼 중국화 된 대중불교를 들여와 자신들의 현실에 맞도록 변화시킨 것과는 달리 전래하는 과정에서 자연발생적으로 나타난 신앙 자체에 의한 표현이었다고 할 수 있다. 즉 인도에서 기원후 1세기를 전후한 시기에 대승불교가 일어났을 때, 대승불교 경전인『법화경』에서 "불타가 입멸한 후 악으로 가득 찬 세계가 출현하게 되는데, 많은 비구들이 사악한 지혜와 자만심으로 부처님의 가르침을 알지 못하고 자신들의 이익만을 추구하여 세상을 기만하고 있다"고 하자,[23] 소승 신봉자들은『법화경』의 대승교의가 사원 안으로 들어오지 못하도록 했고, 생명까지 위협하는 정도가 되었지만, 대승 신봉자들은 희생을 감수하면서도『법화경』을 보호하려 하였으므로 그러한 기운은 점점 더 거세져 갔던 것이다.[24]

---

23) 인도에서는 대승불교 초기에 소승과의 논쟁이 치열하게 전개되었는데, 소승은 자신이 불타의 전통을 계승한 정통파라고 하며 '대승비불설(大乘非佛說)'을 주장했고, 대승은 자신들의 교리가 우월하다고 하여 '소승불구경(小乘不究竟)'을 주장하는 등 논쟁이 치열하게 전개되었다.
24) 『妙法蓮華經』卷4「持品第十三」

[사진 18] 운강석굴 5번과 6번 굴에 있는 '이불병좌상'

    이러한 배경 하에서 석가모니가 『법화경』을 설하던 중 다보불과 다보탑이 땅에서 솟아나와 『법화경』의 교의를 찬탄하며 부처가 없는 세계에서 중생들은 『법화경』을 소지해야만 생의 안전을 기할 수 있다고 하는 교의를 강조함으로써 급기야 『법화경』은 대승불교 신도들의 보호자 역할을 하게 되었던 것이다.

    이러한 초기 대승불교의 발생이 중국에서 일어난 것은 아니었지만, 중국의 문화적 전통은 대승불교의 교의에 쉽게 적응해 가게 함으로써 『법화경』은 쉽게 신속히 중국 전역으로 퍼져나가게 되어 법화신앙이 성행하게 되었던 것이다.[25] 그리고 이러한 신앙 배경을 현실적으로 조상(造像)한 것이 운강(雲崗)·용문(龍門)·돈황(燉煌)·맥적산(麥積山)

---

25) 業露華,「多寶塔與中國佛敎」,『上海社會科學院宗敎硏究所論文集』, (上海, 上海社會科學院, 2001) 참조.

등의 석굴에 있는 조상(彫像)들이라고 하겠다.[26]

　이에 대해서 일본은 법화사상을 그 기본 축으로는 하되 각자의 종파가 추구하는 교리와 일치시키며 나름대로 종파적 특징을 표현하는 다보탑 건립이 추진되었던 것이다. 예를 들면 사이초(最澄, 767-822)가 천태교학(天台敎學)에 열의를 보이면서도 구가이(空海, 774-835)와의 교류를 통해 그가 주창하는 밀교에 관심을 갖게 되었고, 이에 천태종이 발전적으로 천태밀교화(天台密敎化) 되어 갔다. 그는 법화일승(法華一乘)과 진언일승(眞言一乘)은 우열이 없다고 하면서 제법실상은 법화·대일(大日)에 공통하는 사상이라고 하였다.[27] 이러한 토대 위에서 천태종도 진언종도 다보탑을 조성하게 되었던 것이다. 또 일연종(日蓮宗)도 그 개창자인 니치렌(日蓮, 1222-1282) 이 법화의 정법(正法)에 귀의하는 것이 국가 안녕의 기본이라고 설하면서『법화경』이 다른 경을 뛰어넘는 가르침이라고 강조하였기에,[28]『법화경』에서 중요하게 여기는 불탑숭배 사상에 의해 다보탑을 조성하게 되었던 것이다. 이처럼 일본은 한국·중국과는 달리 법화사상을 자신들 종파의 교리에 합치시키면서 다보탑을 조성해 갔다는데 특징이 있다고 하겠다.

　둘째로는 다보탑의 특징인 이불병좌(二佛並坐)의 불상 안치 상에서의 차이를 들 수 있다. 이불병좌 안치법(安置法)의 발생은 다보탑 조성

---

26) 중국의 다보탑 건립에 대한 기록은 여러 개가 있으나 그 모양에 대해서는 전해지지 않고 있어 다른 나라에 어떤 영향을 주었는지는 알 수가 없다. 川勝賢亮, 앞의 책, 50쪽.
27) 石田瑞麿 著, 李永子 譯,『日本佛敎史』(서울, 民族社, 1990), 124~125쪽.
28) 위의 책, 195-197쪽.

의 근거가 되는 『묘법연화경』 제11편 「견보탑품」의 내용에 따른 것이다. 본문 내용은 다음과 같다.

> "그때 다보불이 보탑 안에서 자리를 나누어 석가모니불에게 주고 이렇게 말씀하셨다. '석가모니불께서 이 자리에 앉으십시오'하니 즉시 석가모니불께서 그 탑 안으로 들어가셔서 그 반으로 나눈 자리에서 결가부좌(結跏趺坐)하셨다."

다보불은 동방의 먼 곳인 보정(寶淨)이라는 나라에서 태어났는데 아직 부처가 되기 이전의 보살로서 수행하고 있었을 때, "내가 부처가 되어 죽은 뒤 어디에서든지 『법화경』을 설하는 곳이 있으면 그 앞에 탑 모양으로 땅에서 솟아나 '훌륭하다'고 증명하리라"는 서원을 세웠고, 이를 실천하기 위해 다보탑 속에 앉아 땅에서 솟아나 증명을 하는 것이며, 증명 후에는 석가모니 부처님을 다보탑 안으로 들어오게 하여 탑 안의 자리를 반으로 나누어주어 같이 결가부좌를 함으로서 이불병좌의 사상이 탄생하게 되었던 것이다.[29]

이러한 이불병좌 사상은 한중일 삼국 모두가 공통적으로 갖고 있는데, 그 안치하는 방법에서 약간의 차이를 보이고 있다. 중국의 경우는 운강·용문·돈황·맥적원 등 석굴의 조상들이 석가와 다보불을

---

29) 다보와 석가 두 불의 병좌(竝坐)는 제방(諸方)에 있는 석가의 분신불(分身佛)이 모두 모여와 석가에 구일(歸一)하여 모든 세계는 일불토(一佛土)가 된다는 의미인데, 실은 다보여래는 석가모니의 과거의 모습인 과거불이고, 같이 앉는다는 것은 과거불과 현재불의 합일(合一), 즉 현재불인 석가모니여래가 아주 오랜 과거 불이었다는 것을 상징하는 것으로 이는 역사적 인간으로서의 석가가 다보탑의 출현에 의해서 영원한 존재로서 대전환하는 것을 의미한다.

동시에 안치시킨 이불병좌 형식으로 주로 삼층 탑 안에 두 개의 불상을 함께 모셨다가[30] 후에는 미륵불과 함께 삼세불(三世佛)처럼 정벽(正壁)의 주존(主尊) 위치에 조상(造像)하기도 하였으니,[31] 이는 석가·다보불의 숭배가 사회적으로 보편화·대중화되어 가고 있었음을 대변해 주는 것으로 중국불교사에 있어서 법화사상의 위치를 대변해 준다고 볼 수 있다.

일본의 경우도 나라(奈良)시대 초기부터 이불병좌 사상이 나타나는데, 하세사(長谷寺)에 소장되어 동판법화설상도(銅板法華說相図)의 경우 1층에 이불병좌의 모습이 보이고, 2층에는 다보불 전신이, 3층에는 다보불 사리가 안치되어 있다. 또 헤이안(平安) 시대 중기 이후부터 성행하는 일본의 독자적인 법화경 만다라에도 중앙에 보탑이 있고, 그 안에 이불병좌가 묘사되어 있다. 이러한 전통은 그 후에도 계속되어 일본의 다보탑 신앙을 대변하고 있다. 이러한 전통적 표현에서 다소 변형된 것이 일연종의 표현 양식인데, 중앙에『나무묘법연화경』, 그 좌우에 다보·석가 두 불을 배치하는 삼보존(三寶尊)을 본존으로 하는 양식도 있다.

---

30) 木造三層塔雙浮彫(雲崗石窟, 第11洞, 明窓東壁), 木造五層塔雙浮彫(雲崗石窟 第6洞 南壁下層中央部).
31) 張寶璽,「法華經的翻譯與釋迦多寶佛造成」『佛學硏究』第3期(서울, 한국불교연구원, 1987) 참조.

[사진 19] 하세사 동판 법화설상도(長谷寺銅板法華說相図).

　그러나 이들 양국과는 달리 한국의 다보탑에서는 이불병좌의 형식을 확인할 수가 없다. 1925년 일본인들이 다보탑을 해체 수리하면서 이와 관련된 보고서나 기록을 남겨두지 않았기 때문이다. 다보탑의 해체는 일본인들에 의해서만 이루어졌고, 당시 출토된 유물들은 일본인들이 모두 가져갔으며, 다만 국립경주박물관에 인계한다는 내용이 있는데, 이 두 불상이 다보탑 내에서 나온 것이라고 한다면, 이는 한국의 다보탑도 이불병좌 사상을 표현했다고 볼 수 있을 것이다. 그러나 이를 확인할 수 없음은 매우 아쉬운 일이다.
　세 번째는 쌍탑의 유무로서 삼국의 다보탑 양식을 비교할 수 있다. 쌍탑의 기원은 5, 6세기 경 중국 북위 시대부터 나타나는데 당나라 때까지 보편화 된 것으로 보고 있다. 이처럼 중국에서 쌍탑이 출현하게 된 배경은 ① 중국인의 대칭성에 대한 특별한 기호에서 비롯되었고, ② 불상 중심의 예배로 전향되어 가자 이에 대한 조치로 탑의 비중을 강화시키기 위함에서 였으며, ③ 사원의 장엄 미를 가중시키기 위함이었고, ④ 『법화경』의 「견보탑품」을 형식적으로 표현하려는 데에 있었다고 보고 있다.[32]

한국에서의 경우도 이러한 중국의 쌍탑 출현 원인과 유사한 시각들이 발표되었다. 즉 고유섭은 「견보탑품」의 중요성에 비중을 두고 관념적으로 법화신앙을 더욱 강조하려는 차원에서 다보탑 출현 이전 석가 설법이 선행되었음을 의미하기 위하여 비록 석가 설법이 다보탑 증명에 시간적인 선후 관계는 있지만, 그 시간 관계를 공간적으로 전개시켜 쌍탑을 건립하게 되었다는 것이다.[33] 이에 대해 한정희는 통일신라가 왕조 차원에서 건립되는 사찰에는 전제왕권의 권위와 위엄을 나타내기 위해 쌍탑을 조성하게 됐다고 하였고,[34] 김수현은 쌍탑 양식이 통일 이후에 일어나기 시작했다는데 착안하여 이는 통일로 인한 힘의 균형을 표현하기 위함이라고 하였으며,[35] 홍광표는 불국사의 가람을 이해하는 차원에서 그 중심점을 쌍탑과 남북 주축 선의 교차점으로 보고, 이러한 경향은 탑 중심의 사찰을 구조화하려 한 것으로 탑이 금당(金堂)의 부속물이 아닌 신앙의 중심임을 피력하려는 차원에서 나타난 것이라고 하였다.[36] 이러한 각각의 분석은 중국에서의

---

32) 韓正熙, 앞의 글, 10, 11쪽.
33) 高裕燮, 앞의 책, 105쪽.
34) 韓正熙, 「古代 雙塔의 硏究」 (弘益大學 碩士論文, 1981), 30쪽.
35) 金秀炫, 「佛國寺 多寶塔 造成의 佛敎思想的 意義」 (東國大學校 碩士論文, 1998), 29쪽.
36) 洪光杓, 「佛國寺의 空間形式에 內在된 造形의 意味」 『新羅文化祭學術發表會論文集 : 佛國寺의 綜合的 考察』 第18輯, (東國大新羅文化硏究所, 1997), 236쪽.

쌍탑 조성 배경과 거의 그 뜻을 같이 하는 것이지만, 중국 측의 경우는 법화신앙이 보편성을 대변하는데 대하여, 한국의 경우는 통일 이후의 화합과 조화를 강조하기 위한 신라의 불국토화 증명에 필요한 법화사상의 특수성을 쌍탑을 통해 더욱 강조하려 했던 것이 아닌가 한다.

그러나 일본에서는 이러한 쌍탑 형식이 전혀 보이질 않고 있다. 아마도 그것은 11세기 이후 천태종을 포함하여 밀교적인 성격을 갖는 진언종에서 다보탑이 조성되고 있다는 사실에서 알 수 있듯이 다보탑을 대일여래 자체로 보는 사고방식이 태동되면서,[37] 일본의 다보탑은 쌍탑 형식이 아닌 단독 형태로 남게 됐고, 그 대신 동일한 양식의 모습으로 다량의 다보탑을 만들었던 것이 아닌가 한다.

네 번째는 다보탑을 조형한 숫자에서 그 차이를 엿볼 수 있다. 중국은 법화사상이 자고이래 지금까지도 사회적으로 많이 보편화 되었기에 상당히 많은 수의 다보탑이 건립되었음을 자료상에서 알 수가 있다. 대체로 지금까지 전해지는 것으로는 5세기 초 감숙성(甘肅省) 수정현(水靖縣) 병령사(炳靈寺)의 169개 석굴 중 여러 개의 이불병좌 조상과 벽화가 있으며, 5세기 중엽에는 돈황, 운강, 용문, 맥적산 등의 동굴에 이들 조상(彫像)이 더욱 많이 증가하고 있음을 알 수 있다. 그리고 당대에 들어서『법화경』에 대한 새로운 번역과 또 이들『법화경』에 대한 주소(註疏)를 단 사람만도 70여 명이 넘는다는 사실에서 『법화경』의 보급과 유통을 엿볼 수 있고, 또한 실질적으로 전대와는

---

37) 川勝賢亮, 앞의 책, 50쪽.

달리 다보탑 조성이 많이 있었던 것이다.[38] 그러나 유감스럽게도 한국이나 일본처럼 현존하는 것이 없어 정확히 그 수를 알 수가 없다는 것이 아쉬운 점이라 하겠다. 이에 대해 한국의 다보탑은 경주 불국사에 있는 다보탑이 유일한 것으로 이미 그 원인에 대해서는 설명한 바가 있다.

그런데 특이한 점은 일본에 다보탑 수가 정토종 3개, 선종 4개, 일연종 10개, 천태종 15개, 진언종 68개 등으로 모두 100개나 조성되었고, 현존하는 것이 69개나 된다고 하는 점이다.[39] 특히 진언종이 압도적으로 많다는 것은 탑의 관심이 많은 진언종의 성격을 대변해 주는 것이기도 한데,[40] 그 성격이란 현신불인 육사리(肉舍利)보다 경전인 법사리(法舍利)를 더 중요시한다는 점이고, 나아가 불탑을 곧 대일여래라고 보고 있다는 점이다. 이는 석가여래와 다보여래의 이불병좌사상이 법화 중심의 천태종에 영향을 주었던 데 대해 진언종은 다보탑을 보탑과 관련시켜 만다라의 대일여래로 보았음을 대변해 준다고 하겠다.[41]

다섯 번째는 다보탑의 구조형식 면에서 차이를 보이고 있다는 점이다. 중국 다보탑의 경우는 일본 것처럼 목조로 건축되고 인도의 수투파와 같은 양식으로 구성되어 있는 것이 아직 발견되지 않아 정확히 그 특성을 말하기는 어렵다. 다만 돈황석굴에 나타난 탑의 모습을 보면 한일 양국의 다보탑과 매우 유사한 형태를 보이고 있음을

---

38) 顔眞卿이 쓴 『大唐西域千福寺多寶佛塔感應碑』를 참고할 것.
39) 石田茂作, 『佛敎考古學論考 : 佛塔篇』 4, (東京, 思文閣, 1977), 8, 13쪽.
40) 위의 책, 152~153쪽.
41) 위의 책.

알 수 있는데, 자세히 설명한다면 방형의 기단, 기단부의 계단, 난간 그리고 2층 탑이라는 점에서 한일 양국의 전반적인 다보탑 양식과 동통점을 가지고 있다는 점이다. 이런 측면에서 본다면 한일 양국 다보탑의 기본 양식은 중국의 영향을 받았다고 할 수 있을 것이다.

한국의 다보탑에서 이러한 중국적 요소를 볼 수 있는 것은 한국의 일반 석탑에는 계단과 난간이 없는데도 불구하고 다보탑에서는 이러한 형식을 응용했다는 점에서 이는 한중일 삼국이 공통으로 지향했던 다보탑의 기본 형식이 아닌가 생각된다.[42] 다만 이러한 중국적 양식에다 한국적인 요소의 가미를 통해서 한국적 형식의 다보탑으로 조성했던 것인데, 즉 탑신부의 팔각 형태의 대나무 모양의 마디가 있는 기둥은 신라인의 건축과 범종의 용통(甬筒)에서 자주 사용되는 기법으로 특히 대나무 모양의 기둥은 대나무를 신성시했던 한국인의 내면세계를 그대로 옮겨놓으려는 배려에서 나타난 기법이라고 하겠다.[43]

한중 양국의 다보탑에 비해 일본의 다보탑은 동일한 양식으로 현존하는 것이 상당수가 있다. 일본 다보탑의 양식은 대부분이 방형의 기단 위에 이중 탑이라는 형식을 띠고 있는데, 시대별·종파별로 차이는 보이고 있으나 기본형식상으로는 한중 양국의 것과 같은 형식이라고 할 수 있다. 그러나 이러한 주장에 대해 일본 학계에서는 일본의 독창성을 주장하고 있는데, 그 원인은 일본 보탑의 시원이 이불병좌의 다보에 있기는 하지만, 각 종파 즉 천태종·진언종·정토종·

---

42) 한국의 탑은 목조탑의 양식을 간략화하여 건립되었기에 계단과 난간은 거의 찾아볼 수 없다.
43) 鄭明鎬,「新羅梵鍾의 鑄造術에 대한 연구」,『考古美術』, 162-163合集, 韓國美術史學會, 93쪽.

선종·일연종 등에서 각각의 특성에 맞추어 다보탑을 건립하였고, 또 재료가 목재라는 사실과 그 조성 배경에 밀교가 깊이 개입돼 있다는 점에서 그런 주장을 하는 것이라고 생각된다.

그러나 이는 일본 중세 이후에 나타나는 다보탑의 양식을 두고 말함이지 일본에 처음 조성된 다보탑은 한중 양국의 양식과 비슷하다는 것을 알 수 있다. 일본 다보탑의 최초의 예는 나라시대 초기의 하쿠호(白鳳)시대 작품인 하세사(長谷寺)의 「천불다보탑동판」을 들 수 있는데, 『법화경』의 「견보답품」을 6각 3층 탑으로 형상화한 것으로 중국 북위 시대 운강석굴의 조각과 거의 유사한 양식이라는 점에서 헤이안 중기이전까지는 중국의 양식을 그대로 답습했다고 볼 수 있다.[44] 그러나 헤이안 중기 이후부터 세워지는 다보탑들은 하층은 방형이고 상층은 원형인 구복(龜腹)의 모습이 첨가된 2층 탑의 모습을 하고 있는데, 이러한 원형부를 일본인들은 가장 일본적이라 보고 이 부분에서 일본 다보탑의 유래를 찾고 있다. 이러한 특징을 잘 나타내는 것으로서 무로마치(室町)시대에 세워진 이시야마사(石山寺) 다보탑이나 금강삼매원탑(金剛三昧院塔) 등 일본의 중세적인 탑들을 들 수 있다.[45]

이러한 특징은 현재 남아 있는 일본의 다보탑 모두에게 통일되어

---

44) 가와가츠 겐료(川勝賢亮)는 9세기 초에 천태종 조사 전교대사 사이초(最澄, 767-822)가 『묘법연화경』에 의한 진호국가(鎭護國家)를 기념하기 위해 전국 6개소에 세운 보탑이나, 구가이(空海)의 진언종에서 세운 다보탑은 그 유적이 남이 있지를 않아 이를 확인할 수는 없고, 오직 헤이안시대 말기의 곤고사(金剛寺) 다보탑이 현존해 있기는 하나 모모야마(桃山)시대 때 크게 개조하여 당초의 모습을 아주 일부밖에 볼 수 없어서 초기의 형식이나 성격을 명확히 알 수 없다고 하였다. 川勝賢亮, 앞의 책, 5-54쪽.

45) 天勝賢亮, 앞의 책, 55쪽.

있는데, 초기의 것은 천태종과 진언종의 것으로 나눌 수가 있다. 초기 진언종의 구가이(空海)에 의해 만들어진 것은 비로자나보탑(毘盧遮那寶塔)이라 불렀는데, 이는 대일오불(大日五佛)의 안치를 목적으로 한 불당적 성격을 갖는 것이었다. 이런 면에서 평면원형(平面圓形)의 일중보탑(一重寶塔)이 원래의 형식이라고 보고 있다.[46] 천태종의 다보탑은 상층에『법화경』을 안치하고 하층에는 법화삼매를 수식해 놓았는데, 그 형식은 하층이 5칸(間), 상층이 방형의 3칸이나 되는 큰 형태였다. 본래의 목적은『법화경』을 봉안시키는 것이었다가 밀교적 색채가 농후해지면서 점차 대일오불을 안치하게 되었다.[47] 그러다가「견보답품」의 내용을 따라 석가와 다보 두 불을 본존으로 하기 시작한 것은 11세기 초기 이래 천태종에 의해서였다.

 이처럼 다보탑이라는 이름을 처음 사용하게 되는 것은 천태종의 이중방형탑 형식에 사용되는 것이 처음이었는데, 이것이 진언종의 방형과 원형의 이중 탑 구조로 되어 있는 대탑(大塔)으로부터 당내(堂內)에 안치하는 일중소탑(一重小塔)에 이르기까지 널리 활용되게 되었던 것이다.[48] 현재 남아 있는 다보탑의 형식은 진언종의 대탑 형식을 간략화한 것으로 볼 수 있다.

 이상의 요소들을 살펴보면 다보탑의 원형은 중국의 영향을 받아

---

46) 濱島正上,「多寶塔の初期形態について」, 川勝賢亮 編, 앞의 책, 198쪽.
47) 濱島正上, 앞의 글, 198쪽.
48) 원형부를 갖고 있는 다보탑은 남인도 계통의 보탑에서 유래한 것으로 보고 있다. 이는 일본인들이 다보탑의 원형이 보탑의 변형에 의해서 나타난 것이라고 여기고 있기 때문인데, 이 보탑은 인도형 탑과 유사한 형식으로 그 탑신부에는 불상이나 종자(種子) 등이 표시되어 있는데, 주로 사불(四佛)이나 대일미타석가다보 등이 그 예가 된다. 前久夫編,『東京美術選書20 : 佛敎寶塔事典』, (東京美術, 1979), 118-119쪽. 石田茂作, 앞의 책, 32쪽.

거의 비슷한 양식이라고 할 수 있고, 다만 자국의 특징적 요소를 가미하여 독창적인 다보탑을 만들었으며, 특히 한국의 다보탑은 국가 통치이념인 불국토화를 다보탑의 조성을 통해 확인시키려 했고, 일본의 경우는 각 종파 별의 신앙특징을 표현하는 과정에서 일본적인 다보탑의 양식이 출현하게 된 것으로 볼 수 있다.

5. 맺음말

이상에서 살펴보았듯이 다보탑이 조성되게 되는 경전의 배경은 『법화경』의 「견보답품」이고, 이는 바로 법화사상의 내면세계를 외형적으로 표현하려는 한 수단이었으며, 다만 이를 표현하는 방법이 각국의 상황에 따라 다르게 나타나 독창적 특징을 갖게 되었음을 알 수 있었다. 그러나 그 기본구도는 중국의 영향을 많이 받았음을 알 수 있었다.

한국 경주의 다보탑은 통일신라가 초기 단계를 지나 진정한 통일의 위업을 달성하기 위해 국민의 화합과 안정을 도모하려는 수단으로써 불국사 일곽에 조성한 것인데, 이 불국사란 이름 자체에서 알 수 있듯이 신라가 불국토의 이상세계임을 증명하려는 한 수단으로써 다보탑을 조성하였음을 알 수 있었다. 따라서 이러한 거시적 사상을 배경으로 건립되었기에 통일신라 시대는 물론 그 이후 고려시대에도 이러한 의미를 능가하는 다보탑의 조성이 불가능했기에 다보탑의 조성이 더 이상 없었던 것이 아닌가 하고 생각된다.

한편 조형적으로는 이러한 불국토 세계를 증명할 수 있도록 기반부터 상륜부까지 법화사상을 표현해 내는데 중점을 두었기에 다른 두 나라에서는 찾아볼 수 없는 특이한 양식으로 나타나게 된 것이니 그 양식상의 해석은 본문을 참고해 주기 바란다.

그리고 이러한 다보탑의 특징은 한국만이 갖고 있는 특징이 아니라 중국과 일본 또한 자국 나름대로의 상황에 맞게 나름대로 독특한 다보탑을 조성하였던 것이니, 다보 사상이 각국에 미친 영향이 다대하였음을 대변해 주는 것이라고도 볼 수 있다.

그러나 본문에서 비교 분석한 결과를 보면 알 수 있듯이 아직은 충분한 개별적 연구가 이루어지지 않아 피상적 수준의 비교에서 끝날 수밖에 없었던 것은 아쉬운 점이라 하겠다.

법화사상이 한중일 삼국의 역사발전에 큰 영향을 주었다고 하는 점을 감안 한다면, 이 방면에 대한 연구는 앞으로 계속해서 이루어져야 한다고 기대한다. 다만 그것은 한중일 삼국의 차별성을 부각시키는 차원에서의 비교가 아니라 법화사상을 얼마나 효율적으로 민중에게 첨부시켜 개인의 행복과 국가의 안정을 도모했는가 하는 차원에서의 비교연구를 해야만 한다는 것을 제안한다. 그래야만 새로운 시대에 걸맞는 법화사상에 대한 재해석이 가능해질 것으로 생각되며, 그런 점에서 이러한 방향의 연구는 아주 의미 있는 일이라고 할 수 있는 것이다.

Ⅲ 차별화

- **한중일의 유·불(儒佛) 사상 활용과 적용**

  (2011년 12월 圓覺思想硏究院 編, 『佛學論叢1 思想과 歷史』에 발표한 글을 바탕으로 씀)

- **한중일 지식계층의 반식민지론 성격**

  (2010년 3월 日本國際基督敎大學 編, 『日本の植民地支配の實態と過去淸算』에 투고한 글을 바탕으로 씀)

- **한중일의 순국(殉國) 관념**

  (2011년 1월 동서사상연구소 편, 『철학·사상·문화』 제11호에 투고한 글을 바탕으로 씀)

- **한중일의 한국독립운동에 대한 시각**

  (1997년 7월 타이완 중앙연구원 근대사연구소 편, 『77항전 60주년 기념 학술대회논문집』에 발표한 글을 바탕으로 씀)

한중일의
유·불儒佛 사상 활용과 적용

목차

1. 머리말
2. 에도(江戶)시기 유·불 사상의 조화적 작용
   1) 정치적 전환과 사회체제의 변환을 이끈 에도 막부의 리더십
   2) '자제'와 '질서'를 강조한 자본 윤리
3. 청말(淸末) 관념론적 유·불 사상의 비현실론
   1) 구세사상(救世思想)의 형성과 이론적 근거
   2) 구세사상을 실천하는 방법상의 모순
4. 한말(韓末) 독선적 소중화주의(小中華主義)의 비극
5. 맺음말

1. 머리말

　유교사상은 '윤리 도덕'과 '조상숭배'를 핵심으로 하여 이루어진 가치관으로서, 바로 인간의 절대적인 존재성을 어떻게 인정해주며 살아야 할 것인가에 그 원초적인 목적을 두고 있다. 이러한 존재성을 인정해주는 가장 중요한 가치관으로서 '효(孝)'라는 개념을 정립했다. 그리고 공자는 이러한 가족적인 관계를 지켜주는 가족윤리를 '충(忠)'

이라는 개념으로 승화시켜 사회윤리와 정치론까지 끌어올렸다.[1] 이후 많은 유가들은 이러한 논리를 더욱 발전시켜 정치이론과 경제이론으로 발전시켜 나갔다. 그리하여 유교는 사회세력을 확대해 나가게 되었고, 훗날에 이르면 유교는 국가의 통치 이론이 되고,[2] 국책의 입안이 이에 의해 이루어졌으며, 유가의 학식을 완벽하게 습득한 관료들에 의해 이들 국책이 행해짐으로써 수천 년간의 전제왕조를 계승시켜 오는 작용을 하게 하였다.

이에 비해 불교는 현실적 측면에서의 작용보다는 내세에 대한 불안감을 해소시켜 주고, 이를 바탕으로 현실에서의 어려운 문제점을 죽음이라는 궁극적 한계에 대비시키면서 이겨내게 하는 내면적 심리작용을 받쳐주는 차원에서의 역할을 담당해 왔다.

이러한 유불(儒佛) 사상이 어우러져 내재화된 가운데 하나의 문화적 공동체를 이룩해 온 지역이 바로 동아시아 지역이었고, 그중에서도 두드러지게 유·불 사상을 조화시켜 역사발전의 원동력으로 삼았던 지역이 한중일 삼국이었다. 이것이 타 지역 국가와 달리 삼국만이 수천 년 동안의 역사를 이어올 수 있게 했고, 동시에 오늘날 세계가 주목하는 지역으로 발전할 수 있는 모토가 되었던 것이다. 다시 말해 유·불 사상의 유기적인 작용에 의해 3국 국민의 내면에 정립된 절대적 가치관, 즉 포용성, 창의성, 대응능력 등의 덕목이 내재 됨으로 해서 이를 바탕으로 정치적·경제적 발전을 이룩하여 이제 현실적으로 동아시아 시대가 열리는 출발점에 서 있게 되었다고 해도 과언

---

1) 本田濟,「孔子 - 儒敎の創始者」, (日原利國編,『中國思想史』, ぺりかん社, 14쪽.
2) 西嶋定生, 李成市 編,『古代東アジア世界と日本』, 岩波現代文庫, 2000. 15~19쪽.

이 아닐 것이다.

이러한 사실은 역사의 전개 과정 속에서 정치적 혹은 외세적(북방 민족) 충격에 의해 이들 양자가 충돌할 경우 동아시아 사회에 미치는 악영향이 매우 컸었고, 반대로 서로 어우러지며 내면세계를 떠받쳐 줄 때는 매우 안정적으로 교류가 이루어지고, 경제 및 문화가 발전하는데 좋은 영향을 주었던 사실을 잘 기억하고 있을 것이다.[3]

그러나 이러한 유·불 사상의 전통적·역사적 작용은 근대에 이르러 새로운 형태의 충격인 웨스턴 임팩트에 의해서 전통적 가치관 및 사회적 대응능력에 혼란이 생김으로 말미암아, 어떤 충격에도 대처할 수 있었던 동아시아 세계의 유기적 시스템이 붕괴되고 말았다.[4]

환언하면 이러한 비전통적인 시대적 격변에 대해서 유·불 사상에 의해 만들어진 전통적 가치관을 토대로 잘 적응해 갔던 나라는 근대화를 이루는데 성공했고, 그렇지 못했던 나라는 근대화의 문턱에서 좌절하거나 아예 접근 조차 못하는 국면을 맞이해야 했던 것이니, 곧 전자의 경우는 일본이었고, 후자의 경우는 중국과 조선이었다.

부연한다면, 일본의 경우는 늦게 조선의 성리학을 받아들였지만 이것이 가지고 있는 통치이념으로서의 작용을 적절히 잘 활용하였고, 나아가 자신들 사회에 걸맞은 유·불 사상의 조화와 결합을 통해 서구의 충격을 소화할 수 있는 인식구조를 정립시킴으로써 근대화를 이룰 수 있었던 것이다.[5]

---

3) 賀耀民, 『中國經濟史』, 集屋齋, 2010. 김승일, 『한민족과 동아시아 세계』, 도서출판 경혜, 2010. 堀敏一, 『中國と東アジア世界』, 岩波書店, 1993 등 참조.
4) 浜下武志, 『近代中國的國際的契機』, 東京大學出版會, 1998, 25-37쪽.
5) 山本七平 저, 김승일 역, 『일본 자본주의 정신』, 범우사, 1998, 참조.

이에 비해 중국의 경우는 청말 이후 서구세력의 침략에 대응하기 위해 불교의 혁신 사상을 구세사상의 배경으로 전환 시키려고 노력은 했지만, 자신들의 몸에 배어 있는 존왕양이(尊王攘夷)라는 유교적 인식의 테두리를 벗어나지 못함으로써 근대화의 길로 들어서게 하는 길잡이 역할을 하지 못했던 것이다. 다시 말해서 비록 유·불 사상의 통합에 의해 시대변화에 대처하려고 노력은 했지만, 서구적 근대문물의 가치를 제대로 인식하지 못했고, 자신들의 행동 양식의 모순으로 말미암아 서구열강의 침략을 바라보고 있어야만 했던 것이다.

그러나 이러한 시기에 무엇보다도 가장 심각한 위기를 초래했던 것은 조선이었다. 유교의 유심적 논리에만 집착하고 있던 조선의 지식인들은 중국의 대처 방법을 모방하려고도 했지만, 그들보다도 더 심각하게 서구 문물에 대해 배타적인 생각과 태도를 지니고 있었고, 조선왕조에서 배척하고 있었던 불학에 대해서는 관심조차 보이지를 않은 가운데, 소위 소중화주의를 사수하고자 하는 데만 집착과 긍지를 보였을 뿐이었다. 그러다 보니 유·불 사상의 조화를 통한 위기상황에 대처하기 위해 중국과 일본처럼 대안을 찾으려는 노력을 하기는 커녕, 주관적 매너리즘에 빠져 세상의 변화와 선진문화에 대한 평가를 소홀히 하는 바람에, 언제나 역사적으로 우위적 지위를 점하고 있던 일본에게 식민통치를 당해야 하는 처지로 전락하고 말았던 것이다.

이 글에서는 이러한 한중일 삼국이 유·불 사상에 대해 조화를 시켰거나 갈등을 가져와 수용하려 하지 않음으로써 근대화의 성공과 실패라는 엄청난 결과에 대한 영향을 분석하여, 이러한 전개 과정에서 핵심적인 역할을 한 3국 지식인들의 시대적 인식의 차이가 얼마나 큰 결과의 차이를 가져오게 했는지를 비교 검토하려는 것이다.

2. 에도 막부 중기 유·불 사상의 역할

일본은 동아시아 세계에서 유일하게 근대화에 성공한 나라였다. 이들이 이러한 결과를 달성했던 것은 중국이나 한국보다 정신적 물질적 면에서 우수했기에 그런 것은 아니었다. 다만 그것이 가능했던 원인에는 늦게나마 받아들인 조선의 성리학을 통치이념으로 하여 막부체제하에서 실시해왔던 봉건 통치를 지양하고 중앙집권적 통치를 지향할 수 있게 되었기 때문이었는데, 이는 성리학을 단가조직(檀家組織, 절에 시주[施主]하는 사람들의 조직) 등 불교의 기능과 융합시켜 활용함으로써 가능할 수 있었던 것이다.

1) 정치적 변화과 사회체제의 변화를 이끈 에도 막부의 리더십

에도 막부가 관학(官學)으로서 승인한 성리학은 정치적인 안정만을 꾀하는데 이용했던 것이 아니라 사회제도와 사회 인식을 바꾸고 정착시키는 데도 활용하였다.[6] 이러한 사유(思惟)의 수준을 높이고 널리 확대시킨 데는 물론 막부의 통치행위에 무조건 따르게 하려는 정치적 의도가 깔려 있었지만, 그렇다고 반드시 강압적으로 이러한 것을 관철시켰던 것은 아니었다. 막부 장군의 절대 권위를 인정받으려면 '무력(武力)'보다는 '인정(仁政)'을 통해 백성들의 생활을 안정시키는

---
6) 山本七平 저, 김승일 역, 앞의 책, 참조.

것이 더 유리하다는 것을 그들도 잘 알고 있었기 때문이었다. 그리하여 전통 유학의 왕화사상(王化思想)[7]을 지배사상(支配思想)으로 정착시키고자 하는 노력을 했던 것이다. 그것이 바로 앞에서 말한 성리학의 원리를 이용하여 쇼군(將軍) 중심의 가부장제를 모형으로 하는 주종관계(主從關係)를 정립하는 것과 사회질서를 고정시키기 위한 세습적 신분제도를 확립시키는 일이었다. 즉,

"하늘은 높고 땅은 저속하며, 하늘은 높고 땅은 낮다. 만약 상하 차별이 있다면, 사람 또한 군은 존귀하고 신하는 낮으며 그 상하는 차례로 나뉘게 되니, 소위 이것이 예의 법도이다.(天尊地卑, 天高地低. 如有上下差別, 人亦君尊臣卑, 分其上下次第, 謂禮儀法度)"[8]

라고 하여 "존천리(存天理)" 사상을 확립시켜 강력한 신분질서 제도를 고정화시켰던 것이다. 에도시대에 성리학을 관학으로 승인한 것은 우연이 아니라 바로 이러한 사회질서를 확립하고자 하기 위함이었다.[9]

그러나 여기서 주목해야 할 것은 이러한 주종관계의 확립과 신분

---

7) 왕화사상(王化思想)이란 중국의 군주는 덕(德)이 있는 성인으로서 그 덕력(德力)을 지방 및 주변국가들에 미치게 하여, 힘으로써 지배하는 것이 아니라 덕으로써 지배력을 넓힌다는 논리로서, 이를 통해 예(禮)를 모르는 주변국가가 예를 갖추게 되고, 이적(夷狄)민족이 중국에 귀화(歸化)토록 하는 결합의 논리로써 작용했던 사상인데, 도쿠가와 막부는 이러한 논리를 주자학을 통해 습득하여 실시했다.
8) 林羅山, 『春鑑抄』.
9) 王家驊, 앞의 책, 91쪽.

등급제를 통한 통제정책이 초기에는 정치적인 의도하에서 추진되었으나 점차 사회가 안정되면서 각 번(藩)들 간의 경쟁이 경제적인 구도하에서 이루어지게 되었다는 점이다.[10] 이러한 경제적 경쟁으로의 체제 변화는 일본인들로 하여금 세계적인 흐름에 쉽게 동참할 수 있는 사회구조를 구축했고, 나아가 근대화로 나아갈 수 있는 의식기반을 형성케 했다는 점이다.

이는 다시 말해서 에도시대를 알아야 일본이 어찌 근대화를 이룩할 수 있었는지를 이해할 수 있게 된다는 말과도 같은 말이다. 한마디로 말해서 도쿠가와 막부시대는 "일본인 스스로의 힘에 의해서 질서를 확립한 시대"였고, 이러한 질서를 3백 년 가까이 유지할 수 있었던 것은 성리학적 통치이념의 성공적인 실천이 있었기 때문이라고 할 수 있는 것이다.

도쿠가와 막부는 겐로쿠(元祿)시대(1688-1704)와 교호(享保)시대(1716-1736)를 경계로 해서 전기 후기로 나눌 수 있다. 전기는 먼저 질서를 회복하고, 정치 경제체제를 확립하면서 경제 성장기로 들어갔던 시대이고, 후기는 한마디로 말해 정체기처럼 보일지도 모르나 교육이 보급되었고, 평민문화가 발달하였으며, 민중의 생활 수준도 향상되어 메이지(明治)시대로 발전할 수 있는 에너지를 축적하고 있던 시대였다. 즉 현대 일본의 기초를 쌓은 시대라고 할 수 있었다.

그렇게 될 수 있었던 것은 철저한 신분 등급제 하에서 살아남기

---

10) 이를 실천한 대표적인 다이묘로는 요네자와(米澤)의 우에스기 요산(上杉鷹山), 죠슈(長州)의 모리 시게타카(毛利重就), 히고(肥後)의 호소가와 시게카타(細川重賢), 기슈(紀州)의 도쿠가와 하루사다(德川治貞) 등을 들 수 있다. 김숭일, 『일본 자본주의의 정신』, 앞의 책, 177-201쪽 참조.

위해 각 신분 내에서의 단결과 협조가 중요시되게 되었고, 이러한 흐름은 '의제적(擬制的) 혈연관계'[11]로 이어졌기 때문이다. 이것이 사회질서로 체계화되었고, 일본인의 자본주의 정신으로 성장해 갔던 것이다.

바꾸어 말하면 도쿠가와 막부시대는 '충효'가 통치 이데올로기의 중심축이 됐던 시기인데, 특히 '충'이 '효'보다 더 중시되던 사회였다. 그렇지만 '충'이 더욱 존숭되기 위해서는 '효'라는 혈연적 원리가 사회조직 전체의 원리로서 작용 되어야 했다. 그러한 사회적 요구에 따라 '의제적 혈연관계'가 생겨났고, 이러한 관계가 혈연관계처럼 기능하여 각 단체는 일족처럼 되어 본가(本家)와 분가(分家)로 확대되어 가면서 성장해 갔던 것이다.

그러한 속에서 "본인의 자본이 들어있지 않은 회사의 지배를 인정해주고 도와주는 본가사상(本家思想)"이 확립되었고, "고용살이하는 집에 대해 어떠한 불만이 있더라도 입 밖에 내는 것이 허용될 수 없는 사회 인식"이 정착되었으며, "회사를 위해 일을 하지만 자신의 보수에 대한 담보는 없다는 도제의식(徒弟意識)"이 뿌리내리게 되었던 것이다. 또 "내 것은 내 것이고, 타인 것은 타인 것이며, 빌려준 것은 받고, 빌린 것은 돌려주며, 털끝만큼도 내 것이 없어지지 않게 하는 것이 정직한 것이라는 윤리관"이 정립됨으로써 일본식 자본 윤리관이 사회 전반으로 의식화 되어 갔던 것이다. 이러한 사상이 현실 사회에서 활동하는 사농공상 각 계급에 흡수되어 감으로써 소위 일본

---

11) 실질적으로 피를 나눈 혈연관계는 아니지만, 그러한 혈연관계 못지않은 徒弟關係로 맺어져 미래에 대한 자신의 담보가 없음에도 회사 등 자신의 소속 단체를 위해 희생하던 관계를 말함.

인들의 '자본윤리'가 형성되어 갔던 것이다.

도쿠가와 막부 시대는 제후(諸侯)로부터 서민에 이르기까지 경제를 가르치고 「자본의 논리」를 따르지 않는 자는 파멸될 수밖에 없다는 것을 교육한 시대였지만, 동시에 이 「자본의 논리」 위에다가 「자본윤리」가 수립되지 않으면 「자본의 논리」 자체가 붕괴된다는 것을 가르쳤던 것이다. 이는 「일하는 자의 윤리」였고, 「경영인의 윤리」였다. 이러한 전통은 지금도 남아 있어서, 특히 일국의 정치 경제와 밀접한 관계에 있는 기업, 말하자면 옛날의 다이묘기업과 같은 기업에 관계하는 자는 그러한 「자본윤리」가 강력히 요구되고 있는 것이다.

이러한 「자본윤리」는 일찍이 유럽의 청교도들이 지녔던 윤리와 함께 인류사에 있어서 극히 유니크한 것이라고 할 수 있다. 따라서 이러한 '자본윤리'가 형성될 수 있게 하는데 초기에는 조선의 성리학적 이데올로기가 큰 역할을 했지만, 사회적 변화 속에서 이러한 윤리관을 확립할 수 있게 한 정치체제로의 전환과 사회구조의 변형을 있게 한 에도 정부의 리더십은 우리들에게 시사하는 바가 큰 것이다

2) '자제'와 '질서'를 강조한 자본윤리

전란으로 인해 오랫동안 불안정한 생활을 해왔던 백성들에게는 정신적 안정을 가져오게 할 수 있는 사회적 심리구조의 정립이 요구되고 있었다. 이러한 점에 주목하고 있던 지식인들 가운데서 막부 정권의 통치안정을 위한 사회적 이념을 만들고자 하는 움직임이 나타났다.

그리하여 전통적으로 일본인들의 의식세계에 자리 잡고 있던 불교

이념을 유교적 통치이념에 접목하는 작업이 진행되게 되었다. 곧 유·불 사상의 조화를 통한 새로운 사회이념의 건립이 그것이었다.

이러한 작업의 결과로써 오늘날 일본인들의 의식 속에 여전히 건재하고 있는 "선종적 자본윤리 사상"이[12] 정립되게 되는 것인데, 이러한 선종적 자본윤리 의식의 내재화는 웨스턴 충격 하에서 들어오기 시작한 서구적 문물을 받아들일 수 있는 바탕을 만들어 주었고, 이것이 곧 일본이 근대화에 성공할 수 있었던 요인으로 작용하게 되었던 것이다. 이러한 자본주의 윤리 정신을 체계화한 사람이 바로 스즈키 쇼산(鈴木正三)과 이시다 바이간(石田梅岩)이었다.

승려였던 쇼산은 우주의 본질을 '일불(一佛)'이라고 했다. 그리고 그 '본질로서의 일불'은 "보는 것도 아는 것도 불가능하지만, 이 불(佛)에는 세 가지의 덕용(德用)이 있어 그것이 인간에게 작용해 온 까닭에 인간은 이 존재를 알 수 있다"고 주장했다. 그 덕용을 그는 '달(月)'과 '내심의 부처'와 '대의왕(大醫王)'으로 표현하였다. 이 표현은 크리스트교의 삼위일체론을 본뜬 것으로 '성부(聖父), 성자(聖子), 성령(聖靈)'을 쇼산은 '달의 불(月佛)' '마음의 불(心佛)' '의왕의 불(醫王佛)'이라고 응용했다. 이 '달'이라고 하는 것은 '우주' 즉 '자연의 질서'를 의미하는 것이었다. '달'의 마음이 한 방울의 물에까지 그 빛을 드리우는 것처럼, 개인의 마음도 '달' 즉 '자연의 질서'를 간직하고 있으니, 이것을 '불심(佛心)'이라고 했다. 말하자면 인간도 우주 질시에 포함되어 있어서 그 내심의 질서도 당연히 우주의 질서에 적응하고 있으며, 인간

---

12) 山本七平 저, 김승일 역, 앞의 책, 참조.

은 이를 따르면 된다고 하는 것이 그의 인간관 우주관의 본질이었던 것이다.[13]

그런데 인간들은 이러한 불심을 깨닫지 못하고 있는데, 쇼산은 그 원인을 "마음이 병들었기 때문"이라고 생각했다. 인간의 몸이 병든 것처럼 마음도 병이 드는데, 병들고 시달리는 것은 병독 때문이고, 그것은 탐욕 분노 푸념이라는 삼독(三毒) 즉 '탐진치(貪瞋癡)' 때문이라고 하였다. 그러면서 이 병을 다스릴 수 있는 것 또한 '불(佛)'이라고 했으니, 이 불이 곧 '의왕불'이라는 것으로, 이 부처님에게 다스림을 바라는 것이 인간의 종교심이라고 했다. 그리고 인간이 다스려져 불심대로 살게 되면 전란도 일어나지 않고 사회의 제 문제도 해결되어, 인간의 집합인 중생도 또한 부처가 되어 이상적인 사회를 도래케 할 수 있다고 생각했던 것이다.[14]

그는 "불법으로 세상을 다스리고 싶다"고 했으니, 이는 바로 정치적, 사회적인 면에서도 항상 관심을 가지고 있었음을 의미하는 것이었다. 그는 이러한 관심을 통해 "선종(禪宗)의 사회적 논리"라는 것을 정립하였다. 그것이 바로 '사민일용(四民日用)'[15]이라는 것인데, 이는 후에 다시 '삼보덕용(三寶德用)'과 합쳐져 '만민덕용(萬民德用)'으로 표현되었다.

'만민덕용'의 핵심적 내용은 이 세상의 모든 사람들은 모두가 살아가는 방법이 있는데, 자신이 하는 일을 충실히 하면 그것으로써 성

---

13) 山本七平 저, 김승일 역, 앞의 책, 119-121쪽.
14) 위의 책.
15) '사민일용'은 문답체로 되어 있는데, 사민인 사농공상이 각각 어떻게 하면 성불할 수 있는지를 질문하고, 쇼산이 이에 대답하는 형태로 되어 있다.

불할 수 있게 된다는 것으로, 그렇게 하기 위해서는 '정직'해야만 한다는 것이 핵심적인 가르침이었다.

이러한 의식을 좀 더 확실하게 일본 사회에 내재화시킨 사람이 곧 이시다 바이간으로, 그는 "형태에 의한 마음(心)", 즉 "형태(形態)=심(心)"이라는 공식과 "자제(自制)와 질서(秩序)"라고 하는 두 가지 발상으로 이를 설명했다. 즉

> "'자아는 만물의 하나다. 만물은 하늘(天)로부터 생긴 것이다. 네가 만물을 대하지 않고 무엇에 의해 마음을 일으킬 것인가? 만물은 마음이라는 것이다'라고 하며 '형태가 있는 자는 형태가 마음이라는 것도 알아야 한다. 수중(水中)에 있는 모기의 유충은 사람을 물지 않지만, 모기가 되면 순식간에 사람을 문다. 이것이 형태에 의한 마음이다. 이것이 자연의 이치로서 성인은 그러한 이치를 안다.' 그리고 이 원칙은 인간에게도 동일하여 인간이 사회질서의 기초가 되는 것이 인간의 형태이고, 이것이 곧 마음인 것이다"[16]

라고 하였다. 다시 말해서 '마음'은 곧 '내심(內心)의 질서'이고 '우주'는 곧 '천연(天然, 自然)의 질서'인데, 이 둘은 동일한 것이고, 이 두 가지를 연결하고 있는 것이 '형대'이며, 이 '형태'를 따르는 것이 '자연'인 것처럼 사람도 사회와 연결되는 것이 '형태'이고, 이 '형태'를 따르려는

---

16) 石田梅岩, 『都鄙問答』, 岩波書店, 昭和 45年, 참조.

[사진 20] '상인의 도'인 심학(心學)을 개척한 이시다 바이간

마음이 '자연'이며, 그것을 좇는 것이 '도(道)'이고, 그 이치를 알고자 연마하여 깨달은 자가 '성인(聖人)'이라는 것이었다.

이러한 사상을 현실 사회에서 활동하는 사농공상(士農工商) 각 계층에 흡수시켜 소위 일본인들의 '자본윤리'를 형성케 했던 것이다. 도쿠가와 막부시대는 제후(諸侯)에서 서민에 이르기까지 경제를 가르치고 '자본의 논리'를 따르지 않는 자는 파멸될 수밖에 없다는 것을 교육한 시대였지만,[17] 동시에 이 '자본의 논리' 위에다가 '자본윤리'가 수립되지 않으면, '자본의 논리' 자체가 붕괴 된다는 것을 가르쳤다. 다시 말해서 '우주의 질서'와 '내심의 질서'와 '사회의 질서'는 일치하고 있고, 또한 일치시키지 않으면 안 된다는 것으로, 그 표현이 주자학적이기는 하지만, 그의 세계관은 쇼산과 같은 선종적(禪宗的) 윤리관이었던 것이다.

이러한 인식의 논리 구조, 즉 성리학적 의식의 바탕 위에 불교의 종교적 요소가 가미된 유·불 사상의 조화적 인식이 일본 사회에 널

---

17) 「자본만이 이윤을 낳는다」라고 하는 원칙을 자주 쓰기 시작한 것은, 겐로쿠(元祿) 시대의 수필이나 소설을 보면 어디서나 볼 수 있다. 이들의 기록에는 당시의 현실을 두 가지 태도로 보고 있는데, 하나는 「자본윤리와 무사윤리」는 절대적으로 상반된다는 것으로 보고, 「자본의 윤리」를 惡으로 규정짓고 있으며, 이 윤리에 입각해서 행동하는 자를 경멸하고, 그 인격을 인정하지 않는다는 발상이다. 다른 하나는 어떻게 하면 일반사회에 이익을 가져다 줄 수 있겠는가를 탐구하려는 발상이다. 곧 현재의 입장에서 말하자면 「시민윤리」를 확립하고, 그것을 기초로 해서 「자본주의 윤리」를 확립하자고 하는 방식이다. 전자는 무사 계급들이 주로 대변했고, 후자는 일반 상인들의 자본윤리였다.

리 흡수되면서 서구의 근대적 자본 논리를 받아들일 수 있는 심리적 여유가 잉태되게 되었고, 이를 바탕으로 근대화를 이룩할 수 있게 되었던 것이다.

3. 청말 관념론적 유·불 사상의 비현실론

이에 비해 수천 년간의 유학적 의식구조에 의해 통치되어 온 중국은 서구의 충격에 의해 그러한 전통이 무너질 수 있다는 위기의식과 함께 그러한 충격으로부터 벗어날 수 있는 방법으로서 불교의 혁신 사상을 통해 시대적 변혁을 도모할 수 있는 이론적 근거를 수립하고자 했지만, 이러한 의식을 바탕으로 세상을 구하겠다는 구세사상을 현실화 시키는 데에는 여러 가지 한계와 모순이 있었으니, 본 장에서는 이러한 이론의 형성과 실천에 있어서의 문제점을 지적하여 중국에서의 근대화가 실현될 수 없었던 한계성을 검토해 보고자 한다.

1) 구세사상의 형성과 이론적 근거

불교가 추구하는 인생 가치관이나 생존의 가치를 추구하고 창조하는 관념은 어느 방면에서 말하더라도 삶에만 집착하는 인간의 에고이즘적인 입장을 부정하고 인류가 처해 있는 현실 세계에 대한 억울함을 달래주어 내면세계의 안위를 이끌어주기 위함에서 나타난 결과라고 할 수 있다. 다시 말해서 사회적 계급의 차이에 의해서 압박을 받으며 살아야 하는 피지배 계급 사람들의 고통을 달래주고 여기에서 벗어날 수 있도록 도와주어야 한다는 차원에서 출현한 것이라 볼 수 있다.

이러한 관념은 천하를 자신의 것으로만 인식해 오던 중국인들에게 침략의 아픔을 극복하려는 의무감을 갖게 된 근대 중국의 지식인들에게 암담한 현실을 벗어날 수 있는 새로운 이론의 서광을 불교에서 발견하게 하였다. 그것은 마치 자신이 구세주가 되어야 한다는 유혹을 떨쳐내지 못하도록 자신들을 채찍질하는 모양새가 되었던 것이다.

이러한 생각이 청말 지식인들 사이에 공통적으로 생성됐고, 그러한 사명을 다하기 위한 새로운 이론을 찾는 방편으로서 불학에 대해 연구하는 상황으로 전개되었으니, 당시의 지식인들이 이들 불학 이론을 가지고 정치적 개혁을 구상했던 중요한 원인이 여기에 있었던 것이다.

중국 지식인들의 전통적인 우환의식(憂患意識)과 사명감은 이미 어릴 때부터 잠재의식 적으로 뇌리에 박히게 되는 교육과 전통관습 속에서 성장해왔다.[18] 특히 청 말의 지식인들은 공양학(公羊學, 청나라 말기에 새롭게 『춘추』 해석서인 『춘추공양전』을 중시해 연구하던 학문)과 불전(佛典)에 관해 학습하는 것이 하나의 관행으로 되어 있었다. 공양학은 경세치용(經世致用)이 그 학문의 종지(宗旨)였고, 불전이 구국(救國)과 구민(救民)의 종지를 버린다면 불법은 아무런 의미를 갖지 못한다고 인식하고 있었다. 이와 같은 치세(治世)의 종지를 가진 공양학과 구국·구민의 깊은 뜻을 어릴 때부터 몸에 익히고 배워온 청말 지식인들에게는 청 말의 현실을 접하면서 이상적인 구세사상을

---

18) 梁啓超, 「三十自述」(『飮氷室文集』, 廣智書局, 1097, 이하 량치차오의 글은 이 책에 수록되어 있는 글을 참조함)

품게 되기에 충분했던 것이다.[19]

　이처럼 어릴 때부터 배워온 우환 사상은 성장하는 과정에서 접하게 되는 유·불 사상이 계속 집적되면서 날로 성장해 가게 되었던 것이고, 나아가 구세사상도 그들의 내심에 근본적으로 뿌리를 내리게 되었던 것이다.[20] 그러한 대표적인 인물들이 구세사상을 계몽하던 캉유웨이(康有爲), 그의 제자로서 구세사상을 완성한 량치차오(梁啓超), 종풍(宗風)을 강연하거나 저술하던 우옌저우(吳雁舟), 경세불학(經世佛學)을 유발시킨 탄스퉁(譚嗣同) 등은 모두가 당시의 지식인들에게 구세사상을 형성케 하는데 촉진작용을 하게 했던 인물들이었다.

　이 중에서 가장 대표적인 인물이 캉유웨이였다. 그는 불교 구제주의자로서의 이론을 체계화했고, 이러한 불교의 인생 가치관을 기초로 하여 대동사상(大同思想)[21]을 만들어 냈던 데서 알 수 있다. 그러한 캉유웨이를 스승으로 둔 량치차오는 그로부터 불학을 전수 받았고, 대동사상의 종지를 들은 후 불교의 경세적 작용을 완전히 흡수했던 것이며, 캉유웨이의 사상을 앞장서서 발전시키는 데 총력을 기울였다.[22] 그는 "국가를 위해 작은 나를 희생시켜 큰 내가 된다면, 나의 희생은 하나도 애석할 것이 없고, 국민을 위해 자아를 봉헌하여 성인인 내가 되는 것"을 원하는 단계에까지 이르렀던 것이다.[23]

---

19) 『中國近代史資料叢書』, "戊戌變法", 上海書店, 2006.
20) 金谷治, 『中國思想を考える』, 中公新書, 1993, 73-76쪽.
21) 청말의 정치 개혁론자인 캉유웨이가 정치의 이상으로서 대동의 세상을 목표로 해야 함을 주장한 사상으로, 『예기(禮記)』에 의하면 무차별·자유로운 평화사회를 대동이라고 했다.
22) 『汪穰卿先生師友手札』, "復頌兄書"
23) 梁啓超, 『論佛敎與羣治的關係』 출판 연대 불명, 圓山臨濟護國禪寺.

탄스통의 경세불학은 량치차오와는 달리 한편으로는 사회비판의식을 강화시켰고, 다른 한편으로는 사회를 개혁하는 주체가 된다는 의식으로 무장하여 사회활동을 통해 구체적으로 실시했다.[24] 이러한 그의 행동과 의식은 량치차오에게 큰 영향을 주었다.[25] 이것이 곧 량치차오가 말한 "비지쌍수(悲智雙修, 수행 정진하는 것과 일체중생을 이익되게 하는 것은 결코 두 가지 일이 아니다)"였다. 곧 유학 중 인지(仁智)의 대의를 불학으로 승화시켜 입세(入世)는 곧 출세(出世)이고, 정토(淨土)는 바로 세간(世間)에 있으며, 다른 사람도 곧 나와 같은 것으로 중생과 자신을 하나라고 여기는 사상을 주장했다. 그러한 주장의 중심은 바로 피안(彼岸)의 세계를 차안(此岸)의 세계로 되돌려야 한다는 것으로서 중생이 버려지면 나도 없다는 것이었고, 그 목적은 바로 자신이 살고 있는 현 세상의 사회를 개조하여 중생을 구원하고자 하는데 있었던 것이다. 이러한 의지는 그가 무술변법 운동을 진행하는 중에 병을 얻어 상하이로 돌아가는 배 안에서 동료들과 약속하는 말 가운데서도 충분히 엿볼 수가 있다. 곧 "가정을 파탄시키지 않고서는 나라를 구할 수 없고, 나 자신을 살신(殺身)하지 않고서는 성인(成仁)할 수가 없다"고 하였으니, 그가 말한 살신성인과 구국 구민은 그가 평생 활동하는데 있어서의 준칙이었던 것이다.[26]

이러한 량치차오의 구국·구민 사상은 불교의 "유루개고(有漏皆苦, 유[有] 현재의 혹[惑]과 업[業]으로 미래의 생과 노사[老死]의 고과[苦

---

24) 이명수, 『소통과 변통의 대동사상가, 담사동』, 성균관대학교출판부, 1911, 참조.
25) 梁啓超, 『譚嗣同傳』.
26) 荻保賢, 『論任公先生事略』.

果]를 초래한다)"라는 인생 가치관에 그 바탕을 두고 있고, 그의 이론적 근거는 "무명연기(無明緣起, 무명에 의해서 생사가 있는 것이지 생사가 본래부터 있는 것이 아니다)"에 있음을 알 수 있다.[27]

캉유웨이의 대동사상은 당연히 유·불 사상의 융합이고, 중서(中西) 사상을 합치시켜 놓은 것이었다. 즉 중국의 전통사상인 인본주의가 포함되어 있고, 또한 서방의 공상(空想) 사회주의적 색채를 갖추고 있었던 것이다.[28] 결국 이러한 사상이란 종교 정신을 근본으로 삼아 사회를 개조하는 표준으로 삼는 구세 방침이었던 것이니, 이러한 것이 바로 유·불 사상의 조화를 통해 정립된 구세사상이었다.

2) 구세사상을 실천하는 방법상의 모순

그러나 문제는 이들 청말 사상가들의 실천력에 있었다. 진정으로 그들이 구상하고 있던 구세사상을 자신의 희생을 무릅쓰고 실천했더라면, 중국이 반식민지국으로 전락하지 않고, 근대화 된 국가로 나아갈 수 있는 토대가 마련되었지 않았겠느냐 하는 생각을 점쳐 볼 수도 있었다는 말이다.

이러한 청말 지식인들의 개혁 사상에는 두 가지 측면이 있었다. 하나는 사상가의 예지로써 적극적으로 정치와 사회 개량 운동을 진행하여 국가와 민족의 발전을 진흥시켜야겠다고 하는 의지와 종교가로시의 열정을 가지고 게으름을 피우지 않고 문화·학술 면에 힘을 기울여 민지(民智)와 신민덕(新民德)을 개척하여 인류의 죄악을 생산하고

---

27) 麻天祥, 『晩晴佛學與近代社會思潮』, 臺北, 文津出版社, 民國81年, 230쪽.
28) 梁啓超, 『康有爲傳』民國87年, 廈門外圖集團有限公司.

사회를 부패시키는 원인을 소멸시키겠다고 하는 의지였다.

그러나 불행하게도 그들의 구세사상은 그들이 처하는 상황에 따라서 표현되는 방법이 달라졌던 것이다. 그것은 그들이 가지고 있는 우환 의식과 사명감이 "천하에 '도'가 있을 때는 '도'가 몸에 따라오게 하고, 천하에 '도'가 없을 때는 몸이 '도'에 따라가게 하라(天下有道, 以道殉身, 天下無道, 以身殉道)"[29]고 하는 관념 때문이었다. 이러한 관념이란 곧 그 뜻하는 바가 비록 모두 '도'를 이루는 형식이긴 했지만, 그 실천방법에 있어서 "겸선(兼善, 나뿐만이 아니라 다른 사람도 감화시켜서 착하게 함)"과 "독선(獨善, 자기 혼자만이 옳다고 믿고 객관성을 생각지 아니하고 행동하는 일)"을 통해 달리 행동했다는 데 문제가 있었다. 이러한 특징이 청말의 지식사상가들에서 잘 나타났고, 특히 불법에 대한 생각은 그러한 특징이 아주 명확하게 나타났던 것이다. 부연한다면, 그들은 중생을 계도한다는 마음으로 구국신민(救國救民)을 하기 위해서는 불법에 의지해야 만이 가능하다고 생각했으나 그러다가 뜻한 바대로 상황이 달라지거나 제대로 실행이 되지 않게 되면 그저 "보리수에서 일어나 열반에 드는 일" 정도로 불법을 대했던 것이다. 그렇기 때문에 그들이 구국·구민의 뜻을 두게 되는 전기에는 세상에 뛰어들어 동분서주하며 유신(維新)하는 일에 전력을 기울여 청 정부의 적폐를 개혁하려 했지만, 어려운 시기에 처하게 되는 후기에 이르면 마음을 '도(道)' 와 '예(藝)' 에 두고 '민기(民氣)'를 진작시켜 국가의 기초를 공고하게 하는 것으로서 자신들의 책임과 이상

---

29) 『孟子』盡心章句上, 第42章.

을 실천했다는 식으로 자신들의 처지를 대변했던 것이다. 물론 그 내면에는 자아완선(自我完善)의 인격을 추구하고 있다는 바를 표현코자한 것이지만, 청 왕조의 적폐를 개혁하고 외세에 대해 저항하고자 했던 초기의 능력은 상실되고 말았던 것이다.

한편 전기에 품고 있던 구세사상도 자신들 본인이 실행하고자 하지 않고 "시종일관 기득권을 갖고 있던 구세력에 의지해서 국가를 개량하고자 하였다"는 점에서도 그들의 구세사상에는 문제가 있었던 것이다.[30] 다시 말해서 변법 유신과 입헌을 통해서 구국하려는 정치적 방침을 사회적, 정치적으로 지위가 높은 구세력의 손을 빌려 실행하고자 기도했다는 점이다. 공거상서(公車上書),[31] 백일유신(百日維新, 戊戌變法), 위안스카이(袁世凱)의 손을 빌려 폐정개혁을 시도하고자 했던 것 등 모든 일이 이와 같은 방식에 의해 진행되었던 것이다.[32]

또한 그들은 정치의 기초가 사회에 있고, 사회의 기초가 국민에 있으며, 국민의 우열강약이 국민성에 있다고 보아 정치의 청탁, 사회의 흥쇠, 국가의 영욕 등이 모두 국민성에 의해 결정된다고 믿었으니,[33] 위정자인 군주 및 기존 세력에 대한 정치적 의무성이 너무나 강고하여 모든 잘못을 국민들에게 돌리는 모순된 사상을 몸에 지니고 있었던 것도 개혁을 이루지 못한 원인 중의 하나였다.

이러한 사상을 가지고 있었기에 그들은 정치적으로 곤란한 상황에

---

30) 梁啓超, 『外交歟內政歟』, 1921.
31) 康有爲가 작성한 1만7, 8천 자에 이르는 상소문에 과거에 응시하고자 북경에 온 1천3백여 명이 연서하여 집단으로 상소문을 제출한 사건을 말하며, 무술변법운동의 시발점이 되었다.
32) 梁啓超, 「論支那宗敎改革」, 『淸議報』, 1899년 사설.
33) 梁啓超, 「東南大學課畢告別辭」 『梁啓超文集 講演』 第9章

처하게 되면 현실에 부딪치지 않고 국민성을 계도하고 민기(民氣)를 높인다는 취지하에서 교육과 학술연구에만 주력하였던 것이다. 그러한 대표적인 처신을 한 사람이 량치차오였다. 그는 초기에는 적극적으로 정치에 참여하려 했으나 자신이 원하는 품계를 받지 못하거나, 자신의 의견에 반대하는 상대방이 있으면 자신의 본분인 정치를 멀리하고 그 직위를 고사하거나, 저술 혹은 사회교육 방면에 전념하는 식으로 자신의 처신 방향을 바꾸었던 것이다.[34] 이러한 처세는 결국 높은 지위에 올라 자신의 개혁 의지를 펴 보일 수 있는 기회를 잃게 되었고, 훌륭한 군주와 더불어 정사를 논할 수 있는 기회조차 얻지 못하는 결과로 이어졌다. 이러한 처신은 비단 량치차오뿐만이 아니라 몇몇의 지식인을 제외하고는 대부분의 지식인들이 거의 같은 형태를 보였던 것이니, 이들은 말로만 정치와 사회생활에 개입하려 했던 것이지, 애초부터 자신들의 개혁 의지를 실현할 수 없었다는 태도를 지니고 있었다고 비판받지 않을 수 없는 것이다.[35]

   그러나 이보다 더 큰 문제는 이러한 국내 상황에 대한 처신보다도 해외에 대한 견문을 가지고 있는 데다가 그들에 관한 서적을 많이 연구한 그들이 서구의 우월한 점이나, 그들의 신학문 등에 대해 저평가하고 자신들의 본래 사상에 머무르거나 합리화시키는 수준에 머무르고 있었다는 점이다. 그들은 국민의 '정신적 기아'를 구제할 수 있는 방법으로써 동방의 것, 즉 중국과 인도의 것이 좋다고 평가했

---

34) 麻天祥, 앞의 책, 236쪽.
35) 위의 책, 240쪽.

고.³⁶ 국민성을 개조하고 국민도덕을 증진시키는 가장 좋은 무기는 유학과 국학의 제2 원천인 불학이라고 보았으며, 이들 동방의 학문만이 오로지 민의(民意)를 진작시키고 배양시켜 국가의 기초를 굳게 한다고 주장하였던 것이다.³⁷ 이러한 청말 지식인들의 중체서용(中體西用) 사상은 중국의 현실을 정확히 판단하지 못한 것이었다. 따라서 그에 대한 대처방안도 제대로 찾지 못하고 있었다는 사실을 대변해 준다고 하겠다.

이상에서 살펴본 바와 같이 그들이 유불(儒佛)의 조화를 통해 구세하려는 자세에 대해서까지 비판할 필요는 없겠지만, 자신에 대한 안위의 필요성에 따라 행동하고 세계의 흐름에 대한 판단에 안이했다고 하는 것은 그들의 활동과 연구가 그저 청나라의 무능과 적폐에 대한 비판의 무기로써만 사용되었지, 사회를 개혁하는 무기로써는 작용하지 못했음을 대변해 주는 것이라고 하겠다.

그렇기 때문에 이들의 구세 의지는 애초부터 실패로 끝날 것이라는 결과를 지니고 있었던 것이고, 그럼으로써 청말 지식인들의 비극은 예고되고 있었음을 알 수가 있는 것이다. 결국 이러한 점들은 중국을 서구 열강의 반식민지로 전락시키는 결과를 가져오게 했고, 근대화의 꿈을 스스로 접게 하는 결과로써 나타났음을 알 수 있는 증거라고 하겠다.

---

36) 梁啓超,「東南大學課畢告別辭」, 앞의 글.
37) 梁啓超,「治國家的兩條大路」,「論支那獨立之實力與日本的東方政策」, 1920年.

4. 한말 독선적 소중화주의의 비극

조선의 경우는 적폐 개혁 및 근대화에 대한 양상이 중국과 일본과는 전혀 다르게 나타났다. 그것은 지식계층의 사상과 행동 양식이 중일 두 나라의 지식인들과 전혀 달랐다는 점이다. 예를 들면 유교사상에 바탕을 두고 정치에 참여하던 지식계층 중에, 불학이 가지고 있는 혁신 사상에 눈을 돌린 사람이 없었다는 점과 중국 지식인들의 의식성향을 추종하거나 의존하려는 자세만을 취해 서구적인 근대화가 아닌 중국식 개혁을 따르고자 했다는 점이었다.

다만 일부 지식인, 예를 들면 유대치(劉大癡), 최한기(崔漢綺), 오경석(吳慶錫), 박규수(朴珪壽) 등이 불교에 대해 관심을 보이기는 했지만, 적극적으로 그 정신을 취하려 하지 않았고, 오로지 유교적 관념 수준에만 머물러 있었다는 점을 간과할 수가 없는 것이다. 또한 이들은 대체로 역관 혹은 중인 출신들이거나, 진사가 됐어도 관직에 나가지 않았던 인물들이었기에, 이들이 사상적으로나 실천적으로 사회개혁이나 근대화를 이끌기 위해 앞장설 수 있는 입장도 못 되었다. 물론 이들이 중국과 일본을 통해 들어온 서적을 통해 신지식의 필요성을 느끼고 후일 개혁세력의 주체가 되는 지식인들에게 교훈을 주는 정도의 역할은 했지만, 시대를 변혁시키는 데까지 앞장설 수는 없었던 것이다. 그런 점에서 조선 말기 지식인들의 역할은 중일 양국의 지식인들에게 훨씬 못 미치는 작용을 함으로써 결국 조선을 멸망케 하고 근대화의 길로는 접근조차 못하는 한계성을 보여주었던 것이다.

이들 지식인들의 주자학 일존주의(一尊主義)의 사상적 근거는 '도통(道統)'이었다. 도통이라는 것은 유교의 도를 전한 성현의 계통을 말하는 것이다. 한말의 사상계를 장악하고 있던 화서학파(華西學派)가 지니고 있던 도통은 공자·맹자·주자·송자(宋時烈)였다. 이러한 화서학파의 연총(淵叢)이라 할 수 있는 이항로(李恒老)는 반양이적(反洋夷的) 양이론(攘夷論)을 주장했는데, 그것은 송시열의 반청적(反淸的) 양이론, 주자의 반금적(反金的) 양이론과 직결하는 것이었다. 송시열 이래 소중화(小中華)라고 자부해 온 조선에 대해 무력으로 도전해 온 서양은 곧 '양이(洋夷)'가 되었고, 교린국(交隣國)이었던 에도막부를 무너뜨리고 왜양일체화(倭洋一體化)가 된 메이지정부는 '왜이(倭夷)'로 전락하게 되었던 것이다.

이러한 위정척사사상(衛正斥邪思想)의 근저에 있었던 것이 '존화양이(尊華攘夷)'라는 명분론(名分論)이었다. 이러한 명분론에 바탕을 두고 있던 화서학파는 대중화(大中華)인 중국이 여진족에게 이적화(夷狄化)된 상황에서 '소중화'를 지킨다는 것은 조선만의 문제가 아니라 인류의 보편적인 사명으로까지 의식이 확대되어 있었던 것이다. 이항로의 문인이던 김평묵(金平默), 유중교(柳重敎), 최익현(崔益鉉), 유인석(柳麟錫) 등은 이 소중화라는 고루(孤壘)를 지키기 위해 죽음을 돌보지 않고 지켜야 하는 '반침략'과 '반 근대'를 주장하면서 반일의병의 선구에 서게 되었던 것이다. 이렇게 하는 것이 그들에게 있어서는 살신성인(殺身成仁)[38]하는 일이었다.

그러나 이러한 살신성인의 사세는 량치차오가 말한 살신성인과는 전연 다른 개념이었다. 앞 장에서 지적한 바처럼 량치차오를 위시한

---

38) 『論語』'衛靈公篇'

청말 지식인들의 살신성인 자세는 그래도 구세 구민을 위한 것이었지만, 한말 지식인들의 그것은 양이(洋夷)로부터 중화주의를 지켜내야 한다는 명분론에 지나지 않았던 것이다.

[사진 21] 소중화주의.

비록 인류의 마지막 남은 보루인 "소중화=조선"을 사수하겠다고 무기를 든 그 사명감은 비장했지만, 이러한 비극은 세계와 현실의 변화를 있는 그대로 직시하지 못했음을 말해주는 것이고, 송대의 주자학이라는 필터를 통해서만 세상 밖을 보았다는 것이 됨으로써, 세상 물정에는 전혀 어두웠다는 것을 대변해 주는 것에 지나지 않았다고 볼 수 있다. 한마디로 말해서 외세의 침략을 막아내고자 하는 데는 일조했는지 몰라도 조선의 미래에 대해서는 전혀 도움이 되지 않는 행동이었음을 알 수 있는 것이다.

웨스턴 임팩트라고 하는 것에 대한 조선의 대응책이 청국 일본과 전연 달랐다고 하는 점은, 병인양요와 신미양요 등 서양인에 의한 소요사건을 두 번이나 겪었으면서도 '무(武)'의 근대화라는 문제가 최우선 과제로써 전혀 제기되지 않았다는 점이었다. 물론 두 번의 양요를 기적적으로 이겨내기는 했지만, 그들이 가지고 온 '기(器)'와 '무(武)'에 대해 자세히 관찰하지 않은 채 서양의 과학과 병법 등에 대해 주의를 기울여 그에 대한 연구의 필요성을 제기한 사람이 하나도 없었다는 점은 중일 양국의 지식인들과 크게 차별되는 현상이었다.

단지 박규수 문하의 일개 서생이던 김윤식(金允植)이 친구에게 보내는 편지[39]에서 "다수의 병력보다도, 정교한 대포 하나를 구함이 낫다(不務兵多, 而惟求礮精)"[40]고 한 위원(魏源)의 말을 인용했던 점만이 유일한 지식인의 서구 문물에 대한 시각이었다. 이러한 상황은 당시의 지식인들이 여전히 유자(儒者)로서의 사고방식에 젖어 구태의연하게 '기'보다는 '도'가 위이고, '무'보다는 '문'이 위라는 '상문천무(尙文賤武)'의 '소중화' 의식에 빠져 있었음을 말해준다고 하겠다. 이러한 의식 속에서 근대화라는 개념이 세워질 리 없다는 것은 당연한 이치였다. 특히 두 번의 양요를 극복하면서 이들의 침략을 발본색원해야 한다면서 '양물근절론(洋物根絶論)'을 주장했던 사실은 이를 충분히 뒷받침 해주고도 남음이 있는 일이었다.

이러한 생각의 원전은 이항로에서 시작되었다. 이항로는 이기론에 대해서, '이(理)'는 "기(氣)를 통솔하는 주인(統氣之主)"이고, '기'는 "'이'

---

39) 金允植, 『雲養集』 卷之一一 '洋擾時答某人書'
40) 魏源, 『海國圖志』 '籌海篇'

를 담는 그릇이다(載理之氣)"라고 보았다.[41] 조선의 이기론에 담겨 있는 입장은 '이주객기(理主客氣)'였다. 이러한 '이'와 '기'를 어떻게 위치시켜 놓느냐 하는 것이 천하의 어지러움을 다스리는 것과 직결된다고 보았던 것이다. 이러한 의식을 바탕으로 '도(道)'와 '기(器)'의 상관관계를 위치시켜 놓은 것이 또한 서양을 보는 그들의 기본 시각이었다.[42] 다시 말해서 '도(道, 形而上學)'와 '기(器, 形而下學)'의 관계도 그 존비(尊卑)와 대소(大小)를 명확히 하지 않으면 안 된다고 보았던 것이다.

이러한 관념 하에서 서양의 상품(공업품)은 일상생활에 어떠한 도움도 되지 않는다고 하든가, 오히려 미풍양속을 어지럽히게 된다고 하는 식의 의식이 생겨나게 된 것은 어쩌면 당연한 일이었는지도 모른다. 곧 서양의 기교는 '기(奇, 괴상한 것)'이고, '음(淫, 음란한 것)'한 것으로서 정도(正道)에 반하는 것이라고 인식했던 것이니, 이것이 바로 위정척사파가 주장했던 '청빈(淸貧)'의 사상[43]이었다. 이러한 '청빈'이 의미하는 것은 바로 양이(洋夷)의 물건을 사용하지 않는다는 의미였던 것이다.

이런 점에서 조선말의 지식인들은 청정(淸淨)함을 지키고, '소중화'를 사수하는 것을 긍지로 삼는 가운데 다른 나라의 종교 문화가 들어오는 것을 막고 그들 나라와의 통상을 반대하며, 그들 나라의 선진기술에 눈을 돌리지 않았던 것이니, 근대화를 이루기는커녕 오히려

---

41) 李恒老, 『華西集』 雅言卷3, '臨川'
42) 위의 책, 卷之十 '尊中華'
43) 위의 책.

근대화의 길을 막는 우를 범했던 것이기에, 조선이 식민지국으로 전락되는 것은 당연한 역사의 수순이었다고 할 수밖에 없을 것이다.

또한 이러한 관념에 파묻혀 있던 이들이 조선왕조에서 줄곧 지켜져 내려온 억불숭유정책 하에서 자신들의 신념과는 배치되는 불학(佛學)에 관심을 기울이지 않았던 것도 당연한 결과였다고 하겠다.

5. 맺음말

아시아 세계를 구성하는 요소였던 유교와 불교는 한중일 삼국에서 특히 발달했고, 그것이 삼국의 발전에 미친 영향은 대단했음을 우리는 역사를 통해서 알 수가 있다. 그러나 그러한 요소들이 각국에 전해지면서 자연스럽게 각자의 생활환경과 정치적 상황 등의 변화에 따라 독특한 성격을 갖게 됐고, 나아가 독자적 문화로써 자리를 잡게 되었다. 그러나 그 본질까지 변화되었던 것은 아니었다. 그렇지만 19C 중엽 이래 서구의 새로운 문물이 전해지면서 그러한 공통적인 요소들이 질적으로 변화되기 시작했는데, 그러한 변화를 자국의 상황에 맞게 변화시킨 나라는 근대화를 이룩했던 것이고, 그렇지 못한 나라는 그러한 태도 변화의 정도에 따라 기존의 판도를 뒤엎는 반식민지 혹은 식민지국으로 전락해 갔던 것이다. 그 전자의 대표적인 나라가 일본이었고, 그 후자가 중국과 한국이었다는 사실은 모두에서 밝힌 바 있다.

이렇게 변화되어 가는 과정 속에서 각국의 지식인들은 그러한 변화의 문제점을 해소하고 나름대로 부국강병을 추구하기 위해 노력했던 것이니, 그러한 상황을 견디어 내고 이겨내기 위한 이념으로써 유교와 불교의 사상을 조화 내지 접목시키려고 노력했던 것이다. 그런 점에서 일본은 조선의 성리학을 받아들여 통치이념화 시키고, 기존의 불교 시스템을 활용하여 중앙집권적 통치를 해냈으며, 동시에 유·불 사상의 조화를 통해 서구의 충격을 흡수할 수 있는 내적인 역량을 강화시켰고, 나아가 그러는 가운데 생성된 선종(禪宗) 사회의 논리를 바탕으로 자본주의 윤리 체계를 정립시킴으로서 세계의 문물을 받아들이고 근대화를 이룰 수 있는 바탕을 마련하고 있었던 것이다.

그에 비해 중국에서는 유교적 사상과 행동 양식이 몸에 배어 있던 지식인들이 유교적 소양만으로는 서구의 침략에 대응할 수 없음을 알고 불교의 혁신적 이론과 유교의 전통성을 조화시켜 이를 통해 국민성을 진작시키고 자체적인 개혁을 통해 부국강병을 도모하면서 서구세력의 침략에 대비하고자 진력했다. 그러나 이들 지식인들은 실천적인 면에서 초기에는 적극적으로 참여하다가도 상대방과의 의견 충돌로 자신이 추구하는 바대로 나아가지 못하거나 혹은 자신이 생각하는 만큼의 위치에 놓여 있지 않았다고 생각할 때는 개혁에 직접적으로 참여하지를 않고, 간접적인 교육이나 저술 등의 방법을 택함으로써 결국 시대의 변화로부터 회피하는 경향을 띠게 되어, 중국을 반식민지 상황으로 몰아넣는 우를 범했던 것이다.

이들에 비해 유교적 도통(道統)을 지켜 중화주의를 사수하겠다고 하는 소중화주의적 자긍심에 도취되어 현실을 직시하지 못하고 세계 정세의 변화 혹은 서구의 문물에 대한 무관심으로만 일관함으로서 나라를 멸망시키고 식민지국으로 전락시키고 마는 비극을 연출해 냈던 것이 조선의 지식인들이었다. 특히 유교적 관념론에만 빠져 불교가 갖고 있는 혁신적 이론을 도외시함으로써 시대에 맞는 사상과 이념을 창출해 내지 못함으로 말미암아 제대로 된 개혁조차 시도해 보지도 못한 채 멸망하고 말았던 것이고, 근대화라는 당 시대의 세계적 사명에 눈을 돌린 지식인들을 하나도 배출해 내지 못한 채 식민지국으로 전락하는 전철을 밟아야만 했던 것이다.

한중일 지식계층의
반식민지론 성격

목차

1. 머리말
2. 일본 지식계층의 반식민지론 성격
3. 중국 지식계층의 반식민지론 성격
4. 한국 지식계층의 반식민지론 성격
5. 마치는 말

1. 머리말

19C 후반 한중일 삼국에서는 "어떻게 전근대적 사회로부터 근대화된 자본주의 사회로의 이전을 실현할 수 있을까?"라는 문제와 "어떻게 구미 열강의 침입에 저항해서 국가의 독립을 보장하고, 반식민지적인 민족위기를 극복할 것인가?"라는 문제를 둘러싸고 충돌하였다.

이러한 문제를 해결하기 위해 한중일 삼국의 지식계층은 총력을 기울이고 있었다. 그중에서 서구적 근대화에 적응하기 위해 이미 사회적 기초를 형성하고 있던 일본은 한중 양국보다 이미 근대화가 진행되고 있었다. 이에 비해서 중국은 중체서용(中體西用)·동도서기(東道西器) 등의 논리에 따라 자국의 전통적인 자긍심을 유지하면서 서양의 근대화적 요소를 접목시키고자 하는 정책을 취하였다. 그러나 이러한 방책은 그다지 효과를 올리지 못한 채 서서히 반 식민지국으로 전화되어 가고 있었다. 이러한 상황에서 중국과 일본의 동향을 살피면서 자구책을 강구하지 않으면 안 되었던 조선은 효과적인 방책을 취하지 못하고 점차 식민지국으로 전락해 갔던 것이다.

이러한 시대적인 환경 변화 속에서 한중 양국의 지식계층은 식민지·반식민지로 전락하는 것을 걱정하면서 반식민지론을 주장하기 시작했다.[1] 그러나 그러한 노력에도 불구하고 효과적으로 대적하지 못한 채 일본의 압박 하에 한중 양국은 일제의 식민지·반식민지국으로 나아가게 되었다. 그러나 일본도 주변국에 고통과 피해를 주며 구미 열강과 맞대응하다 결과적으로 패전을 맛보게 되어 역사적 죄인이 되고 말았다.

이러한 한중일 삼국의 역사적 모순은 오늘날 지역 간의 협력 공동체를 체결하면서 경쟁력을 높혀가고 있는 국제사회의 흐름에 동참하지 못하는 주된 원인이 되고 있다. 따라서 21세기 동아시아의 협력 공동체를 실현하기 위해서는 그 핵심적인 역할을 수행하지 않으면 안 되는 한중일 삼국의 역사적인 모순이 먼저 해결되지 않으면 안 되는 과제에 봉착하고 있는 것이다.

따라서 이러한 과제를 해결하기 위한 전초적 차원에서 한중 양국이 식민지·반식민지로 전락하기 직전의 위기상황에 봉착했던 20세기

---

[1] 한국과 중국의 경우 이 시기에 주장된 반식민지론은 아직 그 의미가 정립되지 않았기 때문에, 이 글에서 말하는 반식민지론이라고 하는 용어는 반제국주의론 내지 반외세론 적인 의미도 포함하고 있음을 주지했으면 한다.

초두의 현상을 직관하고 있던 한중일 지식계층이 일본의 식민지화 야욕에 대해 어떤 시각을 가지고 있었는지를 비교 분석하는 것은 하나의 중요한 방법이 아닌가 한다. 왜냐하면 이를 통해 오늘날 삼국의 공동협력이 제대로 구심점을 찾지 못하는 근원이 이러한 역사를 보는 당시 삼국 지식계층의 분기적(分岐的) 시각이 오늘날의 학계로까지 내면적으로 이어지고 있는 것은 아닌가 하는 우려를 금치 못하기 때문이다.

2. 일본 지식계층의 반식민지론 성격

청일전쟁과 러일전쟁의 승리와 한국을 병탄함으로써 제국주의 강국이 된 일본은 제국주의 사상이 한층 강화되어 가는 시기였다. 많은 일본국민은 구미 제국의 열강과 불평등조약을 감수해야 하는 고통 속에서 이제 아시아 제국을 침략하는 입장이 되었고, 국제 제국주의 열강의 대열에 참여할 수 있게 되었다고 생각하여 스스로 일본이 세계의 일등국으로 발전하는 시기에 이르렀다고 자만하게 되었다.

이러한 상황하에서 각 계층의 제국주의에 대한 인식, 식민지에 대한 인식은 어떠했을까? 또 이러한 인식의 근저에는 어떠한 것이 잠재되어 있었을까 하는 것을 명확히 하는 것은 일본의 제국주의가 팽창할 수 있었던 원천을 파악하는 중요한 열쇠가 될 수 있을 것이라고 생각한다.

이때 일본에서 반식민지론을 주장한 개인 혹은 단체는 사회주의자·기독교인·문학인·무정부주의자 등으로 집약되었다.

먼저 사회주의자를 대표하는 고도쿠 슈수이(幸德秋水)가 주장한 반전의 취지를 살펴보자.

> "전쟁의 목적은 식민지 및 신시장의 확장에 있고, 혜택을 보는 자는 오직 정치 자본가이며, 다수의 노동자는 아무 것도 할 수 없다."[2]

라고 했다. 이러한 사회주의자의 인식은 얼핏 보기에 반전·반식민지론적인 면도 포함하고 있다고 볼 수 있지만, 어디까지나 계급 간의 이해관계에 중점을 두는 주장에 불과했다. 즉 사회주의 이론에 입각한 이데올로기적인 요소를 가지고 강조했던 인식이고, 실질적으로 제국주의에 대한 강력한 비판의식은 매우 약했던 인식이었다고 할 수 있다.

물론 1905년 체결한 '을사늑약'의 논조에는 "그 황제와 그 인민을 가엽게 여겨 우리는 그들의 오늘날 심사(心事)를 생각하며 눈물을 흘리지 않을 수 없다"[3]고 하였고, "드디어 조선을 일본의 피보호국으로 하였으니, 오호라! 우리는 말로 다 할 수 없고, 쓸 수도 없으니 오직 악몽일 뿐이다."[4]라고 말하면서 일본의 강압에 의해서 체결된 '보호조약'에 대해서 동정심을 나타내기도 하였다. 그러나 이러한 태도는 약소국에 연대의식을 표명한 프로레탈리아 국제주의자의 임무감으로부터 벗어나려고 한 것에 지나지 않았나고 볼 수 있다.

---

2) 幸德秋水,「社會黨の戰爭觀」『週刊平民新聞』, 明治37年8月21日.
3) 『光』第1卷第2號, 明治38年12月5日.
4) 西川生,「日韓約款成る」『新紀元』第2號, 明治38年12月10日.

1907년 조선왕조의 '헤이그밀사사건'에 대해서 헌정본당(憲政本黨)을 비롯해 야당조차도 조선에 대해서 강경론을 제시했다. 그러자 사회주의자였던 기노시타 나오에(木下尙江)·사카이 도시히코(堺利彦)·니시가와 미츠지로(西川光次郎)·다가와 다이기치로(田川大吉郞)등은 '사회주의유지회(社會主義有志會)'를 만들어 한국 침략에 대한 질의문을 채택해서 제국주의 정책을 비판하면서 한국의 자유 독립을 요구했다. 나아가 그들이 출간하는『사회신문(社會新聞)』·『일간평민신문(日刊平民新聞)』·『신기원(新紀元)』등을 통해서 침략을 반대하는 주장을 높여나갔다.

그러나 이들의 이러한 주장은 소수의견에 불과했기 때문에 일본국민의 귀에는 거의 들리지 않았다.[5] 또 이들이 펴내는 사회주의 신문에서는 '사회주의 유지회'의 결의조차도 게재하지 않았고, 헤이그밀사사건에 대해서는 정식적인 논평조차 하지 않았다는 사실로부터 보더라도[6] 사회주의자들의 반전·반식민지론은 실질적으로 그들의 사상적 기조에 근거한 선전공작과 같은 면이 더욱 강했던 것이 아니었던가 라고 생각된다.

이러한 사회주의자들에게 제국주의 사상이 서서히 스며들어왔던 것은 당연한 귀결이었다고 하겠다. 시간이 지나자 그들의 사상 속에는 서서히 우월사상과 지도자 의식이 팽배해져 갔다. 이러한 상황하에서 식민지론에 찬동하는 부류가 나타나기 시작했고, 사회주의 계열의 신문에서는 대국주의(大國主義)·국권주의(國權主義)를 주장하는

---

5) 吉岡吉典,「明治社會主義者と朝鮮-日韓反對鬪爭によせて」『歷史評論』第178號, 참조.
6) 平田賢一,「朝鮮倂合と日本の世論」『史林』第57卷3號, 注13참조.

논설이 게재되기 시작했다. 이들의 논조에는 객관적으로 침략을 긍정하는 견해까지도 나타났다. 그 대표적 논설이 『평민신문(平民新聞)』의 영문란에 "Our Best Policy In Korea(朝鮮 統治 의 最良策)"라는 제목으로 실렸던 것이다.

> "우리들이 지금 취하지 않으면 안 되는 것은 조선으로부터 무엇을 얻을 것인가가 아니라, 조선인들이 그들 자신의 천연자원을 활용하기 위해 무엇을 해야 하는가 하는 것이다. 만약 제군들이 복숭아나 감의 풍부한 수확을 얻고자 한다면, 제군들은 먼저 밭을 일구지 않으면 안 된다. 이것이야말로 조선에서 채용해야만 하는 정책이다."[7]

이것은 식민지 국민을 멸시하는 제국주의적 논조였는데, 이러한 그들의 의도를 좀 더 명확히 밝힌 것이 다음과 같은 주장이었다.

> "팔도의 지사들이여! 시대는 지나가기도 했고, 시간도 늦었는데, 언제까지 국가에 연연할 것인가? 정부에 의지하려는 제군들의 경우는 이제 명확히 무정부 당이 될 수밖에 없고, 사회주의자가 될 수밖에 없는 것이다."[8]

이것은 억압받는 민족이 왜 민족 독립 투쟁을 하는 것인지, 그 본

---

7) 石母田正, 「幸德秋水と中國」, 『續·歷史と民族の發見』(東京大學出版會, 1953年).
8) 『熊本評論』 明治40年8月5日.

질적인 과제는 무엇인지를 충분히 이해하지 못하고 쓴 견해였다고 할 수 있다.[9] 이러한 점은 제2인터내셔날 7회 대회에 참가한 가토 도키지로(加藤時次郞)가 식민지 문제를 논하면서도 한국 문제에 대해서는 전혀 언급하지 않았던 점과도 연관된다.

그러나 이러한 면을 보이면서도 사회주의자들은 당시까지는 일본 제국주의의 한국 침략에 대해 계속해서 반대했던 면도 있었다. 이러한 그들의 태도가 급격히 변했던 것은 안중근 의사의 이토 히로부미에 대한 거사 의거 이후의 일이었다. 이 의거 이후부터 그들의 태도는 급변하여 '동화정책'을 지지하는 방향으로 급선회 되어 갔던 것이다. 이러한 상황을 극명하게 보여준 것이 당시 사회주의 계열의 신문인 『주간사회신문(週刊社會新聞)』에 실린 "日韓倂合と我責任(한일병탄과 나의 책임)"이라는 제하의 논설이었다.

"일한합병은 사실이 되었다. 이것의 가부를 운운할 때는 아니다. 오늘날의 급무는 조선을 통치하기에 즈음하여 교묘한 수단과 방법을 사용하는 것이다. 그들이 동화될 것인지 아닌지 하는 것은 문제될 것이 없다. 조선인에게 반드시 함께 부여하지 않으면 안 되는 것이 하나 있다. 이 하나를 부여하지 않는다면 그들은 우리에게 화를 줄지도 모른다. 골칫거리가 될지도 모른다. 그 하나라는 것이 무엇인가 하면 다른 것이 아니라 일본제국 신민으로서 독립하는 것이다."[10]

---

9) 石母田正, 앞의 논문 참조.
10) 「日韓合倂と我責任」, 『週刊社會新聞』 1910年 9月 15日.

즉 그들에게는 프로레탈리아 혁명만이 목표이고, 약소국가의 독립 문제에는 전혀 관심이 없었다는 것을 표했던 것이다.

이러한 사회주의자들의 급격한 의식변화는 지금까지의 반전·반식민지론자로서의 이미지를 크게 훼손시키는 것이었다. 이러한 청일전쟁 이후부터 지속적으로 주장해 온 반전·반식민지 및 병합반대론은 그들 내부의 사상적인 갈등 사이로 흘러들어온 제국주의적인 대국주의 및 지도자 의식이 서서히 높아져 가고 있었음을 의미한다. 이와 함께 일본 내에서 일어나고 있던 '대역사건'[11] 이라는 명의하에 진행되고 있던 대 탄압 속에서 자기 자신의 위기감에 속박되는 바람에 자신들의 존재감을 완전히 잃어버리고 말았다고 할 수 있는 것이다.

그것이 한일병탄과 전후 사회주의자가 '한국인의 동화'를 주장하게 되는 배경이었다. 합방 이후에는 반제·반침략이라고 하는 입장에서의 비판은 완전히 소멸되었고, 그들 이데올로기 책략의 하나였던 한국인과 유대해야 한다는 연대 사상도 없어졌으며, 더욱이 국민에 대한 인간적인 동정심조차 잃어버리고 말았다.

반전·반식지론을 주장한 대표적인 단체로서 기독교계도 들 수 있다. 기독교계의 지식인 중에는 가이와기 기엔(柏木義円) 같은 합병을 비판했던 인물도 있었지만, 기독교계의 간부였던 에비나 단죠(海老名彈正)·우에무라 마사히사(植村正久)등은 사회주의자들과 마찬가지로 합병을 지지했다.[12] 이러한 기독교계의 한일병탄에 대한 지지 배경은

---

11) 대역사건(大逆事件, 타이갸쿠지켄) : 일본의 과거 형법에 규정된 천황, 황후, 황태자 등에 대해 위해를 가하거나 모의한 대역죄에 관한 사건들을 말한다.
12) 松尾尊兌,「日本組合基督敎會の朝鮮傳道」『思想』1968年 7月, 吳允台,『日韓キリスト敎交流史』 68, 參照.

러일전쟁 이후 기독교계의 한국 문제에 대한 견해표명에서 알 수 있다. 러일전쟁 이후 기독교계의 한국 문제에 대한 반응은 극히 적기는 했지만, 그중에서 한국 문제에 대해 약간이라도 논설을 실었던 것이 『리쿠고잡지(六合雜志)』(메이지 13년[1880]에 도쿄에서 발행된 기독교 정기 간행물)였다.

이 잡지의 사론에 게재한 "한국에 있어서 기독교의 전도"라는 제목의 내용은 노골적으로 한국을 멸시하면서 한국을 지배하기 위해 전도하지 않으면 안 된다고 주장했다.[13] 이러한 주장은 한국에서의 전도(傳道)를 위해 조선총독부에서 자금 원조를 받았기 때문이라고 변명은 하지만, 이후 서울에 주재하면서 활동한 목사들의 논설에서 식민지 지배에 찬동하는 의사를 확인할 수가 있다.

"사리와 형세가 그러한데(식민지 지배는) 인(仁)에서 벗어나고, 의(義)에서 벗어나는 마키아벨리즘의 발현(發現)에 불과하고, 실은 인륜적 제국주의의 발동에 지나지 않는 것이다."[14]

이러한 논리는 종교적인 양심조차 없었던 기독교계였다는 것을 말해준다. 물론 그들이 일본조합기독교 계열의 일부라고는 할지라도 이것은 기독교 정신을 오해한 기독교계의 당시 상황을 대변하고 있음을 엿볼 수 있게 하는 것이다.

---

13) 三竝良, 「韓國に於ける基督敎の傳道」 『六合雜誌』 明治42年5月1日.
14) 山田侃, 「朝鮮の竝合と宗敎問題」 『六合雜誌』 明治42年10月1日.

이를 확인해 준 인물이 일본 기독교계의 대표적 인물이었던 우치무라 간죠(內村鑑三)였다. 우치무라 간죠는 청일전쟁까지는 주전론자였다. 그는 청일전쟁에 대해서 "조선의 독립과 안전을 유지하고" "중국에 대해서 우리와 협력하여 동양의 개혁에 종사해야 한다"고 말하면서 '정의의 전쟁'이라고 주장했다. 이러한 상황 중에 그는 승리의 결과로서 영토와 배상금의 획득에 열광하고 있는 일본인의 모습을 본 이후부터는 일본 제국주의의 행태에 대해서 실망하기 시작했다.

그는 『근시잡감(近時雜感)』에서 청일전쟁은 '의전(義戰)'이 아니라 '약탈전'이었다고 말하면서 "일본인은 충군(忠君)이고, 애국이라고 말하면 반드시 외국과 싸워야 한다는 교육을 받으며 자랐다"고 자학했다.[15] 이것을 계기로 해서 그는 비전론자로 되었지만, 그의 초기 인식은 식민지론을 옹호하는 입장이었다. 이것이 일본 기독교계에 커다란 영향을 미쳐서 그는 조선을 병탄하는 것은 당연히 해야 할 일이라는 인식을 넓혀준 인물들 중 한사람이었다.

이처럼 양심적인 일본의 지식계층도 청일전쟁 때에는 대부분 천황제 정부의 식민지 정책을 옹호하는 국수주의적인 의식구조를 가지고 있었다.[16] 이러한 모습을 대표적으로 보여주었던 사람이 이시가와 다쿠보쿠(石川啄木)였다.

---

15) 內村鑑三, "Justification for the Korean War" The Jaoan Weekly Mail(鹿野政直, 『日本近代思想』, 岩波新書, 2002年, 57쪽.
16) 久保井規夫, 『入門朝鮮と日本の歷史』(明石書店, 1968年), 82쪽.

이시가와 다쿠보쿠는 일본 현대문학에 신선함을 가져다 준 반전론자로서 일본 민중의 양심을 대표하는 인물이었지만, 메이지 43년 (1910) 겨울을 전후해서 사상적으로 대전환을 하기까지는 같은 류의 국가주의자에 지나지 않았다. 당시까지 그는 매우 호전적인 일본 제국주의 정책의 옹호자였다.[17] 그는 이토 히로부미의 추도문에서 다음과 같이 묘사하였다.

> "독일의 건국은 비스마르크의 철혈정책에서 비롯되었다. 그리고 신 일본의 모습은 실로 공(이토 히로부미)의 진정에 의해 만들어졌으며, '우리는 온화한 진보주의'라고 평가하면서 공의 일생에서 심대한 의의를 발견하게 되어 그에 대한 우리의 애도가 더욱더 깊어지고 있으나, 다만 우리가 이렇게 애도만 할 것이 아니라 책임자였던 그의 방법이 틀리지 않았다는 것을 바라야 할 것이다."[18]

이러한 그의 제국주의자에 대한 태도는 그가 피해국 국민의 심정을 이해하지 못했다는 것을 의미하면서 그의 사상과 주의가 민족 국가주의 및 제국주의에 의거해서 형성되었다는 것을 알 수 있다. 이러한 점에서 그가 한국이 병탄되는 것에 이르러 '9월 밤의 비평화'라는 제목의 시를 통해서 한국의 비운을 슬퍼하면서 제국주의의 횡포에 반대하는 사상적인 대전환을 했다 하더라도 지배민족의 시인이었다

---
17) 石母田正, 「啄木補遺」『石母田正著作集』 第15卷, (岩派書店, 1990年) 223-225쪽.
18) 위의 책, 263쪽.

고 평가받지 않을 수 없는 한계가 있었다고 볼 수 있는 것이다.

한편 사회주의자이면서 무정부주의자를 주창하던 고도쿠 슈수이(幸德秋水)의 반전·반식민지론에도 한계가 있었다. 즉 그의 반식민지론에는 정확한 이론과 방향이 없었다는 점이다. 이러한 점은 민족문제에 대한 정확한 방침을 갖고 있지 않았던 무정부주의자들의 자체적인 문제도 있었

[사진 22] 일본 국민시인으로 칭송 되는 이시가와 다쿠보쿠(石川啄木)

지만, '국가적 관념의 부인'이라고 하는 관념만으로 식민지적 굴욕을 벗어날 수 없었다고 하는 그의 사상체계는 공상적이고 비과학적이었다고 평가해야만 할 것이다.

> "이를 세계의 역사에 비추어서 우리나라의 장래를 고려해 보면, 조선을 영원히 굴욕케 하기보다는 이를 벗어날 수 있도록 하는 것이 오로지 하나의 길이라는 것을 자각하지 않으면 안 되는데, 이 길이란 바로 '국가 관념을 부인'케 하는 것 그것이다."[19]

이러한 관념 체계 속에서 그가 제시한 한국민족의 해방을 위한 실

---

19) 위의 책, 328쪽.

천적 방향은 다음과 같은 것이었다.

> "오늘날의 조선을 어찌 고대의 유태가 아니라 할 수 있겠는가? 이에 주목해서 초국가적 대사상을 갖고 이 나라를 이끌어 인류는 같은 친구라는 대 열정을 가지고 하늘이 나라를 망하게 한 조선이 평화를 되찾기를 기다려야 한다는 직분을 결코 홀시해서는 안 된다는 것을 느껴야 하지 않겠는가? 어느 때 이 반도의 일각에서 그에게 평화를 되찾게 해야 한다는 대 예언자의 소리가 들리기를 견지메 하지 않으면 안 될 것이다."[20]

이러한 실천 방향은 역시 지배민족으로서의 무정부주의자였다는 것을 보여준다. 여기서 고도쿠 슈수이가 지니고 있던 반식민지론의 한계를 느낄 수 있는 것이다.

이 외에도 한국에 대해서 온화주의자로 알려진 이누가이 쯔요시(犬養毅)나 '일한동조론(日韓同調論)'에 비판적이었던 역사학자 시라토리 구라키치(白鳥庫吉) 등도 결국 병탄되는 시점에 이르러서는 종래의 비판적인 입장에서 한국을 하나의 나라로서 인정하지 않거나,[21] 병탄을 일본의 역사 위에서 특필할 수밖에 없는 대사건으로 보아야 한다는 견해를 피력했다. 이렇게 합병에 동의한 것은 일본 지식계층의 이

---

20) 위의 책, 329쪽.
21) 『東京日日新聞』明治43年8月25日.

중성을 대변한 것이라고 말할 수 있는 것이다.[22]

3. 중국 지식계층의 반식민지론 성격

의화단(義和團)·자립군(自立軍)·혜주봉기(惠州蜂起) 등 주체·목표·방법이 각각 달랐던 3번의 무장봉기가 계속적으로 일어났던 20세기 전후는 중국 근대사의 전개에 커다란 의의를 가져다주었던 두 가지의 현상이 있었다.

첫째는 제국주의 세력의 중국에 대한 침입과 강화에 의한 중국의 반식민지화 가능성이었다.[23] 이러한 과정에서 수구파의 관신(官臣)계급은 맹목적인 배외주의자로부터 대외 타협자로 변화했다. 이러한 변화는 열강 정치세력의 베이징 중앙으로의 침투를 보여주는 것이었고, 제국주의 세력이 중국 내부에 깊이 들어간 지반을 형성하는 기회를 주었다.

둘째는 이러한 반식민지로의 변화과정에서 새로운 혁명세력의 대두가 시작되었다. 그들은 수구파 민족진영으로부터의 탈락과 의화단 탄압의 과정을 통해서 스스로 운동 방향을 '부청멸양(扶淸滅洋)'에서 '반청멸양(反淸滅洋)'으로 자각적인 전환을 추구하였다.[24] 또 광서제의 내정개혁이라는 기치 아래 캉유웨이와 량치차오를 정점으로 한 자립군(自立軍)의 무장봉기를 아메리카대륙에서 주목하고 있던 화교들이 이 자립군이 오히려 역적으로 오인되어 탄압을 받고 있는 것을 알고

---

22) 平田賢一,「明治社會主義者と朝鮮 日韓反對鬪爭によせて」,『史林』第57卷3號, 199쪽.
23)「辛丑條約」第10條.
24) 章炳麟,「駁康有爲論革命書」,『太炎文錄初篇』 卷二.

중국인이 가야 할 방향은 개혁만이 아니라 혁명의 길밖에는 없다고 생각하기 시작하여 캉유웨이 등에게 호소하게 되었다는 점이다.[25]

그러나 이들 수구파와 개혁파의 국제적인 시각은 여전히 중화주의 사관에 멈춰 있었기 때문에 중국이 맞이하고 있는 위기에 대해서는 실감을 하지 못하는 상황 그대로였다. 이러한 의식 속에서의 개량주의 내지 개혁주의는 당연히 한계가 있었기 때문에 이러한 국면을 타개하려고 하는 새로운 의식을 갖는 선구자들이 나타나기 시작했다. 그 대표적인 선구자는 대체로 3개 파로 나눌 수 있다. 즉 수구파와 개혁파의 대립 속에서 객관적으로 중국의 현실에 대해 위기감을 느끼고 귀국과 함께 통일전선을 호소한 유학계열과 혁명을 기치로 등장한 쑨원(孫文)을 중심으로 한 혁명파, 그리고 이러한 혁명파의 모순에 대해서 새로운 이데올로기의 응용을 통해서 당시의 난국을 타개하고자 한 공산주의 계열 등이 그들이었다.

이 세 계층은 비교적 국제적인 흐름에 주목하면서 중국의 현실을 관찰하고 있었다. 그중에서 그들은 중국이 반식민지화 되어가는 상황을 보고 반식민지론을 주장하면서 새로운 중국의 건설을 호소하였다.

먼저 유학생계열의 현실의식을 대표적으로 보여준 인물로는 일본에서 유학하고 있던 천톈화(陳天華)였다. 당시 그의 정치 인식은 19C 이래 진행되어 온 '제국주의 침략의 격화=중국의 위기'라는 공식 속에서 형성되었다. 즉 열강의 중국에 대한 야심을 최대 위기 요소로 보

---

25) 康有爲, 「答南北美洲諸華僑論中國只可行入憲不可行革命書」 『不幸而言中不晴則國亡』.

고 그들에 대한 적개심을 불태우고 있었다. 그와 함께 그는 확고한 중앙정권의 확립이 무엇보다 중요하다고 강조하면서 이를 위해서는 국내의 모든 세력이 일치단결해서 제국주의 세력에 저항해야 한다고 했다. 소위 구국 통일전선의 결성을 호소했던 것이다.[26] 그러나 그의 현실감은 당시의 정치 상황에는 맞지 않는 감성적 구국론 내지 반식민지론이었다고 할 수 있었다.

이에 대해서 중화민족 혁명의 선구자인 쑨원(孫文)은 전제왕권을 부정하고 공화 혁명을 이뤄내야 한다고 주장했다. 이러한 그의 주장은 지금까지의 논리와는 전혀 다른 차원의 구국론 내지 반식민지론이었다.

[사진 23] 일본에 있는 쑨원(孫文) 기념관.

---

26) 「猛回頭」『鄒容與陳天華的思想』(上海人民出版社, 1957年) 參照.

그러나 그에게 있어서의 문제는 그의 혁명론이 일본의 메이지유신을 귀감으로 하고 있었다는 점이었다. 왜냐하면 그가 혁명을 성공적으로 이끌었지만, 자신이 의도했던 것처럼 신중국을 이끌어나갈 수 없게 되었기 때문이었다. 그렇게 된 가장 큰 이유는 메이지유신이 일어난 역사적 과정에 대해서는 거의 연구를 하지 않고 단지 일본 사회의 변화만을 보고 이를 이해하려고 했었다는 데 있었다. 그 때문에 그는 일본 세력을 이용해서 본국의 통치자를 궁지로 몰리게 하여 몰아내는 혁명을 선택했던 것이다. 이것이 바로 결과적으로 중국을 반식민지 국가로 전락시키는 가장 큰 요소가 되었던 것이다.[27]

이러한 쑨원의 잘못된 선택은 그의 일본에 대한 인식 부족에서 시작된 것이 아니라 오히려 너무나도 잘 인식하고 있었기 때문에 나타난 문제였다고 할 수 있다. 이러한 점에서 볼 때 그의 책략은 실용주의적 책략이었다고도 말할 수 있겠지만, 그의 목적과 수단이 조화를 이루기 위해서는 일정한 조건이 필요했었는데, 그럼에도 불구하고 그러한 조건을 만드는 일이 당시에는 불가능했었다는 점을 도외시했던 쑨원의 혁명역량에는 한계가 있었다고 말할 수 있을 것이다.[28] 그 때문에 쑨원의 반식민지운동은 곧 종지부를 찍지 않으면 안 되었다. 이러한 영향은 이후 국민당의 정책 노선에 영향을 미처 국공 대결이라는 기본구도를 형성케 함으로써 결국 일본의 식민지인 만주국의 건

---

27) 俞辛淳, 「日帝와 反植民地 民主運動　金玉均과 孫中山의 對日關係 比較」(韓國民族運動史研究會, 『韓國獨立運動史의 再照明 日帝侵略와 愛國啓蒙運動』, 1982年), 164쪽.
28) 이러한 조건이라고 하는 것은 대중의 지지를 얻는다고 하는 것과 이러한 지지를 얻기 위한 실천과정에서 자신의 열악한 정치세력을 확대발전 시키길 수 있었지만, 일본 세력을 끌어들였기 때문에 오히려 자신들의 역량을 감소시키는 결과로 나타났던 것이다. 이러한 악순환은 이후에도 계속되었다.

립을 가져오게 하였다.[29]

이러한 국민당의 모순적 반식민지론에 대해서 비판을 가했던 인물이 중국 공산주의 대부로 추앙받고 있는 리따자오(李大釗)였다. 그는 처음부터 다음과 같이 주장했다.

"제국주의 침략 때문에 국내의 모든 문제는 그 하나하나가 질적으로 중대한 문제가 되고 있다. 이것이 민국 건설의 전도를 어둡게 하는 것이라고 말해도 좋다. 이러한 모든 문제는 국민당이 주도하는 신 정국에서 연유되고 있다."[30]

즉 민생을 풍족하게 하기 위해서는 평화적으로 통일된 조국 건설이 필요하다고 강조했던 것이다. 이를 위해서는 인민 자신의 힘에 의한 정치, 인민 자신이 지키지 않으면 안 되는 민족의 분쟁, 풍족하여 행복한 생활의 실현을 염원해야만 한다고 말했다.[31]

이러한 리따자오의 주장은 국공합작을 통해서 제국주의 세력에 저항하기 위한 통일전선이 실현되기 전에 먼저 인민이 전면에 나서서 인민 자신이 갖고 있는 권리를 쟁취해야만 한다는 것이었다. 이것을 보면 그는 아직 당시 중국의 현실과 국제적 상황의 흐름에 대해서 충

---

29) 국·공 대결은 일본이 만주를 침략하자 이를 물리치기 위한 중국 국민들의 국·공 양당의 연합 항일을 호소하지만, 이것이 국민당의 거절로 와해 되자 동북지역의 군벌 장쉐량(張學良)이 자신의 관할지가 상실되는 것을 우려하여 국민당 장제스(將介石)를 납치하여 항일을 독려하고자 일으킨 시안(西安)사변의 원인이 되었다.
30) 「隱憂論」,『言治月刊』第3期, 民國13年4月1日.
31) 그러나 이러한 운동이 완전히 종막을 고한 것은 아니고, 이들 사상과 정신이 이후 반식민지운동에 계승되면서 독립운동의 모체로서 전화해 갔던 것이다.

분한 인식이 부족했다는 사실을 엿볼 수 있다.

이러한 그의 사고와 주의는 이후 국내 전쟁의 변화와 함께 인민의 힘에 의해서 국민당에 저항하고자 했던 것임을 알 수 있다. 그리고 이러한 인민의 힘을 자기 쪽으로 끌어들이기 위해 국민당이 등한시하고 있던 반제국주의 운동을 넓혀나가면서 농민 민족주의를 널리 확장시켜 자신들의 세력기반을 확대해 나가려고 했었다는 것을 알 수 있다.

이러한 점에서 공산당의 반식민지론도 결국은 중국 내에서 자신의 정치기반 및 세력을 공고히 하기 위한 하나의 방법으로서 호소했던 것이지, 근본적으로 제국주의 침략에 저항하기 위한 반식민지론은 아니었다는 것을 알 수 있다.

이러한 중국 지식계층의 반식지론은 국내에서의 정치적 투쟁에 대항하기 위한 하나의 방편으로서 대두했던 것이고, 근본적으로 5·4운동 이후 나타난 반제국주의운동과는 전혀 그 성격이 다르다는 것을 알 수 있다. 그러한 지식계층의 인식 위에서 중국이 반식민지국으로 전락해 버리고 말았던 것은 그리 이상한 일도 아니었음을 알 수 있다.

4. 한국 지식계층의 반식민지론 성격

19C 후반에 들어서자 한국 사회는 대대적인 위기를 맞이하게 되었다. 그것은 자주적 입장에서 국내의 제반 문제를 해결해야 하는 동시에 외세의 침략에 대해 현명하게 방어하지 않으면 안 되는 어려운 상황을 맞이하게 되었기 때문이었다. 이러한 위기상황을 해결하기 위

한 세 부류의 움직임이 나타났다. 첫째는 개화사상을 현실적으로 실행하고자 하는 움직임이었고, 둘째는 외압의 세력에 반대하는 정통 보수주의자들의 위정척사사상(衛正斥邪思想)의 흐름이었으며, 셋째는 자주와 개혁을 동시에 요구한 민중사상의 흐름이었다.

그러나 개화파는 개혁의 과제를 어느 정도 수행은 했지만 외세에 영합하는 자기모순을 나타냈고, 위정척사사상은 외세에 대한 강고한 저항은 수행했지만, 국내 개혁에는 오히려 방해를 하는 세력이 되었다. 이에 대해 민중사상의 흐름은 대세를 장악하기 위한 세력을 형성하지 못했다. 이러한 혼란 중에서 1910년 일본의 식민지로 전락하고 말았다는 것은 이 세 부류의 운동이 모두 실패했다는 것을 의미하는 것이라 하겠다.[32]

20세기 초기의 상황 속에서 이들 세 부류의 계층을 대표했던 한국의 지식계층은 어떠한 논리를 가지고 반식민지운동을 전개했었는지, 그 성격에 대해 분석해 보면 다음과 같다.

개화파의 선두주자였던 김옥균(金玉均)은 국가의 독립과 민주개혁을 외친 선구자였다. 이 때문에 그는 군주를 중심으로 하는 사회개량을 주장했는데, 그 개량의 모델로서 쑨원처럼 메이지유신을 택하였다. 그것도 쑨원처럼 메이지유신에 대해서 연구도 하지 않은 채 그 형식만을 보고 이를 모델로 해서 개혁을 추구했던 것이다. 그리하여 일본의 원소와 협력을 기반으로 하여 행했던 것이 바로 갑신정변(甲申政變)이었다.

---

32) 兪辛淳, 앞의 논문, 163쪽.

이 과정에서 쑨원과 달랐던 점은 일본의 대내적인 근대화를 성공시키기 위해 행했던 메이지유신은 서양 제국주의 열강의 대외적인 침략에 대항하기 위한 하나의 방법이었는데, 이러한 대외적 침략의 위협을 김옥균은 어느 정도 인식했던 점에 대해서, 쑨원의 인식에는 이러한 인식이 없었던 것이다.[33] 즉 일본이 취한 대외적인 침략에 대응하기 위한 조치로서 대내적인 근대화를 촉진케 하려 했다는 상부상조적 보완관계의 이중 구조를 인정했다고 하는 점이다. 당시 조선은 일본과 서구 제국주의 세력 외에도 청나라와의 전통적인 종속관계가 존속하고 있었기 때문에 개혁파는 중국의 간섭을 배척하기 위해서는 일본의 중국에 대한 공격을 인정하지 않으면 안 되었기 때문이었다. 이러한 시대적 상황에서 나타난 개혁파의 반식민지론은 미약한 자기 세력을 지원해줄 일본의 협력에 의한 개혁을 통해 시대적인 사명을 수행해야 했다는 자기모순을 갖는 논리였다.

이에 대해서 위정척사파를 대표하는 최익현(崔益鉉)의 반식민지론은 다음과 같은 논지였다.

"왜인은 도망한 개화파를 10년이나 안아 키웠다. 우리들에게 변화가 나타난 기회를 타고 개화파들을 뒤 차에 태우고 먼저 군사로써 위협하여 그들이 권세를 취해 전제하도록 했으며, 처음부터 끝까지 음모를 꾸미는데 협력해 주었고, 두 번 세 번 보호해주면서 이를 감춰주었는데, 고금천하에 이

---

33) 「請討逆復衣製疏」(1895年 6月 26日) 『勉菴集』 卷4.

런 악랄한 형제가 있을 수 있겠는가? 바라는 것은 먼저 저들이 공법(公法)을 지키지 않고 조약을 위반한 것과 이웃 나라를 모독하고, 역적을 도와준 죄를 묻고자 하는 것이며, 동맹국에 알려 그들 정부에도 공문을 보내 천하가 왜인의 죄는 천지 간에 용납되지 않는다는 것을 명확하게 알게 하는 것과 만국이 공공연하게 보고 듣고 있는데, 어찌 이들의 죄목을 들어 엄하게 꾸짖고(討罪) 분개하며 증오하는 것을 함께 하는 자가 없는 것인가?"[34]

저들은 명나라가 멸망한 이후 조선만이 중국의 문화전통을 계승한 천하 유일의 문명국이라고 하는 배타적 문화 자존론(自尊論)과 동양의 유교 문화가 서양의 물질문명보다 우수하다고 하는 입장에서 개화파의 행동을 매국 행위로 간주한 철저한 전통보수주의자들이었다. 그럼에도 불구하고 일본 제국주의의 침략에 대응하기 위해 만국공법(萬國公法)과 조약 문안을 동원한 기동력은 보이고 있었다. 그러나 구체적으로 국제법이 어떻게 이용되고 있는지, 또 법에 대한 충분한 지식도 없이 단순히 자신에게 유리한 해석만을 동원해서 제국주의에 저항했다는 것은 그들 반식민지론의 한계를 보여주는 것이라고 하겠다.[35]

이들 양대 세력과는 달리 민중에게 반식민지론을 호소했던 지식인으로서는 역사학계의 대표자였던 신채호(申采浩, 1880~1936)와 불교

---

34) 糟谷憲一,「甲午改革後の民族運動と崔益鉉」,『韓國開化史의 諸問題』(一潮閣, 1986年), 236쪽.
35) 申采浩,『朝鮮上古史』丹齋申采浩記念事業會,『丹齋申采浩全集』(螢雪出版社, 1979年).

계의 대표자인 한용운(韓龍雲, 1879~1944)을 들 수 있다.

신채호는 20세기 초에 한국이 처한 상황을 극복하는 방법으로서 부국강병의 근대적 국민국가의 수립이 필요하다고 주장했다. 이를 위해서 그는 진보적인 개혁의식과 국권의 자주성을 확립하기 위한 '개화 자강 사상'을 중시했다. 이러한 의식개혁을 위한 방법으로서 그는 교육을 강조했다. 특히 국가에 대한 새로운 인식을 통해서 민족문화에 대한 자긍심을 심어주는 것이 가장 중요하다고 생각했다. 이를 위해 국사에 대한 새로운 해석을 시도했는데, 즉 "역사라고 하는 것은 '아(我)와 비아(非我)'의 투쟁 기록이다"라고 정의한 것이 바로 그것이다.[36] 다시 말해서 이것은 한국사의 발전원동력을 "우리 민족과 다른 타 민족과의 투쟁이다"라고 규정했던 것이다. 이 때문에 그는 일제라고 하는 이민족과 싸워서 승리할 수 있는 정신적 기반을 구축하는데 노력했다고 할 수 있다.

[사진 24] 역사에서 답을 찾다. 단재 신채호의 아(我)와 비아(非我)의 투쟁.

---

36) 申采浩, 위의 책, 참조.

즉 '우존열망(優存劣亡)'이라고 하는 국제경쟁하에서 살아남기 위해서는 "민족정신으로 구성된 유기체적 국가, 소위 '정신상의 국가'"를 만들고자 했다.[37] 바꿔 말하면, 민족주의에 입각해서 근대국가를 지향하고자 하는 자각과 시행이 행해지지 않았기 때문에, 제국주의의 지배로부터 탈출하는 것이 불가능한 것이라고 강조했던 것이다.

이에 대해서 한용운이 주장한 반식민지론은 불교의 포용성을 기반으로 한 대승적 논리였다. 즉 "자유의 공례(公例)는 인간의 자유를 침략하지 않는다는 것이 그 경계이다. 그렇기 때문에 침략적인 자유는 비평화라는 야만적 자유가 되기에 평화정신은 평등해야 한다. 그렇기 때문에 평등은 서로의 자유를 말하는 것이다. 따라서 위압적인 평화는 단지 굴욕을 가져다주는 것이 되기 때문에 진실한 자유는 반드시 평화가 동반되어야 한다. 자유여! 평화여! 이것은 전 인류의 요구이다."[38] 라고 하였다. 즉 일제가 한반도에 대한 침략을 주도하면서 말한 자유라는 것은 "비평화의 야만적인 자유"라고 비난했던 것이다. 또 그는

> "소위 강자, 즉 침략국은 군함과 철포가 많으면 자국의 야심을 충족시키기 위해 불인도(不人道), 멸정의(滅正義)적인 쟁탈을 행하면서도 그 이유를 세계 혹은 국부적인 평화를 위한 깃이라고 설녕하는 등 자기기만의 망어(妄語)를 통해 희롱하면서 엄연히 천사국(天使國)인 것처럼 안주하고 있는 것이다.

---

37) 韓龍雲, 「朝鮮獨立의 㫳」 『나라사랑』 第2輯(正音社, 1971年4月), 145쪽.
38) 韓龍雲, 위의 책, 146쪽.

예를 들면 일본이 폭력으로 조선을 합병해서 2000만 민족을 노예로 취급하면서 조선을 합병한 것은 동양평화를 위한 것이고, 조선 민족의 안녕과 행복을 위한 것이라고 운운하는 것이 바로 그 예이다."[39]

라고 하였다. 즉 조선의 합병이 동양평화를 위한 것이라고 하는 일제의 주장을 "자기 기만적 망어"라고 힐책(詰責)했던 것이다.

이러한 반식민지론들은 논리의 정연성과 자기 논리의 주체성을 확립했다고 하는 점에서는 매우 뛰어난 주장이었지만, 대세를 장악하기 위한 세력이 없었고, 동시에 확대해 나갈 수 있는 방법도 없었다는 점에서 볼 때, 조선의 식민지화를 막는 데에는 한계가 있었다고 할 수 있는 것이다.

5. 마치는 말

일본이 한국을 병탄하기 이전까지 일본의 지식계층은 일반적으로 '탈아론(脫亞論)' '대동아공영권(大東亞共榮圈)의 정신' 등을 주장하고 있었다. 그 원인은 근대화를 성공시켜 구미에 저항할 수 있는 아시아 유일의 국가가 되었다고 하는 자긍심이 있었기 때문이었다. 따라서 천황제 정부의 아시아 정책에 대해서도 지식계층은 일본 제국주의의 후원자가 되었던 것이다. 그러한 상황에서 청일전쟁과 러일전쟁을 지나면서 일본 정부의 행태에 회의를 갖기 시작했던 일부 지식계층은

---

39) 위의 책.

서서히 일본의 미래에 대해서 불안감을 느끼기 시작했고, 반전·반식민지론을 제창하게 되었다.

그러나 이러한 지식인들은 극소수였고, 대부분의 지식계층은 여전히 식민지 정책의 옹호론자로써 활동했다. 그 때문에 이들 반식민론자들의 주장은 스스로 발행하는 잡지 및 기관지에서만 자신들의 주장을 펼쳐야 했으므로 일본국민에게는 거의 전해질 수가 없었다. 더구나 자기들이 맹종하던 주의와 주장에 의한 반식민지론이었기 때문에, 일본국민 및 정부에 미친 영향은 매우 미약했다.

중국의 지식계층은 중화주의적 전통 사고에 기반한 반식민론이었기 때문에, 국제적인 흐름에는 어울리지 않았다. 그 때문에 제국주의 침략에 대한 대응은 효과적이지 못했다. 그러한 상황에서 일어난 청일전쟁은 당연히 일본의 승리로 끝나게 되었다. 그러나 이 전쟁의 실패는 중국의 지식계층에 큰 파문을 일으켜 서서히 중국의 암담한 현실을 극복하기 하기 위한 대안이 제시되기 시작했다. 그러한 대안으로는 대체로 두 계통이 있었다. 하나는 기존의 정치체제를 그대로 유지하면서 부국강병을 달성하여 제국주의에 대항코자 했던 계통이었다. 다른 하나는 기존의 정치 정체(政體)를 대신하여 입헌군주제 형식 하에서 개혁을 추진하고자 했던 세력이었다. 그러나 이러한 대안도 당시 중국의 위기상황을 극복하는 데에는 한계가 있다고 보는 세력이 나타났다. 즉 혁명을 통해서 역사적 전환을 노모하려 했던 혁명세력이었다. 그러나 이들 혁명세력 또한 세력기반이 매우 약했기 때문에 기득권층을 전복시키는 데에는 한계가 있었다. 이러한 현실을 보고 있던 미국과 일본에서 공부하던 유학생 계열은 국내 세력의 통일전선 구축을 호소하기 시작했다. 이러한 영향으로 대중노선의 힘이 나타나기 시작은 했지만, 이들 힘은 정치계에 이용되어 결국 국·공 대결이라고 하는 양당정치의 대결 구도만을 가져오게 했고, 반식민지운동에 대해서는 효과가 없었다. 이 때문에 한일병탄을 전후해서 중국에서의 반식민지론은 식민지에 대한 인식 자체가 중국 지식계층 사이에서는 부족했기 때문에 깊은 고뇌를 통해 국민들을 이해시킬 수 있는 주장에는 이르지 못했던 것이다. 단지 민족주의적 입장에서 제국주의의 침략을 경계하는 정도의 식민지론이었다고 밖에는 평가할 수 없는 수준에 머물렀던 것이다.

한국의 지식계층은 이러한 중국의 지식계층보다는 훨씬 더 심각한 차원에서 반식민지론을 전개해 가고 있었다. 그것은 일제의 한국 침략이 더욱 명확히 나타났고, 동시에 피해 정도가 심각했기 때문에 당연한 결과였다고 하겠다. 단지 이러한 주의와 주장이 통일되지 못하고 이론적으로도 한계가 있었기 때문에 효과적인 결과를 가져올 수가 없었다. 보수세력의 경우는 유교적 사고를 중심으로 국내의 개혁을 주장했지만, 그것은 국제적인 흐름을 등한시한 논리였기 때문에 처음부터 현실적인 위기를 극복하는 주장으로는 한계를 지니고 있었다. 이에 대해서 개혁세력은 국제적인 흐름에 대한 이해에 기반하여 적극적인 개혁을 추진했지만 그들을 뒷받침 해주는 세력이 적었기 때문에 일본의 힘에 의지하여 추진하려는 길을 택하게 됨으로써 일본과 타협을 하고자 했다. 이 때문에 국내의 저항에 부딪쳐 성공할 수가 없었던 것은 당연한 결과였다. 오히려 일제의 식민지화를 더욱 부채질하는 꼴이 되고 말았던 것이다.

한중일의 순국殉國 관념

목차

1. 머리말
2. 동아시아에 있어서 순국 관념의 원형(原形)
3. 중국인의 사생관을 통해 본 순국의 의미
4. 일본인의 전쟁관을 통해 본 순국의 의미
5. 한국인의 저항의식을 통해 본 순국의 의미
6. 결론

1. 머리말

생명을 가진 자가 언젠가 죽음을 맞이하는 것은 당연한 일이다. 『노자(老子)』 제50장에 "삶에서 태어나서 죽음으로 들어간다(出生入死)"[1]라는 말이 있다. 즉 어디서부터 오는지는 몰라도 이 세상에 나타나는 것이 '생(生)'이고, 어딘지는 몰라도 어느 곳으론가 가버리는 것이 '죽음(死)'이라는 말이다. 그런 면에서 '생사(生死)'는 필연적인 것이라 할 수 있다. 그러나 '생'은 알아도 '죽음'은 모르는 것이 우리의 현실이다. 그렇기 때문에 '죽음'은 이러한 인생이 끝이 나는 것이라고 생

---

[1] "出生入死, 生之徒十有三, 死之徒十有三, 人之生動之死地, 亦十有三.", (老子, 『道德經』第50章).

각하기에 '죽음'을 두려워하게 되는 것이다.

그러나 이러한 '죽음'은 나이가 들거나, 병이 들거나, 혹은 사고를 당해 '죽음'을 기다려야 하는 사람들의 몫이지, 의로움을 지키기 위해, 선한 자를 악으로부터 보호하기 위해, 빼앗긴 나라를 되찾기 위해 투쟁하는 사람들에게 있어서의 '죽음'은 '찬란한 영광'이요 '의미 있는 충정'이라고 여겨지고 있다. 따라서 그러한 '죽음'을 택하는 사람들은 당연히 죽음에 대한 두려움을 느끼지 않게 마련이다.

이러한 '죽음' 가운데서 가장 고귀하다고 하면 역시 나라를 위해 희생하는 '죽음', 바로 '순국(殉國)하는 행위'일 것이다. 그러나 이러한 '순국하는 행위'가 가해자와 피해자의 입장에서 보게 되면 정 반대적인 입장이 될 수 있어 당해 국 사이의 마찰과 감정 악화로 이어지게 되는 것이니, 이러한 예를 극단적으로 잘 보여주고 있는 것이 한중일 삼국의 관계이다.[2]

따라서 본 글에서는 삼국 각각의 입장에서 자국을 위해 희생하는 순국자들의 의식형태가 어떠한 것인지를 구조적으로 살펴보고, 그러한 의식형태의 비교를 통해서 유럽에서의 과거 청산에 비해 동북아시아의 삼국에서는 왜 이 문제가 그다지 쉽게 해결되고 있지 않은지,

---

2) 淺田喬二, 『日本知識人の植民地認識』, 校倉書房, 1985. 藤岡信勝, 自由主義史觀研究會, 『教科書が教えない歴史』, 扶桑社, 平成8年. 國際教科書硏究會 編, 『韓・日 歷史敎科書 修正의 諸問題』, 白山資料院, 1994 등을 참조.

그 원인을 살펴보고자 한다. 동시에 한국인들이 일제의 무단통치[3]에 대해서 어떻게 '3·1독립운동'이라는 세계역사상 전례가 없는 '비폭력적 저항'[4]이 전국 각지에서 동시 다발적으로 일어날 수 있었는지, 그에 대한 원인의 하나라고 할 수 있는 한국인들의 순국에 대한 의식구조도 살펴보고자 한다.

2. 동아시아에 있어서 순국 관념의 원형

동아시아 문화권을 규정짓는 요소에는 일반적으로 네 가지를 들고 있다. 즉 유교사상·불교사상·한자·율령제(律令制)이다.[5] 이 네 가지 요소를 포함하고 있는 한은 아무리 역사적인 원한 관계가 있다고 하더라도 같은 문화권에서 서로 상부상조하며 수천 년간을 지내왔다는 사실을 인정해야만 하는 것이다. 그런데 이들 네 요소 가운데서, 가장 빨리, 그리고 가장 오래도록 동아시아인들에게 영향을 주었고, 동아시아인 정신의 밑바탕이 되고 있는 것은 유교사상이다.

그렇다면 유교사상이란 무엇인가? 이렇게 물으면, 사람들은 일반적으로 유교는 「윤리도덕의 가르침」이라고 말할 것이다. 이러한 개념은

---

3) 일본이 한국을 병탄한 1910년부터 실시한 헌병경찰제도 하의 식민지 지배형태를 말한다. 이 제도는 병탄 직전인 1910년 7월에 아카시 모토지로(明石元二郞) 헌병대 사령관이 경무총장(警務總長)을 겸임하며 발족된 제도로, 이 세노에 의해서 각 도의 헌병 대장이 도 경찰부장을, 헌병 장교가 경시(警視)를, 헌병 하사관이 경무(警部)를 겸임하면서 군사력을 바탕으로 치안 유지를 제1의 목표로 한 체제를 말한다. 이들은 군사경찰이면서 보통의 경찰업무를 담당하며 무력을 통해 항일세력(경찰 측에서는 폭도로 규정)에 대한 정보수집과 토벌, 범죄자에 대한 즉결처분·호적 사무, 일본어 사용의 강제·부업장려 등을 통해 한국인의 생활 일체를 장악한 지배형태를 말한다.
4) 笹川紀勝,「3·1獨立運動と非暴力 - 朝鮮總督府高等法院判決を参考として -」,(政府樹立50週年紀念 국제학술심포지엄논문집,『3·1독립정신과 비폭력운동』), 1998년 2월, 118~138쪽.
5) 西嶋定生,『日本歷史の國際環境』, 東京大學出版會, 1992, 7~12쪽.

지식인이든, 지식인이 아니든, 중국인이든, 한국인이든, 일본인이든, 서양인이든 모두 부정하지 않을 것이다. 그러나 이러한 정의만으로 유교사상을 다 표현했다고는 할 수가 없다. 왜냐하면 유교사상의 근저가 되는 것은 바로 '조상숭배'에 있기 때문이다. 즉 조상숭배의 정신과 조상에 대한 제사를 빼버리면 유교사상은 그 체계가 붕괴하고 존재의의가 없어져 그야말로 껍데기만 남는 것에 불과할 뿐이다. 이처럼 유교사상은 윤리도덕과 조상숭배를 핵으로 하여 그 체계가 정비된 동아시아인의 정신적 가치이지만, 이들 중 더 중요한 요소는 조상숭배에 있다는 사실을 간과해서는 안 된다.

그런데 여기서 중요한 수수께끼 같은 문제 하나가 제시된다. 그것은 다름 아닌 조상숭배를 중핵으로 하면서 왜 죽음에 대해서는 그 어떤 유가(儒家)도 설(說)하지 않았는가 하는 점이다. 그렇다면 그 이유는 무엇일까? 이것이 바로 동아시아인들이 순국자들을 추모하고 추앙하는 단서가 되는 것이다.

유교에서는 인간을 정신과 육체로 나누고 있다. 즉 정신을 주재하는 것을 '혼(魂)'이라 했고, 육체를 주재하는 것은 '백(魄)'이라 하였다. 따라서 이 혼백이 일치하여 공존하는 상태를 '생(生, 삶)'으로 보는 것이고, '죽음'은 이 양자가 분리하는 것을 의미하였다. 다시 말하면, 죽으면 '혼'은 '천상'으로 올라가고, '백'은 '지하'로 내려가 그곳에서 머무르다 이들을 불러 일치시키면 다시 '생'의 상태로 '재생'한다고 생각하는 것이 유교사상의 골자이다. 우리가 '초혼(招魂)'·'부백(復魄)'의 의례에 의해서 죽은 자가 다시 이 세상에 재생하게 되는 것이라고 믿어왔던 것도 바로 여기에서 유래하는 것이다. 이것이 동아시아인들에게서 죽음의 공포를 소멸시키고, 현세와 내세를 연결시켜 항상 조상의 지혜와 용기를 미래 사회의 지표로 숭앙케 하고, 자손들에게 대대로 전승시켜 나가게 하는 하나의 전달시스템이었다.

그런데 이들 사자(死者)를 다시 재생시키고 미래로 연계시켜주는 역할을 하는 매개체가 필요한데, 그것이 바로 가족이고, 자손인 것이다. 그러기에 과거부터 자손을 잘 낳을 수 있는 며느리를 맞이하는 일이 집안의 대사이고, 부모 일생의 중요한 임무였음은 주지의 사실이다. 그것은 다시 말해서 자손을 낳는 일이란 바로 선조를 요즘 말로 복사해 내는 일이고, 그럼으로써 영원히 선조의 생명력을 이을 수 있다는 인식의 결과에서 비롯된 것이다. 바로 이처럼 '선조…부모-자기-자식(아들)-손자'라는 관계는 '과거(선조)-현재(부모와 자식)-미래(자손)'라는 시간의 연속관계를 의미하는 것이었다.

이러한 관계 속에서 가장 중요시되는 덕목이 바로 '효(孝)'였다. 즉 '효'라는 것은 "선조에 대해 제사의례를 지키는 것", "부모를 경애하는 것", 그리고 "자손을 낳는 것" 바로 그것이었다. 현대에 사는 우리들은 일반적으로 '효'라는 것은 부모에게만 '경애의 정'을 쏟는 것이라고 인식하고 있는데, 그것은 잘못된 관념이다. 바로 '효'라는 것은 이렇듯 3자 모두를 포함하는 총체적인 개념인 것이다.

바로 이러한 3자의 중요성을 잘 표현해 주는 것이 '관혼상제'라는 말이다. 즉 살아 있는 부모에 대한 '효'인 '혼례'와 조상에 대한 절대적인 '예의'인 '상례(喪禮)'가 일생에서 가장 중요하다는 것을 의미하는 것이다. 따라서 효라는 개념에는 종교성과 예교성(禮敎性) 두 가지 모두가 포함되어 있음을 알 수 있다.

그런데 이러한 가족적인 관계를 지켜주는 가족윤리를 사회윤리와 정치론까지 끌어올린 사람이 있었으니, 바로 공자가 그 최초였다.[6]

이후 많은 유가들은 이러한 논리를 더욱 발전시켜 정치이론과 경제이론으로 발전시켜 나갔다. 그리하여 유교는 사회세력을 확대시켜 나가게 되었고, 후에 이르면 유교는 국가의 통치이론이 되고,[7] 국책의 입안이 이에 의해 이루어졌으며, 유가의 학식을 완벽하게 습득한 관료들에 의해 이들 국책이 행해짐으로써 수천 년간의 전제왕조가 계승되어 내려왔던 것이다.

이처럼 가족윤리의 중심사상인 「효」가 국가와 사회를 떠받드는 '충(忠)'으로 그 가치관이 상승되면서, 이제 국가를 위해 희생을 감수하는 의식으로 바뀌어 가게 했다. 이러한 의식을 근저로 하는 동아시아 각국의 의인(義人)들은 제국주의에 적극적으로 저항했던 것이고, 그러한 과정에서 많은 순국자들이 나타나게 되었던 것이다. 물론 이들의 희생이 이러한 유교적 정치론에 지배당한 결과라고 간단히 치부하려는 것은 아니다. 이들의 희생은 바로 가족을 지키고, 사회를 지키고, 국가를 지키며 인류의 평화를 지키고자 했던 최고의 숭고한 정신 속에서 이루어진 고귀함 그 자체라는 것을 말하려는 것이다. 다시 말해서 순국한 사람들의 희생은 이러한 전통적인 가치관의 전래와 확대, 그리고 확고한 가치관의 자리매김 속에서 나타난 결과라는 것을 지적하고자 하는 것이다. 그렇기 때문에 각국에서는 이처럼 국가와 민족을 위해서 희생한 순국자들을 위해서 추모하는 날을 정하고

---

6) 本田濟,「孔子 - 儒敎の創始者」, (日原利國編,『中國思想史』, ぺりかん社, 14쪽.
7) 西嶋定生, 李成市 編, 『古代東アジア世界と日本』, 岩波現代文庫, 2000. 15~19쪽.

그들의 숭고한 희생정신을 추모하는 것이며, 그 유족들에게 많은 관심과 배려를 베푸는 것이다.

3. 중국인의 사생관을 통해 본 순국의 의미

중국인의 생사관은 불교로 대표되는 종교적 요인과 유교·도교로 대표되는 사상철학적 요인의 영향하에서 형성됐다고 볼 수 있다. 그러나 중국은 일본의 경우처럼 막부시대의 무사는 곧 죽음이라는 등식처럼 보편적으로 죽음 문제를 생각해야 했던 나라는 아니었기에, 생사관을 형성하는데 있어서 불교적 요인의 작용은 덜했다고 볼 수 있다. 불교적 요인은 현실적 관념에 영향을 주었다기 보다는 내세적, 즉 죽음 이후의 관념에 많이 작용했던 것이다.

이에 비해 유교·도교적 요소는 절대적으로 중국인들의 생사관에 영향을 미쳤고, 이러한 생사관은 이후 국가를 위해 희생하는 순국 관념에도 큰 영향을 미쳤던 것이다.

유가(儒家)의 가장 기본적인 생각은, "인간은 다른 생물과는 다른 특별한 가치를 지닌 존재이고, 이런 가치를 실현하기 위해 살아가는 존재"[8]라는 것이다. 따라서 죽음이라는 문제를 생각하기에 앞서 먼저 관심을 두었던 것이 현실적으로 인간이 어떻게 살아가야 할 것인가 하는 데에 있었다.

『논어』의 「선진편(先進篇)」을 보면 제자가 "죽음이란 무엇인가요?"하고 공자에게 묻는 구절이 있다. 이에 대해 공자는 "삶에 대한 것도

---

8) 宋復,『동양적 가치란 무엇인가? - 論語의 세계』미래인력연구센터 - 생각의 나무, 1999, 참조.

잘 모르는데, 어떻게 죽음에 대해서 알 수 있겠느냐?"[9]라고 반문하였다. 이들 대화에서 알 수 있듯이 공자 이래의 유가 전통은 죽음을 경시한 것이 아니라, 의의와 가치가 있는 인생을 살 수 있도록 추구하는 자세가 더욱 중요하며, 이를 위해서는 부단한 노력을 게을리 하지 말아야 한다는 것을 강조하였던 것이다.

이처럼 현실적인 삶의 가치를 중요시한 사상은 맹자에게서도 보여지는데, 『맹자』「진심(盡心) 상편」에 보면, "사람으로서 솔직한 본심을 잃어버리지 않도록 확고히 하고, 사람으로서 착한 본성을 길러 가는 것이 하늘을 따라 사는 것이다. 수명이 짧은 지 길은 지 하는 것에 미혹되지 말고 열심히 수양을 하고 정갈하게 하여 그것을 몸에 익히는 것이 운명을 존중하는 것이다"[10] 라고 하였다.

이처럼 죽음을 생각하기 보다는 먼저 자신의 삶에 최선을 다하라는 것이 유가의 생사관인데, 이를 가장 함축적으로 의미한 말이 바로 "진인사대천명(盡人事待天命)"[11]이라는 말이다. 즉 죽음의 문제에 대해서 추구하기보다는 인간으로서의 삶을 어떻게 살아갈 것인가를 해결하려는 것이 죽음의 문제를 스스로 해결하는 길이라고 생각했던 것이다.

이를 종합하면, 생과 사는 연속적인 것이고, 죽음은 생을 가르는 형태이지만, 그 삶의 의의는 생의 의미에 의해서 결정되는 것이므로, 생에 집착해서 죽음을 두려워하는 세속적인 입장은 극복해야 한다

---

9) 子曰; "未能事人, 焉能事鬼?" 曰; "敢問死." 曰; "未知生, 焉知死?" (『論語』「先進篇 第11」)
10) 孟子曰 ; "盡其心者, 知其性也, 知其性, 則知天矣, 存其心, 養其性, 所以事天也. 夭壽不貳, 修身以俟之, 所以立命也" (『孟子』「盡心上篇」)
11) "사람은 최선을 다해 일한 후, 그 다음은 하늘의 명을 기다릴 뿐이다."

는 것이 유가의 죽음에 대한 결론이었다.

그렇다면 삶에 대한 최선책을 유가들은 어떻게 보았는가를 살펴볼 필요가 있다. 공자는 "지사인인(志士仁人, 나라를 잘 다스려 백성(百姓)을 편(便)하게 할 큰 뜻을 품은 사람.)은 생을 추구하느라 인덕(仁德)을 해하는 일은 하지 않는다. 오히려 때에 따라서는 생명을 버리고서라도 인덕을 구해야 한다"[12]고 했다. 맹자도 "생명도 아깝고 도의도 저버릴 수 없을 경우, 어느 한쪽을 선택하라면, 목숨을 버리고 의(義)를 취해야 한다"[13]고 했다.

이처럼 유가적 사상은 죽음보다도 도의를 관철하는 것으로 삶의 본질을 추구했던 것이다. 이러한 사상은 후에도 영향을 미쳐 생명을 도의보다 가볍게 생각하는 사상이 강해지게 됐다. 예를 들면 송학(宋學)의 정이천(程伊川)은 과부(寡婦)가 재혼을 상담하면서 재혼을 하지 않으면 굶어 죽을지도 모른다고 하자 "죽음은 누구에게도 찾아온다. 도의야 말로 파괴해서는 안 되는 것이다"[14]라고 모질게 말했던 것이다.

이러한 유가적 사고 외에 도가(道家)의 생사관도 중국인들의 순국관 형성에 큰 영향을 주었다. 『노자(老子)』는 '생'과 '사'의 연속성을 말하고 있는 책인데, 생에 집착하기 때문에 오히려 생을 해하게 된다고 하는 것이 그 주요 이론이다. 이러한 죽음의 문제에 대해 더욱 적극

---

12) 子曰 ; "志士仁人, 無求生以害仁, 有殺身以成仁." (『論語』 「衛靈公篇 第15」)
13) "孟子曰……, 義, 亦我所欲也, 二者不可得兼, 舍生而取義者也", (『孟子 「告子上篇」』) 맹자는 生命도 義도 모두 자신이 탐하는 대상이지만, 이 둘은 양립할 수 없는 것이기에 자신은 생명을 버리고 의를 택한다고 했다. 이러한 생각은 누구나 똑같이 하고 있지만, 賢者는 언제나 이러한 생각을 잊지 않는다고 했다.
14) 市川安司, 『程伊川哲學の研究』 東大出版會, 1964, 86쪽.

적으로 추구했던 사람은 장자(莊子)였다.

장자는 살아 있는 것 자체가 죽음이고, 죽음은 또 새로운 삶이라는 입장을 취해 생과 사의 구별에 의해서 생에 집착하여 죽음을 두려워하는 세속적 입장은 초월해야 한다고 주장했다. 즉 "생사는 중대사이기는 하나, 그 변화에 따라서 변화해서는 안 되므로, 자기를 확립하는 것에 의해 변화하는 현상의 근본에 나의 몸을 두는 것이 중요하다"[15]고 했다. 이처럼 장자는 생사를 평등하게 보고 생사의 변화에 매달리지 않는 것을 이상으로 하였다.

이상에서 볼 수 있는 유가·도가의 공통점은 인간의 존재로서 진실된 삶이란 죽음을 두려워하는 것으로부터 해방시킬 수 있다는 것이었다. 생사를 하나로 보는 생사일여(生死一如)의 경지였다. 이러한 생각은 현세(現世)나 내세(來世)나 변함이 없다는 생각으로, "인간이 죽어서 부처나 신이 될 수 있다"는 일본적인 생각과는 전연 달랐던 것이다. 따라서 살았을 때의 부채와 책임은 죽더라도 해소되지 않는다는 것이 중국인들의 사고였다. 그 때문에 중국인의 자살율은 대단히 적다. 그들은 죽음으로서 사죄한다는 것은 넌센스이고, 오히려 책임회피라고 생각하기 때문이다. 그래서 그들은 '개관사정(蓋棺事定)'[16]이라는 말을 자주 사용하곤 한다. 즉 인간의 평가는 역사가 한다는 말이다. 그렇기 때문에 악인은 죽어서도 악인이므로 죽어서도 비판받아야 한다는 사고에서, 중국인들이 일본 관료가 야스쿠니 신사(靖國神社)에 참배하는 것을 비판하는 것이다.

---

15) "古之眞人, 不知說生, 不知惡死, 其出不訴, 其入不距, 翛然而往, 翛然而來而已矣", (『莊子』 「大宗師篇」)
16) '蓋棺事定' : "인간은 관(棺)에 들어가야 비로소 그의 진가를 알 수 있다"는 의미.

남송 때의 재상 진회(秦檜)는 금(金)나라에 대해 유화정책(宥和政策)을 제안한 인물로서, 이 때문에 매파 장군 악비(岳飛)를 죽였다. 그러나 후에 중국인들은 항전을 주장한 악비를 진충보국(盡忠報國)의 화신으로 찬미하고, 금나라에 화유(宥和)를 주장한 진회는 극악비도(極惡非道)한 책사로써 평가하고 있는 것이다.[17] 항저우(杭州)에 있는 악비 묘에는 진회 부부가 무릎을 꿇고 사죄하는 모습의 석상이 있는데, 문화대혁명 이전에는 준비된 채찍으로 지나는 사람마다 채찍질을 하곤 했다고 한다. 지금도 발로 차거나 침을 뱉는 등 진회 부부에 대해 저주하고 있는 것이 중국인이다.

나는 새도 떨어뜨렸다는 문화대혁명시 장칭(江靑)을 비롯한 사인방(四人幇)은 지금도 비난을 받고 있는데, 지금도 '악(惡)의 근원'을 '사인조'[18]이라고 말할 정도로, 그들이 죽은 뒤에도 중국인들의 그들에 대한 평가는 바뀌지 않고 있다.

이처럼 인덕(人德)을 추구하며 참다운 삶을 사는 것이 진정한 인생의 보람으로 여겼고, 이를 지키기 위해서는 생명의 희생도 마다하지 않는 것이 중국인들의 사생관이다. 바로 이러한 사생관을 자신들의 권력 유지에 이용하며 수천 년의 전제왕권을 지켜온 것이 중국 통치자들의 정치의식이었다.

즉 정치의 핵심은 '인(仁)'이고, 군주의 자격은 '인의도덕(仁義道德)'을 정치적으로 실천하는 것인데, 이를 위해 가정질서의 근본인 '효'를 국가 질서인 '충'으로 연계시켜 통치질서를 확립했으니, 바로 『대학(大

---

17) 『宋史』「秦檜傳」
18) 安藤正士・太田勝洪・辻康吾 著, 『文化大革命と現代中國』, 岩波新書, 1988, 177~179쪽.

學』의 첫 줄인 "대학의 도는 명덕을 밝히는 데 있고(明明德), 이렇게 자신만을 수양할 것이 아니라 훌륭한 명덕을 가지고 다른 사람들까지 인도해야 하며(親民), 그래야만 최고의 선(善)적 지위에까지 오르게 된다(止於至善)"라는 논리가 바로 그것이다. 이 말은 먼저 '효적(孝的) 질서'를 확실하게 정립한 다음, '충'으로 전화되어 가도록 하는 논리이다. 즉 '효적 윤리'가 국가 차원의 군신 관계로 확대되어 '충'으로 전환시킨 것이다. 이것이 중국의 전제 지배체제를 유지해 올 수 있게 했던 기본 열쇠였다.[19] 이는 국민의 개체적 성격을 도외시한 것으로 개개인의 독립성을 구속해 온 요소이기도 했다. 이러한 체제에서 중국인들은 황제와 국가를 위해 전역에 끌려나가거나 이런 사회 지배체제 하에서의 소용돌이에 말려 맹목적 적으로 희생물이 되었던 것이니, 이렇게 희생되는 것이 모두 그들의 순국 개념이었다.

그러던 것이 근대에 들어서면서부터 이러한 틀에서 조금씩 벗어나기 시작하기는 하나 이러한 의식구조와 정치구조의 틀은 완전히 벗어날 수가 없었다. 국민당 지배하에서나 공산당 지배 하에서나 중국인들은 다시 국가의 희생물이 되어야 했다. 그러나 이러한 국가권력 유지에 동원된 중국인들의 의식구조에는 국가를 위해, 당을 위해 싸

---

19) 가정 질서에서 보다 중요시 하는 것이 부자 관계인데, 이를 '효(孝)' 라 했고, 국가 질서에서 가장 중요한 것은 군과 신의 관계인데, 이를 '충(忠)' 이라 했다. 『대학(大學)』의 "밝은 덕을 밝히고(明明德), 백성을 새롭게 하며(親民), 지극한 선에 머물러야 한다(止於至善)" 라는 논리는 먼저 반드시 효적 질서가 확실하게 정립된 다음, '충' 으로 전화되어 가도록 하고 있음을 보여준다. 즉 효적 윤리가 국가 차원의 군신 관계로 확대되어 '충' 으로 전환되어 가는 것. 즉 부자간의 애정이 군신 간의 주종관계로 확대되어 가는 것이다. 현실적으로는 군주가 신하에게 봉토를 주는데 대해 진정한 고마움의 표시로써 부자간의 효적 애정이 군에게로 향했던 것을, 이제 국가권력의 확대에 의해서 강제적으로 가정의 효를 군신 간의 '충' 으로 규정해 버림으로서 주종의 절대적 관계로 전화되어 가게 했던 것인데, 이것이 중국의 전제 지배체제를 유지하게 했던 기본 열쇠였다.

웠다는 투철함이 여전히 배어 있음을 현재 살아 있는 구 국민당 병사들의 말에서 엿볼 수 있다. 또 현재 중국 대륙에서 출판되는 모든 서적들 속에서 공산혁명의 정당성과 희생된 자들에 대한 찬미 등을 보면, 그들은 자신이 원하는 정파(政派)에 속하여 각 정파가 추구하던 노선에 따라 참여하고 싸웠던 것이 자신들의 자랑이고, 죽은 자들에게는 "영용(英勇)한 전사"라는 찬사를 보내며 순국의 의미를 부여하고 있다.

이러한 순국관은 모두가 유교사상의 본질, 즉 최선을 다해 사는 삶이야말로 인덕의 가치를 추구하는 삶이라는 가치관을 그대로 의식화한 것이고, 그러한 이론적·정신적 구도하에서 통치자들은 자신들의 이상을 실현시키기 위해 이들을 이용한 것이며, 그러한 가운데 희생되는 이들에게 순국이라는 영예를 안겨주었던 것이다.

4. 일본인의 전쟁관을 통해 본 순국의 의미

중국에 비해 일본인들의 생사관에 영향을 준 것은 불교 쪽이다. 이는 막부시대의 사회적 배경과 관계가 있는데, 막부시대의 무사도(武士道)는 '죽는 것'으로 인식될 만큼 언제나 죽음에 대한 준비를 해야 했다. 이는 봉건적 관계하에서 자신의 영주를 받들려면 생에 집착해서는 자신이 책임을 다할 수 없었기 때문이었다.[20] 이러한 사고방식이 점점 강화되면서 죽음은 곧 자신의 책임이나 잘못을 면해주는 면죄부와 같은 것으로 생각하게 되었다. 따라서 항상 죽음 옆에 있어야

---

20) 豊田武, 『日本の封建制』, (豊田武著作集 第8卷), 吉川弘文館, 昭和58年, 278~279쪽.

했던 그들이었기에, 그들은 죽음 이후의 세계관을 제시해 주고 있는 불교에 심취하지 않을 수 없었던 것이다.[21]

이러한 불교 신앙의 전통은 죽음에 대한 두려움을 없애주었고, 나아가 죽음을 택하기를 쉽게 결정케 했으며, 주군(主君)을 따라 죽는 것을 순국으로 생각하게 되었다. 그리고 이렇게 죽어간 자들은 신으로서 경배되었던 것이다.

그러는 가운데 죽음은 자연스럽게 미화되게 되어, 죽은 자들은 현세에서 온갖 나쁜 짓을 다했더라도 모두가 부처가 되었다고 인식하게 되었다. 이런 점에서 일본인들이 말하는 부처라는 인식은 초월자가 아니라 속세에서 해방된 자를 의미하는 것이고, 죽으면 성불한다는 발상은 죽음을 통해 모든 것을 용서받는다는 의미로 이해되어 갔던 것이다.

이처럼 일본인들에게 있어서 죽음이 갖는 의미는, 첫째, 자신의 잘못을 죽음으로서 사죄한다는 의미가 있고, 둘째, 이 세상에서의 살 권리를 포기하는 것에 의해 책임을 다했다는 의미를 갖고 있으며, 셋째, 이 세상에서는 실패를 했지만, 내세에는 더 나아질 것이라고 기대하는 의미가 들어 있다고 정의할 수 있다. 그렇기 때문에 일본인들은 현세의 생활이 괴로우면 괴로울수록 사후의 세계에 대해 꿈과 희망을 갖고, 현세에서 아무런 희망을 느끼지 못할 때는 스스로 생명을 끊고 내세에서의 행복을 기원하는 것이다.

이러한 정신은 지도계층에게 더욱 강하게 요구되었는데, 무엇인

---

21) 末木文美士, 『日本佛敎史 - 思想史としてのアプローチ』, 新潮文庫, 平成13年, 127~163쪽.

가 불명예스러운 일에 관계되거나 큰 좌절을 맛보게 되면 죽음으로서 간단히 사태를 수습하고, 이로써 모든 책임이 해소된다고 인식하였던 것이다. 즉 죽음으로서 사죄한다는 인식이었다. 이는 바로 군사체제의 긴 역사에 바탕을 두고 이루어진 문화로써, 죽음을 미적으로 승화시킨 결과였다. 메이지유신 이래 몇 번이나 법적으로 금지시켰던 순사(殉死)가 최근까지도 행해지고 있는 것은 바로 이러한 문화적 착각의 소산이다. 그러나 이러한 문화적 착각 속에 이미 젖어버린 일본인은 죽은 자에 대해 이러쿵저러쿵 말하는 것을 싫어한다. 그들은 그렇게 하는 것을 「죽은 자에게 채찍질한다」라고 생각하기 때문이다.

나카소네 총리대신 이래 A급 전범을 합사(合祀)하고 있는 야스쿠니 신사에 대해 참배하는 것을 공식화 하고 있는 일본 정부가, 제2차 세계대전 당시 피해를 입었던 나라의 국민감정은 아랑곳하지도 않고 계속해서 참배를 감행하는 것도 이러한 자기들만의 의식과 문화가 국제적으로도 통용될 것이라고 하는 착각에서 비롯된 것이라 할 수 있다. 즉 일본인은 전범자일지라도 죽으면 죄가 없어진다는 의식하에서, 도조 히데키(東條英機)・히로타 고키(廣田弘毅) 같은 전범 수뇌들이 여러 민족에 입힌 피해는 어쨌든 간에 국가를 위해 처형당한 것이기에 이들의 위패가 있는 야스쿠니 신사에서 제사 지내는 것은 당연한 일이라고 생각하는 것이다.[22]

---

22) 나카소네 수상 이래 고이즈미(小泉) 수상까지 계속되고 있는 야스쿠니 신사(靖國神社) 참배에 대한 평가는, 이러한 일본인의 생사관에 기초해서 이루어졌다고 보기보다는, 정치적 후원자인 우익 세력을 의식하여 이루어진 정치적 행위로 평가되고 있다. 『中央日報』 2004년 1월 2日.

[사진 25] "아시카가 다카우지" "이시카와 고에몬"

　더욱 가관인 것은 일본인 자신들에게 피해를 주었던 역사상에서 극악무도하기로 이름난 자나, 민중으로부터 증오를 받았던 자들도 신사에 모셔놓고 숭배한다는 점이다. 예를 들면 희대의 역신(逆臣)으로 평가되고 있는 아시카가 다카우지(足利尊氏)[23]를 모신 아시카가 신사, 도둑의 대장이었던 이시카와 고에몬(石川五右衛門),[24] 민중으로부터 증오 받은 키라 고즈케노스케(吉良上野介)[25] 등이 일부 지방의 신

---

23) 아시카가 다카우지 : 가장 낮은 대중적 평가를 받고 있는 무로마치 막부의 창건자로 에도시대 이후 유학의 유입, 그리고 메이지 유신 이후 덴노 중심주의 사관이 확립되면서 덴노(천황)에 대한 도전과 배반의 이미지 때문에 전근대 일본사에서 가장 위험한 역사적 반역자로 낙인찍혀 있다.
24) 이시카와 고에몬 : 관영 19년(1642)에 편찬된 『풍신수길보』(하야시 라잔 편)에 보면 "문록 무렵에 이시카와 고에몬이라는 도적이 강도, 오이하기(追剝), 통행인을 덮쳐 의복이나 가지고 있는 것을 빼앗음, 악역비도(惡逆非道)를 일삼아서 히데요시의 명에 의해 마에다 겐이(당시 교토 소사대)에게 사로잡혀 그 어머니와 동료 20인이 함께 솥에 튀겨져 처형되었다" 고 전해진다.
25) 키라 고즈케노스케 혹은 키라 요시히사 혹은 키라 요시나카로도 불린다. 그는 에도성의 의전담당관이었는데, 일왕의 칙사를 함부로 대하는 바람에 할복을 명받았고, 집안 식구들 모두가 참형에 처해졌다.

사에서 신으로 받들어지고 있는 것을 보면, 일본인들은 죽으면 다 부처가 된다고 생각하는 것이 확실하다.[26]

그러나 문제는 이러한 자신들의 생각으로 인해 주변국에게 큰 피해를 줄 수 있다는 데 있다. 즉 죽음에 대한 자신들의 의식을 가지고 주변국을 침략하는 것을 대수롭지 않게 생각하고, 또 침략 이후에는 엄청난 만행을 저지르고도 반성을 하지 않는다는 점이다. 이러한 의식을 꼬집었던 일본 지식인으로서 대표적인 인물이 우치무라 간조(內村鑑三)이다.

우치무라는 청일전쟁 때는 의전논자(義戰論者)였다. 그는 청일전쟁이 "조선의 독립과 안전을 유지하고…중국에 대해 우리와 협력하여 동양의 개혁에 종사해야만 한다"[27]고 하며 이는 정의의 전쟁이라고 외쳐댔다. 그러나 승리의 결과로서 영토와 배상금의 획득에 열렬해하는 일본인의 모습을 보고 그는 실망하여 "'의로운 전쟁(義戰)'이 아니라 '약탈전'[28]에 가까웠다고 하며, 부끄러움에 처해 있다"고 한탄하였다. 이것이 전환점이 되어 그의 사상은 비전론자로 바뀌는데, 그는 「근시잡감(近時雜感)」이라는 글에서 "일본인은 충군(忠君)이라 말하고, 애국이라고 말하면 반드시 외국과 싸워야 하는 것으로 교육받으며

---

26) 松本一南, 『中國人と日本人』, サイマル出版會, 1987, 170~171쪽.
27) The Japan Weekly Mail에다 우치무라 간조는 "Justification for the Korean War"라는 논설을 기고하여, 청일전쟁을 정의의 전쟁이라고 역설했다.
28) 전쟁 후, 우치무라 간조가 평생 친구인 미국인 데이빗. C. 벨에게 쓴 편지 내용 중에서 "정의를 부르짖었던 예언자(본인)는 지금도 치욕 속에 있습니다."라고 하며 후회한 것이 전환점이 되어, 그는 10년 후 러일전쟁 기간에는 비전론자가 되어 과감하게 일본 정부에 비판을 가했다. 內村鑑三, 「日淸戰爭の義」, 『內村鑑三全集』, 岩波文稿, 昭和8年.

왔다"²⁹며, 전쟁은 직접적인 국가의 영광으로 연결되었다고 비판했다. 이처럼 일본인들은 전쟁의 정의성이 강조되는 교육을 받아옴으로서 전쟁 시 동원이 아주 용이했다는 말이다.

그러나 일본은 전쟁을 계속하여 러일전쟁도 정의의 전쟁이라는 미명하에 전개하였다. 화가 하마다 치메이(浜田知明)는 『하마다 치메이의 전용(浜田知明の全容)』에서 병사를 "하나의 인형"이라고 부르고 병사를 '이모무시(芋虫, 유충)'로 묘사했다.³⁰ 이는 자신의 의사와는 관계없이 동원되었다고 하는 의미로 병사는 피 노동자에 불과했음을 의미했다. 그러나 이들은 전장에서 전쟁을 수행하는 주도자가 될 수밖에 없었는데, 이로써 그들은 피해자가 되면서 가해자가 되기도 하는 모순적 존재였다고 정의하였다.

일본인들은 이러한 전쟁을 19C 말 청일전쟁부터 시작하여 북청사변(北淸事變, 의화단[義和團]진압전쟁), 러일전쟁, 한국병탄, 제1차 세계대전, 시베리아 출병, 중국 출병, 중일전쟁까지 계속 벌여나갔다.

"전투는 지옥이었다. 병사들의 얼굴 모습을 변하게 했다. 전투 후에 얼굴을 마주 대고 보면 도대체 누가 누구였지 할 정도였다."³¹

이렇게 해서 죽어간 병사들은 '충용(忠勇)' '충혼(忠魂)' 등으로 미화

---

29) 鹿野政直, 앞의 책, 60쪽.
30) 鹿野政直, 앞의 책, 60~61쪽.
31) 浜田知明, 「師の北原白秋あて」, 1940年 10月 6日, (鹿野政直, 『日本の近代思想』, 앞의 책), 60~61쪽.

하면서 포장해 갔다. 이러한 허상을 보고는 이는 전쟁 목적을 감추려는 짓이고, 죽은 자들에 대해 모욕하는 언동이라고 생각하여, 이런 정부에 비판의 날을 세웠던 사람이 쿠로다 기요다카(黑羽淸隆)였다. 쿠로다는 모든 항구에서 징집되어 전장으로 보내져 생명을 빼앗겨야 했던 병사들 측에서 전쟁을 생각하며 『15년 전쟁사 서설(15年戰爭史序說)』을 썼는데, 그중 「15년 전쟁에 있어서 전사(戰死)의 제상」이라는 글에서 전쟁 상황을 다음과 같이 묘사했다.

> "중국 전선에서는 백병전(白兵戰)에 가까운 전투가 많았는데, 철모는 사거리 100미터 이내에서는 무용지물이었다. 두부 관통의 총상은 사망률이 아주 높았고, 아래턱을 잃은 병사들은 임종의 말을 할 수가 없었다. 흉부 관통 총상은 좌흉부의 경우 거의 도움을 받지 못하고 폐를 손상하여 급성 빈혈 호흡 곤란을 일으켰고 나아가 흉막감염을 일으켰다. 복부 관통 총상은 가장 싫어하는 부상으로 부상자는 더없이 괴로워했다. 장과 위, 간장이 부상을 입은 경우에는 피가, 방광의 경우에는 오줌이 창자 내에 남겨져 그 고통은 이루 헤아릴 수가 없었다."[32]

그러면서 그는 왜 이런 고통을 받으며 「대일본제국」에 충성을 해야 했는가를 자문하지 않을 수 없다고 탄식하였다. 그리고 이렇게 부상

---

32) 黑羽淸隆, 『十五年戰爭史序說』, 岩波書店, 1971, 「十五年戰爭史における戰死の諸相」.

당한 병사(상이용사)들은 전쟁 막바지에 들면서 전략상의 이유로 모두 잔인하게 처단되었고, 「황군의 영광」으로 미화되어 받들어 지고 있는 것이다. 그야말로 자신들의 정신 속에 이어져 온 죽음의 미 철학, 즉 죽음으로써 최선을 다한다는 그들 나름의 죽음에 대한 철학을 이용하여 젊은이들을 희생시켰던 것이다.

그런데도 일본인의 대부분은 이러한 내면을 아는지 모르는지 언제든지 죽음의 속으로 내몰릴 수 있는 조직 속에 살아가고 있다. 쿠로다는 『15년 전쟁과 평화교육』에서 "지금 더욱더 두려운 것은 그것이 관청이던, 기업이던, 교육기관이던 '전쟁의 발생과 존재'의 가능성을 내면에 간직하며 그 조직에 충성하는 것을 자신들 비즈니스의 전제로 생각하며 지내는 일본인들이 여전히 수백만 명이나 관련되어 있으며, 일상적으로 그러한 기능을 하고 있다는 사실이다."[33]라며 일본인들의 어리석음을 한탄했다.

이러한 분석은 실로 정확하다고 할 수 있다. 일본인들은 아직도 그런 의식 속에서 자신이 하고 있는 일이 얼마나 무서운 일인지도 모른 채, 그렇게 제국주의적 야심을 저변에 깔고 있는 우익분자들의 움직임에 놀아나고 있는 것이 현실이다.[34] 따라서 일본에 대해 주변국가에서는 언제나 그들의 움직임을 주시하면서 긴장감을 늦추지 않은

---

33) 鹿野政直, 앞의 책, 64쪽.
34) 영화감독이며 시나리오 작가인 이다미 만사쿠(伊丹万作)는 이러한 일본국민의 어리석음은 '무지(無知)'에서 비롯된다고 하고, 모르고 한 짓이라도 책임을 져야 한다며 '무지의 책임론'을 주장했다. 즉 무지를 이용하는 자의 죄는 말할 것도 없고, 이용된 측에도 책임이 없다고는 할 수 없다. 몰랐다고 하는 것 자체가 하나의 죄이기 때문이다. 전쟁에 대해서 '무지의 책임'이라는 것을 느끼지 않고서는 살아갈 수가 없다. 왜냐하면 이러한 정신을 가지고 있어야 두 번 다시 속지 않기 때문이다." 鶴見和子·牧瀨菊枝 編, 『ひき裂かれた -母の戰爭體驗-』, 岩波書店, 1952, 「無知の責任」.

채 스스로의 매너리즘에 빠지지 않도록 경계하고 있는 것이다.

5. 한국인의 저항 의지를 통해 본 순국의 의미

　이러한 중국인과 일본인들에 대해 한국인들의 생사관은 그 성격이 전혀 다르다. 즉 대내적인 환경적 요소에서 생사관이 정립되었다기 보다는 대외적 요소의 비중이 더 크다고 할 수 있다. 물론 종교적·사상 철학적 측면도 대외적인 요소에 포함될 수 있겠지만, 그 주된 요소는 역시 중국과 일본의 견제와 침략에 대해 저항을 하는 가운데 형성됐다고 할 수 있다. 동아시아의 한 가운데에서 전체 형세의 움직임을 조절하면서 그에 적응해 살아와야 했던 한국인은 언제나 피해의식 속에서 한스런 삶을 영위해야 했다. 그러다 보니 죽음에 대한 인식도 현실 탈피나 내세에 대한 기대 등을 생각하기도 전에, 하루하루를 어려움 속에서 인내하며 살아야 했던 한국인은 죽음조차도 한이 맺혀서 나타난 결과라고 인식하지 않으면 안 되었다.

　이러한 한을 안은 삶의 종착역인 죽음은 결국 한을 안고 살았던 삶을 탈피하는 최후의 수단이 되곤 했다. 그러한 최후 수단으로서의 죽음은 저항의식으로 승화되어, 역사적으로 그 수 많은 침략과 수탈 속에서도 나라를 지켜왔고, 또한 오늘날의 부흥도 일으키는 근본 원인이 되었다. 그리고 이러한 의식은 개인적 차원에서의 생활력을 강하게 하여 민족적으로 우수하다는 평가를 받는 요인으로도 작용하고 있다. 물론 단결력이 없다든가, 이합집산을 용이하게 하여 분파적인 경쟁을 잘한다는 비판의 구실로서도 비쳐지곤 하지만, 다른 무엇보다도 중요한 것은, 국가적인 위급 시에는 엄청난 민족적 에네르기로 승화된다는 점이다. 한국의 역사에서 이러한 모습은 자주 볼 수 있다. 근대에 있어서 의병 활동이나, '3·1독립운동' 등이 바로 그 대표적인 예이다.

이러한 운동에 임하는 한국인들의 공통점은 희생이라는 문제는 아예 생각지도 않고 오로지 국가와 민족을 위해 자신을 희생할 수도 있다고 하는 개념만이 서 있을 뿐이다. 이러한 예는 인도·중국·인도네시아 등 몇 개국에서의 반제국주의운동에서 보이기는 하지만, 한국인 그것과는 많은 면에서 차이가 있다. 이런 면에서 한국인들의 순국은 현실적이고 구체적인 효과를 목적으로 하는 행위라고 할 수 있다.

녹두장군(綠豆將軍) 전봉준(全琫準)은 우금치(牛今峙)전투에서 패한 후, 휘하의 무리들을 해산시키고 오랜 친구이자 농민군을 지휘했던 김개남(金開南)을 찾아가던 길에 순창(淳昌)에 사는 옛 부하 김경천(金京天)의 집에 들렀다. 그러나 전봉준의 목에 걸린 현상금 때문에 그는 그를 배신하고 사람들을 끌어모아 몽둥이로 쓰러트린 다음 일본군에 넘겼다. 그 후 서울로 압송되어 회유와 고문을 당한 끝에 형장의 이슬로 사라졌다. 그때 형장에서 그는 "나라를 바로 잡으려다가 오히려 너희들 손에 잡혔으니 너희는 나를 죽일 뿐 다른 말은 묻지를 마라. 오로지 이 한목숨 바쳐 이 나라가 바로 선다면 만족하리라"[35]고 웃으면서 죽음에 임해서도 자신의 목적을 끝까지 추구했음을 알 수 있다. 결과적으로 그의 죽음으로 인해 지배계층은 막대한 타격을

---

35) 申福龍,『全琫準의 生涯와 思想』, 養英閣, 1974, 142쪽.

입게 되었고, 체제 변화가 강요됐다. 그리고 농민통치를 경험했던 농민들이 자신들은 수탈의 대상이 아니라 역사의 주인이라는 것을 깨닫게 되어 사회적 인식을 탈바꿈시킴으로서 근대사회로의 막을 열게 했던 것이다.

후에 일본의 한국 병탄에 임하여 대의명분을 앞세우며 순국을 표방하며 죽음을 택한 민영환(閔泳煥)을 비롯한 많은 사대부들도, 일본에 의해 군대해산을 강요당하자 장렬한 죽음을 택한 박성환(朴星煥) 대좌도 결국은 죽음이라는 최후의 방법을 통해 국민들에게 자극을 주어 깨우침과 조국의 독립을 찾아야 한다는 무언의 외침이었다.[36]

"한 나라의 문화가 몰락하면 그 문화의 혜택을 받은 사람들은 반드시 고통을 받아야 하는 것이고, 그 혜택이 크면 클수록 고통도 크다. 그 극에 이르게 되면 반드시 죽음을 통해서 마음의 평안과 의를 만드는 것을 추구하는 길 외에는 없다"[37]고도 하지만, 이들의 궁극적 목표는 민족에게 깨달음을 가질 것을 호소하는 방법이었던 것이다. 그 대표적인 사람이 매천(梅泉) 황현(黃玹)이다.

---

36) 金容雲, 『韓國人と日本人』, サイマル出版會, 1983, 240쪽.
37) 陳寅恪, 『靜安先生記念 國學論叢』(金容雲, 앞의 책), 241쪽.

[사진 26] 매화 벽화 앞의 우국시인 매천 황현.

　매천은 19C 말에서 20세기 초까지 살았던 우국 시인이었다. 그는 일제의 강압에 의해 합병이라는 국치를 당하자 망국의 한과 비분을 되새기며 스스로 목숨을 끊은 절사(節士)였다. 민족의 시련기를 겪으면서 국정의 부패와 문란을 비판하며 개혁을 요구하였고, 궁극적으로는 외세의 침략에 대하여 자결로서 저항한 민족 시인이었다.[38] 그는 한일합병조약이 맺어져 국권이 상실되자 그해 음력 8월 6일 아편을 마시고 절명시 4수를 남기고 56세로 생을 마쳤다. 이 절명시의 첫 수는 다음과 같았다.

　　난리를 겪으며 나와버린 센 머리
　　죽으려 해도 못 죽은 게 몇 번이던가

---

38) 靜漢淑,「韓國知識人과 선비 정신」,『現代社會』여름호, 1981.

오늘은 어찌할 방법이 없으니
바람 앞의 촛불이 창공을 비추네[39]

그동안 몇 번이고 죽으려 했지만, 어떻게든 나라를 살려야겠다는 마음에서 최선을 다해 왔지만, 이제 합병이 되어 나라를 잃게 되었으니 노력할 공간마저 잃어버리게 되어 바람 앞의 촛불처럼 자신의 목숨이 경각에 이르렀음을 잘 묘사하고 있다. 이러한 그의 죽음에 임하는 자세는 아래의 유서(遺子弟書) 내용에서 확인할 수 있다.

"나는 반드시 죽어야 할 의무는 없다. 그러나 나라에서 5백 년 동안이나 선비를 키워왔는데도, 이제 나라가 망하는 날에 이르러서 한 사람도 죽는 사람이 없으니 어찌 통탄할 일이 아니겠는가. 나는 위로는 황천에서 받은 올바른 마음씨를 저버린 적이 없었고, 아래로는 평생동안 읽은 글을 저버리지 않기 위해 죽음을 택하는 길만이 통쾌하다는 사실을 깨달았다. 너희들은 내가 죽는다 하여도 지나치게 슬퍼하지 말지어다."[40]

이는 조선 선비로서의 지조와 의리를 지키기 위해 죽음을 선택한 것이라고 볼 수 있으나, 실은 나라의 지식인들에 대한 신랄한 비판괴

---

39) "亂離滾到白頭年, 幾合捐生却未然, 今日眞成無可奈, 輝輝風燭照蒼天, 『梅泉集』 卷 五 詩 戊戌稿 絶命詩, 상해, 1911.
40) 『梅泉集』「梅泉本傳」, 앞의 책.

함께 자신의 목숨을 걸고 반성할 것을 촉구하는 통탄의 무한정한 호소가 담겨 있는 내용인 것이다. 그야말로 백만의 대군으로서도 할 수 없는 호소력이 이 유서 속에 들어 있음을 볼 수 있다.

나라가 망한 후 나라를 되찾기 위해 실질적으로 나선 일가가 있다. 바로 이회영(李會榮) 일가족이다. 그들 40여 명의 대가족은 1910년 12월 국경을 넘어 만주로 망명을 떠났다. 당대 제일가(第一家)라고 불리던 그들이 고행을 찾아 만주(滿洲)로 떠난 것은 "독립운동은 상놈들만의 것이고 옛 조선의 고위층은 모두 일제 통치를 찬성한다"[41]고 떠들어대던 일제의 선전을 송두리째 부인하는 행동이었다.

[사진 27] 중국 길림성 유하현(柳河縣)에 있는 경학사(耕學社) 본부 터.

---

41) 韓國獨立有功者協會 엮음, 『中國東北地域 韓國獨立運動史』, 集文堂, 1997, 206~207쪽.

이회영 일가는 가져온 막대한 돈으로 경학사(耕學社)와 신흥강습소(新興講習所)를 설립하여 인재양성에 힘썼다.[42] 그는 1907년부터 비밀결사인 신민회(新民會)[43]를 결성해 중앙위원을 맡는 등 독립운동에 일찌감치 나선 인물이었다. 그는 만주에서 활동을 하다 국내에서 활동하기 위해 1913년 잠입하다 피체되어 옥고를 치룬 끝에 2년여 만에 석방되었다. 1916년에는 고종 망명계획을 세우고 시행에 옮겼으나 고종의 죽음으로 실패하고 말았다. 그 후 그는 재차 중국으로 망명하여 북경을 거쳐 상해로 가 활동하다 정부 수립 문제로 대치하게 되자 북경으로 돌아와 무정부주의자로서의 길을 걷기 시작했다. 1923년 후난서(湖南省) 동팅호(洞庭湖) 주변의 한수이현(漢水縣) 양타오촌(洋濤村)에다 이상 농촌을 건설하려다 후난성의 내분으로 인해 실패하자, 이후 베이징, 톈진, 난징 등지를 다니며 독립운동에 매진하였다. 그러다가 만주지역에서 윤봉길 의사의 홍커우(虹口)공원 의거와 같은 거사를 일으키고, 한국인들의 광범위한 항일전선을 구축한다면 자치구를 인정하고 자금과 무기를 제공하겠다는 제의를 국민당 무정부주의자들에게 듣자 1932년 11월 남은 여생을 이 일에 바치고자 66세의 노구를 이끌고 상하이 황푸강(黃浦江)에서 다롄(大連)으로 가는 기선에 올랐다. 그러나 다롄에 도착하는 순간 수상경찰서에 피체되어 11월 17일 사망하고 말았다. 다롄경찰서는 그의 죽음이 자살이라고 했으나, 그의 시신 안면에 선혈이 낭사하고 중국식 옷에도 선혈이 많이 묻어 있었던 것으로 보아, 고문에 의한 사망임이 밝

---

42) 蔡根植,『武裝獨立運動秘史』, 1949, 48쪽.
43) 慎鏞廈,「新民會의 創建과 그 國權回復運動」上·下, (『韓國學報』 8·9, 一志社, 1977).

혀졌다.[44] 70세를 바라보는 노인에게 고문을 가해 사망케 한 일제의 만행은 세계인들의 치를 떨게 하고도 남았다. 그의 일생을 한 '자유인의 초상'이라고 낭만적인 평가를 하는 이도 있지만, 스스로 순국을 해야겠다는 의지가 없으면 이는 불가능한 일이었다.

명문거족의 후예로 태어나 나라가 망하자 모든 것을 버리고 독립운동에 투신하여 옥고를 치루면서 여러 번의 험로를 지나 노령의 나이가 되어도 자신을 돌보지 않고 독립운동에 매진하다 피체되어 일제에 의해 살해된 그의 행동이야말로, 그의 목표를 구체적으로 실현시키려 한 순국의 표본이었다.

그와 비슷한 인물로 매헌 윤봉길(尹奉吉) 의사를 들 수 있다. 1930년 그는 집을 떠나면서 "대장부가 집을 나선 이상 살아서 돌아오지 않을 것이다(丈夫出家生不還)"라고 이미 나라를 위해 희생할 것을 마음에 정하고 떠났다가, 홍커우공원 의거 후 일본군에 체포되어 사형을 당하게 되었지만, "나는 우리 조선이 힘의 강약으로 할 수 없이 풍속과 문화가 다른 이민족에게 강점되어 노예 생활을 하고 있는 것이 부당하다고 생각되어 어릴 적부터 이의 제거에 노력해 왔다. 나는 조선의 해방전쟁에 패하여 잡혀 온 포로다. 이제 남은 것은 너희들 손에 죽는 일 뿐이다. 그러니 시간을 끌지 말고 죽여라!"[45]고 하여 일본인들을 놀라게 했다.

생명을 돌보지 않고 일을 하다 죽는 것이 일본의 오랜 전통이긴 하지만, 이처럼 한국인들의 나라를 위해 희생을 감수하는 신념이 더욱

---

44) 李丁奎, 『友堂李會榮略傳』 을유문고, 1985.
45) 李尚載·尹圭相, 『人間 尹奉吉 硏究』, 時代의 窓, 2000, 「第12章 上海義擧」.

무서운 것임을 윤 의사의 순국관을 통해 엿볼 수 있는 것이다.

이러한 정신은 현대까지도 이어져 군부 독재하에서 자행되던 인권탄압에 죽음으로 저항하는 젊은이들을 배양했으니, 그 대표적인 인물이 서울대생 김상진(金相鎭)이었다. 1975년에 그는 "새가 죽을 때 짖어대는 소리는 슬프지만, 인간이 죽을 때 지르는 소리는 올바른 것이다"[46]라는 말을 남기고 죽음을 택한 것은 민주화를 촉진하기 위한 것이었다.

이처럼 한국인들의 순국은 모두가 현실참여를 통해 자신의 목표를 성취코자 한 죽음이었음을 알 수 있다.

6. 마치는 말

한중일 삼국은 전통적으로 공통적인 문화를 공유하면서, 그렇기 때문에 역사적으로 매우 밀접한 유기적 관계를 가지면서 오늘에 이르고 있다. 만일 이러한 관계가 없었다면 세상에서 유래가 없는 수천 년이라는 오랜 세월 동안 자신들의 영토와 민족을 보존하며 발전해 올 수가 없었을 것이다. 이러한 점은 삼국 모두가 공인하고 있고, 동시에 21세기에도 이런 관계를 더욱 계승 발전시킬 수 있도록 노력해야만 하는 것이 삼국 국민의 공통적인 과제이다.

그러나 현실적으로 이러한 관계를 계승 발전시키지 못하고 있으니, 그 가장 근본적인 문제가 바로 근현대사 상에서 일어났던 불행했던 사건들에 대한 시각적 차이이다. 특히 이러한 시각적 차이를 갖게 하

---

46) 金容雲, 앞의 책, 243쪽.

는 각종 요인들 중에서 삼국인의 죽음에 대한 가치관도 그중의 하나이다. 즉 각자 자신들의 죽음은 국가를 위한 충정이라고 생각하지만, 그것이 상대국에 대해 얼마나 큰 죄행이 되고 배신감을 갖게하는 지에 대해서까지는 생각의 여유를 보이지 않기 때문이다.

특히 19C 중엽 이후 20세기 중반까지 100여 년간 일본에 의해 자행된 주변국에 대한 침략과 횡포는 유례가 없던 극악무도한 죄행이었던 데 대해, 일본은 자국 중심의 사고만으로 주변국의 감정에 대해 충분히 이해를 하지 않고 있는 것이 관건적인 문제이다. 더구나 이러한 일본의 행태에 대한 문제를 삼게 되면 자국 내의 문제에 간섭한다고 곡해를 하는 등 오히려 더 민감한 반응을 하기에 또 다른 불화적 요소를 제공하는 빌미가 되어 서로의 감정만을 자극하고 있는 것이 오늘날의 실정이다. 이것이 오늘날 삼국 불협화음의 근본 원인이라고 할 수 있다.

중국인처럼 인덕(仁德)을 추구하며 최선을 다하다 죽는 죽음이나, 국가와 주군(主君)을 위해 언제나 죽음을 마다하지 않는 일본의 무사정신이나, 국가의 위기를 구하기 위해 가장 실효적인 죽음을 택하는 한국인이나, 모두 자국적인 입장에서는 숭고한 죽음이라고 할 수 있다. 그러므로 국제관계상에서 자국의 순국 관념을 그대로 표출한다면 많은 오해의 여지를 불러일으킬 수 있는 것이다. 예를 들면 다른 나라를 침략하다가 사망한 자를 자국에서는 순국이라고 표현할지는 몰라도, 침략을 당한 나라에서는 그가 바로 원수가 되는 것이기 때문이다. 또한 다른 나라를 무력으로 침략하여, 온갖 자원을 약탈하기 위해 공장과 댐, 그리고 철도를 건설하고, 또 이를 위해 강제로 인력을 동원하여 혹사시킨 행위가 피해국에게 발전을 가져다주었다고 억설을 편다면 그것을 어느 누가 인정하고, 어느 누가 그에 대해 고마움을 표시할 것인가 하는 어리석은 질문과도 같은 것이다. 따라서 순국한 자들에 대한 공개적인 추모 행사가 이루어질 때 국제적 문제가 야기된다면 중단하는 것이 바로 용기이고, 진정한 그에 대한 추모가 되는 것이다.

반면에 이러한 순국 정신이 약소국들에게 용기를 주고 편파적인 국제사회에 경종을 줄 수 있는 것이라면, 그것은 인류의 정신적 가치로써 승화시킬 필요가 있는 것이다. 그런 점에서 한국의 3·1독립운동은 제국주의·패권주의에 저항했던 표본으로써 중시되어야 하고, 또한 이러한 운동이 가능하도록 그 배경이 되었던 한국인들의 전통적 순국 관념은 인류평화를 지켜내는 인류 공동의 가치관으로 승화되어야 한다고 생각한다.

한중일의
한국독립운동에 대한 시각

목차

1. 머리말
2. 국내 학술계의 한국독립운동에 대한 인식
   1) 국내 학술계의 인식
   2) 북한 학술계의 인식
3. 중국 학술계의 인식
   1) 타이완 학술계의 인식
   2) 대륙 학술계의 인식
4. 일본 학술계의 인식
5. 마치는 말

1. 머리말

　세계 역사학계에서 한국독립운동 연구에 대한 관심은 그다지 높지 않다. 그것은 한국의 독립운동이 한국인에게만 국한되는 운동이었다는 점 때문일 것이라고 본다. 어쩌면 이는 당연한 사실일지도 모른다. 그러나 한국의 독립운동과 직접 관계가 있는 중국·대만·일본·북한에서는 일부 학자들이 관심을 가지고 꾸준히 연구해 왔다는 점은 높이 평가되어야 할 것이다.
　한국에서의 독립운동사 연구는 1960년대에 정부의 지원에 의해 시작되었다. 사실 한국의 독립운동사 연구는 해방되던 1945년부터 당연히 시작되어야 했지만, 정부나 사회에서, 나아가 학계에서조차도 이에 대한 관심은 없었다. 물론 당시 한국이 처한 국내 상황에서는 그럴 여유가 없었다는 점을 부인해서는 안 될 것이다. 다행히 1960년대에 들어서면서 뒤늦게나마 한국 독립운동사에 대한 연구의 필요성을 느낀 정부가 지원을 시작하면서 이에 호응하는 학자들이 나타나게 되었고, 언론계에서도 상당한 관심을 갖게 되었던 것은 그나마 다행이었다고 할 수 있다.

그러나 이때의 연구는 대부분 독립운동과 관련한 인물에 대한 공훈을 조사하거나 유적지를 찾아 복원 수축하는 것과 이와 관련된 자료들을 출판하는 일이 대부분이었다. 하지만 이러한 류의 연구도 백지상태에 있던 독립운동사 연구에서는 비약적인 발전이라고 아니할 수 없었다. 다만 이들 연구는 계통성이 없었기에 자료를 훼손하든가, 왜곡된 평가를 하거나 객관적이지 못한 역사관을 잉태하는 등의 부작용을 일으켰다. 해방 후 20여 년이 지난 다음 시작된 연구였기에 이러한 부작용은 당연한 일이었는지도 모른다.

이러한 문제는 한국 독립운동사를 연구하는 학자들의 연구방법, 연구관점, 객관성이 결여된 연구 등을 하게 하는 배경이 되었으므로 많은 문제점을 나타나게 하였다. 특히 젊은 학자들의 연구영역이 기존 학술계로부터 배제되었고, 새로운 연구관점을 제시하게 되면 곧바로 보수적이고 전통적인 학자들의 비난을 받아야 했다. 그러다 보니 기존 학술계의 조류에 휩쓸리거나 급진적인 관점을 도용하는 일들이 나타나기도 하였다.

이러한 상황은 독립운동 연구의 가장 기본적이며 중요한 독립운동가들의 독립정신 및 그것이 갖는 의의 등을 국민정신으로 승화시키는 목적에 이어지게 하는 것은 요원한 일처럼 보이게 하였다. 결과적으로 이들 연구는 국민들로부터 공명을 얻지 못하게 되었고, 신진학자들의 대두 또한 위축되게 하는 경향을 나타내게 하였다.

그러던 중 1980년대 후반 독립기념관이 설립되고, 그 안에 독립운동사연구소가 생기면서 연구자들이 확충되고 자료 및 유적지 고찰 등이 활성화되었으며, 각종 학회가 설립되면서 독립운동에 대한 연구 활동이 활발해지게 되었다.

이렇게 되어 국내에서의 연구가 활성화 되게 되자 한중일을 비롯한 북한과 타이완 등 지역에서까지 연구자가 나타나게 되어 역사연구의 한 축을 이루게 되었다.

본고에서는 이러한 각국에서의 연구 추이와 연구방법 상에서 어떠한 시각이 대두하게 되었는지를 살펴 향후 독립운동사 연구의 바람직한 연구방법 및 연구 시각이 어떻게 정립되어야 독립운동사 연구가 지향하는 목표에까지 이를 수 있는지를 검토하고자 한다.

2. 국내 학술계의 한국독립운동에 대한 인식
1) 국내 학술계의 인식

한국에서 진정으로 한국독립운동사 연구가 시작된 것은 1969년 간행된 『3·1운동 50주년 기념 논문집』이 그 기점이 되었다고 할 수 있다. 이로부터 연구 논문이 수량적으로 크게 발전하기 시작했다.

그러나 이들 연구가 실질적으로 여러 분야에서 많은 연구가 시작되었지만, 연구성과 면에서 큰 의미를 가지는 논문은 거의 없었다고 해도 과언은 아니었다. 그러다 보니 원래의 목적인 국민정신을 대변할 수 있는 그런 명확한 인식을 가진 연구는 찾아볼 수가 없었다. 더구나 기존의 기득권을 가진 소수의 연구자가 그 흐름을 주도했고, 그들을 추종하는 젊은 연구자들이 주도해 나가게 되었다. 그 때문에 그들의 관점은 30년 동안 이어져 온 테두리 안을 벗어나지를 못했다.

이러한 학계의 흐름에 반발하고 나온 일부 진보적인 소장 학자들이 1980년대에 들어 나타났다. 그렇지만 그들의 연구방법이나 관점은 자체적인 노력에 의해 이루어진 창신성은 없었고, 대개 일본학계나 북한학계의 시각을 추종한 것에 불과했다. 그럼에도 약간의 다른 시각에 의한 연구들이 나타났으니, 이를 종합해 분석해 보면 대체적으로 4가지 분야로 나눌 수 있다.

[사진 28] 중국 관내 한국독립운동 주요 활동지.

첫째는 독립운동사 연구의 본질이 국가의 주권을 회복하기 위한 민족 독립운동이라는 시각이었다. 그들은 주로 문화운동 및 계몽운동을 중심으로 민족주의적 독립운동으로 간주했다. 이러한 시각의 연구자들은 주로 기존의 원로학자들이 중심이 되었고, 동시에 그들을 추종하는 소장파 학자들이 주도해갔다.

그들의 공통적인 관점은 근대화 과정에서 나타난 민족주의 운동이 한국 독립운동의 주류였다고 보는 시각이었다.[1] 이는 일본 제국주의에 맞서 투쟁하기 위한 저항정신의 기저가 되었다고 보았다. 이들 민족주의 관점이 추구하는 바는 두 가지였다. 하나는 자주독립이었고, 다른 하나는 주권국가의 건설이었다.[2]

이러한 관점은 한국의 독립운동을 민족주의 운동으로 귀속시켰다. 다시 말해서 19C 말에서 20세기 초의 경술국치까지를 민족주의가 형성된 시기라고 본다면, 1910년에서 1945년까지를 민족주의 전개 시기라고 보았다.

그러나 민족주의적 관점에서 한국독립운동사를 보는 데에는 학자 간에 자연적으로 민족주의의 성격 문제에 대한 서로 다른 견해를 표출시킬 수밖에 없었다. 그러한 다른 견해란 하나는 근대이전의 고전적 관점이었고, 다른 하나는 근대 이후의 근대적 시각에서 보는 관점이었다.[3] 이는 민족문제와 민족주의 문제가 서로 혼재된 가운데 나

---

1) 李庭植, 『韓國民族主義運動史』, 서울, 한밭출판사, 1982. 朴宗根, 「韓國近代における民族運動の展開」 『歷史學研究』 서울, 歷史學會, 1978.
2) 金俊燁, 「獨立運動의 歷史觀」, 『韓國獨立運動史의 再照明 學術會議論文集』, 獨立紀念館, 韓國獨立運動史硏究所, 1989, 13-14쪽.
3) 趙東杰, 『한국 민족주의의 성립과 독립운동사 연구』, 서울, 지식산업사, 1989, 9쪽.

타난 문제였다. 민족주의란 변혁과 저항의 내용을 포괄하는 의미를 가지고 있었는데, 이러한 모순은 근대를 지나는 과정에서의 산물이었다. 이러한 모순적인 시각과 관점은 이론과 이를 응용하는 여러 방면에서 나타났기에 독립운동의 의의를 정의하는 데에도 혼란을 가져와 양적인 연구만 증가시켰고, 독립운동사에 대한 진실한 역사관을 확립하는 데에는 한계를 가져다 주었다.

그러자 자료의 발굴 및 정리, 그리고 각종 독립운동과 연관된 사건을 나열하면서 그 전개 과정만을 소개하는 피상적 연구에 그치게 했고, 진정한 독립운동사의 역사관을 확립시키는 데에는 한계가 있었다.

그러다가 21세기에 들어와서는 다양한 시각을 가진 연구결과물이 봇물 터지듯이 나와 독립운동사 연구의 중흥기를 맞이했다. 원 세대 연구자들이 대부분 현직에서 물러나거나 작고한 가운데 뒤를 이은 후계 학자들이 활발하게 연구에 매진한 결과였다. 물론 우적 계열의 연구가 다양한 방면에서 압도적이었고, 깊이 있는 괄목할만한 연구들도 많이 출현했다. 이들 결과물에 대한 소개와 논평은 지면상의 이유로 지양하고자 한다.

이에 대해 좌적 계열의 연구도 눈에 띄는 결과물들이 많이 나타났다. 아마도 정치계의 흐름과 연관 짓는 것은 지나친 추측이겠지만, 그동안 유야무야 연구하던 경향에서 밖으로 나오는 듯한 백화제방적 연구 경향이 나타난 것은 바람직한 분위기라고 평가할 수 있다고 본다.

그러다가 최근에 들어서는 이러한 흐름을 이끌던 제2세대들이 현직에서 벗어나면서 침체기에 들어갔다고 할 수 있을 만큼 연구 활동도 활발하지 않게 되고, 돌출된 연구결과물도 보이지 않고 있는데 이러한 모습은 독립운동사를 연구하는 연구자들 입장에 서는 것은 매우 유감스러운 일이 아닐까 여겨지며, 제3의 연구 번성기가 도래하기를 기대해 본다.

2) 북한 학술계의 인식

북한 학자들의 한국독립운동사에 대한 관점은 1968년에서 1972년에 출간된 『조선전사(朝鮮全史)』15(근대편, 과학백과사전출판사, 1980)·『조선근대혁명운동사』(사회과학원역사연구소, 1962)·『현대조선역사』(1971)·『김일성 저작선집』(1978) 등에 모두 균일하게 나타났다.

이들 서적들의 공통 관점은 마르크스-레닌주의의 역사관을 왜곡해서 북한 자체의 주의에 맞게 새로 창조된 '주체사상적 역사과학'이었다. 이러한 관점은 근본적으로 학문과는 거리가 먼 역사관으로 정치적 목적의식을 갖고 서술된 본질적으로 편향된 서술이라고 할 수 있었다.[4]

북한의 한국독립운동사에 대한 연구는 시작부터 역사과학이라는 특성과는 현격한 거리감이 있었다. 즉 사료에 대한 비판, 사실에 대한 객관적 고증 등을 완전히 무시한 일방적 서술이라고 하겠다. 덧붙인다면 북한의 한국독립운동사에 대한 연구는 혁명 전통의 정치적

---

4) 金昌順, 「북한에서의 독립운동사 인식」, 『한국독립운동과 민족통일논문집』, 독립기념관부설 독립운동사연구소 주최 제9회 독립운동사학술심포지움, 1995.

이데올로기를 계승한 허구적인 역사관인 것이다.[5]

　이러한 시각은 비단 한국독립운동사 연구에서만 한했던 시각이 아니라 근현대사 전체에 대한 일관된 시각이었다. 즉 당과 혁명에 맹종하여 정치적 목적을 달성하기 위한 하나의 수단으로서 진행된 연구였다. 특히 이러한 현상이 두드러지기 시작한 시기는 김일성 유일 영도체제를 형성하는 1950년대 말에서 1970년대까지였다. 이 시기는 말만 역사연구였지 김일성 가족을 미화하는 개인 역사주의였다.

　이 당시 연구의 특징이라고 한다면, 독립운동 중에서 김일성을 부각시키는 왜곡된 의열투쟁이었다. 북한이 성립하기 시작한 초기에는 일제가 남겨놓은 역사관을 말소하고 좌파 민족주의 사관을 제창하는 데에 충실했다. 그러다 보니 자연히 일제식민지 통치하에서 진행된 의열투쟁에 대한 연구가 고조되었는데, 그러는 중에 의열투쟁의 중심인물로 김일성이 대두하게 되었고, 이윽고 그가 최고의 민족주의자로서 대두하게 되었다가 결국에는 영웅주의 사관으로까지 전환되게 되었던 것이다.[6] 그러다 보니 그의 과거 행적이 과장되게 되었고, 그를 중심으로 한 소규모 집단의 의열 투쟁이 집중 조명되게 되었으며, 나아가 그러한 소집단을 중심으로 한 대중투쟁과 무장투쟁이 높게 평가되기 시작하였으며, 이는 결과적으로 어려운 가운데서도 놀라운 효과를 가져왔던 소수의 의열 투쟁이 평가 저하되는 결과

---

5) 金昌洙, 「북한 사서의 항일민족운동사 서술」 『선운사학』 5, 서울, 고려학술문화재단, 1991, 55쪽.
6) Dae-sook, Soh, Kim il sung : The north korean header(newyork : columbia university press, 1988.)

로 이어지게 되었던 것이다.[7]

강재언(姜在彦)은 김일성 개인주의 중심의 역사관이 반영된 것은 마침 조선노동당 내의 숙청 운동 역사의 결과가 반영된 것이라고 지적했다.[8]

이러한 것들은 객관적 사실을 무시하고 모순된 김일성 개인 중심적 사관을 서술한 것으로, 이는 남북한 학자들의 역사 인식에서 심대한 편차를 가져오게 하는 계기가 되었고, 장차 통일이라는 대 목적을 달성하는데 저해가 되는 여러 가지 모순을 일으키는 배경이 되고 있다.

종합한다면 북한의 한국독립운동사 연구에 대한 시각은 완전히 학문적 성격을 잃은 하나의 허구적 논픽션 소설에 불과하다고 할 수 있다.

3. 중국 학술계의 인식

1) 타이완 학술계의 인식

한국과 중화인민공화국이 1992년 수교하기 전 타이완 학술계의 한국독립운동에 관한 연구는 비교적 활발했다. 국사관, 국민당 당사위원회, 외교관, 중앙연구원 근대사연구소 등에서 수집한 한국독립운동사와 관련한 사료의 수집은 비교적 풍부했다. 그리고 이를 바탕으로 『국민정부와 한국독립운동 사료(國民政府與韓國獨立運動史

---

7) 역사문제연구소, 「민족해방운동의 현단계와 과제」 『쟁점과 과제 민족해방운동사』, 서울, 역사문제연구소, 1990. 29쪽.
8) 姜在彦, 「북한에서의 근대사 서술」 『조선근대혁명운동사』, 서울, 한마당, 1988, 부록 참조.

料)』⁹등 여러 자료집이 비교적 일찍이 출간되었다.¹⁰ 이러한 배경에서 후춘후이(胡春惠)의 『중국에서의 한국독립운동(韓國獨立運動史在中國)』¹¹이라는 책과 장위파(張玉法)·장춘우(張存武)·린넝스(林能士)·사오타이신(邵台新)·주후이민(周惠民)·양밍저(楊明哲)·린통파(林桶法) 등 많은 학자들이 국제학술세미나에서 한국독립운동사에 관한 논문들을 발표하였다.

타이완 학술계의 한국독립운동사에 관한 관심점은 한국독립운동과 중국국민당의 관계하에서 이루어진 "국민당의 지원에 의한 한국독립운동계와의 관계 유지", "한국독립운동의 발전과 양국의 우호관계" 등에 집중되었다. 특히 국민당의 한국독립운동에 대한 지원은 대체적으로 크게 "대한민국임시정부의 승인문제", "한국독립운동에 대한 경비 지원 문제", "한국독립운동가들의 배양문제" 및 "한국독립운동 당파 내부의 분쟁에 대한 조정" 등 몇 개의 문제가 주류를 이루었다.

국민정부의 대한민국임시정부에 대한 승인문제에 대해서 타이완 학자들은 대부분 9.18사변(만주사변) 이후 기본적으로 확정적이었다는 인식을 갖고 있었다. 다만 이후 발생한 제2차 세계대전으로 인해 이 문제는 중국 정부 내의 문제만이 아니라 연합국도 이에 관계되는 국제문제로 발전하면서 중국국민당 정부는 단독적으로 이 문제에 대한 결정을 내릴 수 없는 차원으로 발전하게 되었기에 정식으로 임시

---

9) 『國民政府與韓國獨立運動史料』, 對北, 中央研究院近代史研究所, 1988.
10) 林桶法, 「臺灣地區有關韓國獨立運動史料及研究槪況」『韓國獨立運動血史新論』, 上海, 復旦大學韓國研究中心, 1996.
11) 胡春惠, 『韓國獨立運動史在中國』, 對北, 中華民國史料研究中心, 1978.

정부를 승인하는 기회를 잃게 되었다고 주장했다.[12]

중일전쟁 이후 가장 중요한 문제는 국민당이 한국독립운동에 대한 경비 지원문제였다. 이는 한국독립운동을 위한 인재의 배양과 한국독립운동 내부의 분쟁이 이로 인해 나타났기 때문이었다. 이에 대해 타이완의 대다수 학자들은 한국독립운동에 대한 경비 지원 정책이 한국독립운동에 많은 도움을 주었고, 더불어서 항일 전쟁을 위한 중요한 정책 중의 하나였음을 강조하였으나 그 효과는 매우 적었다고 판단했다. 그것은 국민당 내부의 재정 문제가 충분하지 않은 상황에서 대량으로 한국 임시정부를 지원할 수 없게 되었기 때문이었다 밝혔다. 동시에 한국독립운동계 내부의 분쟁은 국민당이 통일적으로 경지를 지원할 수 없는 상황을 만들었기에 지원하는데 혼선을 가져와 효율적인 지원을 할 수 없었다고 설명하였다.[13]

이러한 상황에서 비교적 눈에 띄는 논문은 주후이민(周惠民)의 「식민지주의와 민족주의의 상호작용 아일랜드·조선반도 및 타이완 지구를 기초로 한 비교-」였다. 그는 이 논문에서 삼국의 민족주의를 비교하며 이들 삼국 식민지 국가의 저항운동 성격을 비교하였다.[14]

그는 비교하는 가운데 타이완과 아일랜드는 섬나라이기 때문에 이들에 대한 봉쇄가 유리했으므로 이들 양국 저항운동의 활동 범위는

---

12) 林桶法, 앞의 책.
13) 林能士, 「國民黨派系政治與韓國獨立運動」, 『近代韓國民族運動과 對日關係國際學術會議論文集』, 서울, 韓國民族運動史研究會, 1996, 119-129쪽. 楊明哲, 「抗戰期間國民政府對韓國獨立運動的實質援助」『日帝侵掠과 愛國啓蒙運動國際學術會議論文集』, 서울, 民族運動史事研究會, 1992.
14) 周惠民, 「植民主義與民族主義之互動-以愛爾蘭·朝鮮半島及臺灣地區為基礎之比較」『韓國民族史의 諸問題國際學術會議文集』, 서울, 韓國民族運動史研究會, 1993.

한계가 있었다고 평했다. 그러나 이들과는 달리 한국은 중국과 러시아와의 국경이 맞닿아 있었기 때문에 활동 범위가 매우 커서 효과적인 항일투쟁을 진행할 수 있었다고 평가했다. 동시에 그는 타이완 학자들이 중시하지 않았던 '조선어연구회' 등 문화 활동 형식을 빌려 진행한 항일민족운동과 두 나라의 문화투쟁이 연계하여 투쟁하는 방안의 연구를 하면서 이에 대한 활동을 높이 평가했다. 이는 타이완 학자들에게 한국독립운동 연구에 새로운 과제를 제공해 주었다.

2) 대륙 학술계의 인식

중국 대륙에서 한국독립운동사의 주요 연구는 1992년 양국이 국교를 재개한 이후 시작되었다. 한국 '국제교류재단' '한중교류협회' '대우학술재단' 등 각종 단체가 중국의 유명한 대학에 한국연구센터를 설립하고 경비를 지원하면서부터였다. 따라서 양국 학자들의 학술교류는 매우 활발히 발전해 나아갔다. 그러나 한국에 초청되어 온 중국학자들은 대부분 학술토론회가 정한 주제에 대한 자료를 보면서 즉흥적으로 쓴 것이 대부분이었다. 따라서 독특한 관점이나 새로운 연구방법이 무엇인지를 말하는 연구는 거의 없었다고 해도 과언이 아니었다.

한국독립운동사 연구에 종사하는 학자들은 대부분 한국연구소가 설립된 후 필요에 따라 연구 방향을 전환한 학자들이 대부분이었다. 그들 대부분은 대외 관계사를 전공하는 연구자들이었다. 따라서 지금까지 학계의 관심을 끄는 주제나 시각을 보여주는 논문들이 나타나지 않을 수밖에 없었다고 이해는 하지만 아쉬움을 말하지 않을 수 없는 것이다. 특히 그들은 남북한의 관계를 고려하면서 논문을 작성해야 했으므로 자신들의 진실된 견해를 피력하기란 매우 어려웠을 것이라는 점도 고려해야 할 것이다. 따라서 그들의 연구는 중국에 남아 있는 자료를 수집하고 정리하는 수준의 연구였다는 점에서 평가해야 할 것이고, 그러는 가운데 엿볼 수 있는 중국 학자들의 시각을 통해 한국독립운동에 대한 그들의 견해를 감지할 뿐이다.

그러나 제일 중요한 것은 한국에 없는 중요한 자료들을 새로 발굴하고 공개하고 있다는 점에서 그들의 공헌을 높이 평가하지 않을 수 없다. 사회주의 국가의 특징인 자국에 대한 비판적인 태도는 기대할 수 없는 일이고, 또 자신의 동맹국가들에 대해서는 우선적으로 여기는 그들의 입장하에서도 뜻하지 않은 자료들을 공개하거나 연구결과를 내놓는 것은 국내 연구자들이나 다른 제3국의 연구자들에게 좋은 정보가 될 수 있다는 점에서 긍정적인 면도 있다는 점을 감안해야 할 것이다.[15]

이러한 중국학자들 이외에 주목할 만한 연구로서 중국에 거주하고 있는 조선족 학자들의 연구를 들 수 있다. 그들은 우리와 같은 동족이라는 점에서 한국독립운동사 연구에 상당한 관심과 애정을 드러내고 있음을 볼 수 있다. 비록 중국에서 거주하고 있다는 점에서 중국 측의 입장을 고려하지 않을 수 없는 상황을 감안하더라도 그들의 연구시각은 우리에게 시사하는 바가 크다고 할 수 있다. 이들 대부분은 지린성(吉林省)에 있는 옌볜(延邊)대학과 옌볜 및 지린사회과학원에

---

15) 楊昭全, 『朝鮮義勇隊史』, 『關內地區朝鮮人反日獨立運動資料匯編』, 『東北地區朝鮮人革命鬪爭史匯編』. 石源華, 『韓國獨立運動血史新論』 등.

집중적으로 소속되어 있다. 그들의 연구 수준은 대체적으로 중국 학자들의 입장과 비슷한 점도 있지만 그들의 연구욕은 중국 학자들보다 한 차원 높다고 할 수 있다. 특히 국내 학자들이 접할 수 없는 다양한 분야에서 다양한 시각으로 연구되고 있다는 점은 국내 학자들에게 자극을 주는 역할도 하고 있다는 사실이다.[16]

이들의 연구시각은 대체로 세 가지 점으로 압축할 수 있다. 첫째는 대한민국임시정부에 대한 평가문제이다. 두 번째는 항일운동이라는 혁명사적 각도에서의 연구이다. 세 번째는 사회주의 계열 사람들의 항일투쟁사에 많은 관심을 두고 있다는 점이다.

먼저 대한민국임시정부의 평가문제는 좌파와 연계하여 결성한 통일정선적 각도에서의 연구이다. 예를 들면 1930년대에서 1940년대에 걸친 초기 좌파정당이 대한민국임시정부에 진입하여 협동전선 및 연합 전선을 수립하는데 기여하였다고 분석한 스위안화(石源華)의 연구를 들 수 있는데, 그는 단순하기는 하지만 임시정부가 27년 동안 유지하는데 좌파계열 인사들이 참여함으로써 이를 가능하게 했다고 평가하며 그들의 정통성을 주장했다는 점이다. 동시에 임시정부가 좌파 정치단체 인사들을 영입함으로써 그의 지위를 높일 수 있었다고 하는 견해이다. 그리하여 그들을 배제하거나 비판적으로 평가해서는 안 된다고 문제를 제기했던 것인데, 이에 대한 재평가가 이루어져야 한다는 과제를 남겼다고 볼 수 있다.[17]

---

16) 朴成壽,「中國朝鮮族의 革命鬪爭史 批判 延邊史學의 限界性」,『中國東北地方에서의 抗日民族獨立運動國際學術會議論文集』, 서울, 韓國民族運動史硏究會, 1990.
17) 石源華,「韓國獨立運動與現代中國」『韓國獨立運動硏究國際學術會議』, 上海復旦大學韓國硏究中心, 1995.

두 번째는 항전 시기의 항일독립운동을 민족주의 운동·좌파의 사회주의 운동[18]·공산주의 운동[19]등으로 나누면서 민족주의 운동과 사회주의 운동을 저평가하고 동북 지구를 중심으로 한 공산주의 운동만이 정확한 관점의 운동이었다고 주장하였다. 양사오첸(楊昭全)은 상하이 대한민국임시정부가 주도했던 독립운동은 지역적으로나 시기적으로 모두 부적절했고, 한국인이 비교적 많이 거주해 있었고, 한반도와 지리적으로 가장 가까웠으며, 경제적으로도 가장 풍족했던 동북지구에서의 한국독립운동이 가장 효과적인 운동이었다고 주장했다.[20] 그는 김일성이 대표되는 공산주의 계열의 항일투쟁을 예로 들어 설명하면서, 그들은 중국공산당이 영도하는 동북항일연군에 속해 있었고, 동시에 중국 전사들과 함께 통일부대를 조성하여 대일작전을 진행함으로써 일본군에게 심각한 타격을 주었다고 주장했다.[21]

이러한 점은 중국학자들의 공통된 관점이었다. 그들의 견해는 동북지구가 항일운동의 제일 전선이 되어야 한다면서 그 이유로 사회경제적 배경을 분석하면서 합리화하는 시각이었다. 물론 이러한 견해에도 일말의 긍정적인 면은 있다고 할 수는 있겠지만, 그러나 실제적으로 훌륭하게 항일투쟁을 전개할 만한 조건을 가지고 있었다고 할 수 없고, 동북항일연군 및 그 지대의 명의로 활동한 조선 지대의 투

---

18) 여기서 말하는 좌파계열의 사회주의 운동이란 바로 '민족 협동전선 운동' 을 말한다.
19) 楊昭全, 韓俊光, 『中朝關係簡史』, 遼寧, 遼寧民族出版社, 1992.
20) 楊昭全, 「中國東北地區韓國抗日獨立運動(1920-1945)」 『해외 항일 민족독립운동의 새로운 인식 국제학술회의 논문집』, 서울, 민족운동사연구회, 1993.
21) 위의 논문, 50쪽.

쟁은 그저 자신들만의 편견에 의한 주장이었지 실속 있는 항일전선을 구축했다고 하는 다른 나라 학자들의 객관적 연구 평가는 거의 없는 상황이다.

세 번째는 옌볜(延邊) 지역을 중심으로 한 조선족 학자들의 사회주의 항일혁명운동사 각도에서의 한국독립운동사 연구이다. 그들의 특징은 그들 저서에서 혁명 영웅을 주로 다루고 있다는 점이다. 취안리(權立)는 한국 학자들이 사회주의자들의 항일운동사를 부정하는 관점에 대해 반박하면서 반드시 한국독립운동사 속의 하나로 기록되어야 한다고 했다. 그는 "중국공산당과 연합하여 반일 독립투쟁을 전개했던 조선의용군은 말할 것도 없고, 중국국민당과 연합하여 반일 독립투쟁을 전개했던 한국광복군도 반일 독립운동을 했다는 점에서 같은 맥락의 항일 저항운동이었기에 실질적으로는 같은 것이었다."[22]고 했다.

그는 또 "동북항일연군 여단은 계속해서 소(小)병력을 동북지역에 보내 일본군에 대해 타격을 가했고, 이들 여단의 일부가 소련 소비에트 군에 편입하여 동북지역을 해방시켰다"고도 했다.[23] 이러한 주장을 하면서 그는 반드시 사회주의 항일운동사를 한국독립운동사 속에 써넣어야 한다고 강력하게 주장했다. 그의 관심은 조선의용군이 마치 중국공산당의 영도하에서 항일운동을 진행했고, 이러한 활동은 사회주의 특성상 아마도 합리적인 일면이 있다고 보는 듯했다. 그

---

22) 權立,「韓國民族獨立運動의 範疇에 대하여 中國 延邊史學者의 抗日獨立運動史硏究視角」,『中國東北地方에서의 抗日獨立運動 論文集』, 서울, 汕耘文化學術財團, 1990.
23) 위의 논문.

러나 이처럼 편중된 인식의 비객관적 시각은 학문연구로서는 피해야 할 부분임을 간과하고 있는 것이라고 할 수 있다. 이러한 편향된 시각에 대해 한국 학계에서는 당연히 받아들이지 못하고 있는 실정이기는 하지만, 이러한 시각에 관심을 두고 연구하는 학자들이 나타나고 있는 현상이 보인다는 것도 간과할 일은 아닌 듯 싶다. 하지만 이러한 시각을 입증할 수 있는 자료의 제시나 객관적인 시각이 될 수 있는 합리적인 연구 방법이 제시되어야 할 것이다.

4. 일본 학술계의 인식

일본에서의 한국독립운동사에 대한 연구는 일본이 패전한 후 식민지 사관을 극복해야 한다는 요구에 호응하기 의하여 한국사 연구의 일부로써 시작되었다. 다시 말해서 한국의 역사는 이전부터 정체되지 않았었고, 또한 외래 역량에 의존하는 역사가 아니었다는 사실을 증명하기 위함에서였다. 동시에 한민족을 멸시할 이유가 없다는 것을 인식하게 된 것이고, 따라서 한민족을 차별해서도 안 된다고 하는 사실을 인식시키고자 했던 때문이었다.

그러나 일본 학자들의 식민사관은 뿌리가 깊기 때문에 식민지사관을 극복하기 위한 방법론을 찾는 일은 그리 쉬운 일이 아니었다. 그렇지만 새로운 방법론을 제시하면서 그러한 곤경을 벗어날 수 있는 가능성은 충분히 존재하게 되었다. 이에 대한 결과로 일본 학계에서는 남북한 학계에서의 연구 시각을 관심 있게 보는 학자들이 생겨나게 되었고, 그러는 가운데 서서히 그 시각을 일본에 소개하게 되었다. 이것이 일본 학자들이 교착상태에 빠져 있는 상황에서 벗어날 수 있는 하나의 돌파구를 만들어 주었다. 북한의 연구성과 중 자본주의 맹아론과 관계가 있는 역사유물론에 근거하여 추출해 낸 한국 역사의 발전단계론이 그것이었다. 한국 역사의 발전에 외적인 요인에 있지 않다는 새로운 내용이 일본 학자들에 의해서 일본에 소개되었던 것이다.

이는 일본 사학계에 커다란 영향을 주게 되었다.[24] 동시에 식민지 역사관을 극복하기 위한 각종 노력이 일본에 소개되기 시작했다.[25] 이러한 상황하에서 1959년 한국사 연구에 뜻을 둔 일본 학자들이 한국사연구회를 결성했다. 그리하여 1960년대 초에 양 방향의 새로운 연구 방법을 모색하기 시작했다.

첫째는 칭하기를 일본 제국주의에 대한 소위 「고발사관(告發史觀)」이었다. 그 주창자는 사회주의자였던 야마베 겐타로(山邊健太郞)였다.[26] 이 방법론은 일본이 한국을 도와 근대화를 실현시켜 생활 수준을 제고시켰다고 하면서 일본이 한국에 은혜를 베풀었다고 하는 황당무계한 논리를 질책하며 극복하고자 했다. 그러나 그들의 노력은 오히려 한국은 수혜국이었다는 것을 역으로 증명하는 꼴이 되었다. 즉 한국은 정체되어 앞으로 나아가지를 못했고, 일본은 선진국이며 모든 것이 만능인 나라였으며, 한국 국민은 주체성이 결핍되었었다고 하는 결론과 모순이 뒤따르게 했다.

---

24) 朝鮮歷史硏究會 역, 『朝鮮民族解放鬪爭史』, 京都, 三一書房.
25) 宮嶋博史, 「韓國於ける民族史學について」, 歷史學硏究會, 『歷史學硏究』 439, 東京, 史會書房, 1976.
26) 山邊健太郞, 『日韓倂合小史』, 東京, 岩波新書, 1966. 『日本の韓國倂合』, 東京, 太平洋出版社, 1966.

[사진 29] 조선은 일본을 보는 거울'이라며 평생을 한국 근대사 연구에 몰두한 야마베 겐타로(山邊健太郎).

둘째는 「내재적 발전론(內在的發展論)」의 확립이었다. 이는 한국민의 발전성과 자율성을 찾는 연구 태도였다. 이들 연구는 한국이 일본이나 서구와 마찬가지로 본신은 모든 게 같아서 발전 가능성이 많다는 것을 보여주는 방향이었다. 이들 연구의 목적은 정체론과 멸시관을 없애려는데 목적이 있었다. 이를 통해 일본이 강행하고 있는 한국 역사의 대외 정책에 대한 왜곡을 고발하고 식민지 통치의 정당화를 주장하는 논조를 극복하는데 있었다. 그 대표적인 학자가 가지무라 히데키(梶村秀樹)였다.[27]

당시 중국의 사회주의 건설 상황은 매우 빨랐고, 많은 지식인들이 일본 사학계의 「내재적 발전론」에 대해 지속적으로 관심을 갖고 있었

---

27) 梶村秀樹著作集刊行委員會編,『梶村秀樹著作集』全六卷, 東京, 明石書店, 1990.

다. 이로부터 사학연구의 진보적 방향으로 매진하는 현상이 발생하였다. 이러한 과정에서 비록 민족주의와 연계된 저작물들이 많이 나타나기도 했지만, 사실은 사회주의 목표를 실현하고자 하는 사회주의 체계의 민족운동사가 많은 성취를 얻고 있었다.

이러한 견해는 다음과 같은 관점에서 엿볼 수 있다.

3.1운동 후 자산계급 민족주의자 내부에서는 서서히 비타협성 투쟁방식에 대해 의심을 품는 풍조가 일어났다. 1920년대는 하나의 과도기였지만, 1930년대에 들어선 이후에는 민족해방 투쟁의 주체가 자산계급에서 노동자·농부의 사회주의자가 주체가 되었다.[28] 자산계급으로부터 사회주의자로 그 주체가 전이해 갔다는 도식은 북한의 모든 역사서에서 주장하는 관점이었다. 일본학자의 한국 독립운동에 대한 관점은 북한 학자의 역사관에 기초한 것이었고, 계급투쟁 학설의 기초하에서 만들어진 것이었다.

비록 일본 학자의 연구 기점이 식민지 역사관을 극복하기 위한 차원에서 나타난 것이라고는 하지만, 현재 대부분 일본학자의 관점은 1960년대에 이르러 최극점에 들어선 사회주의 계열의 민족운동사적 관점이 계승된 것으로, 이를 통해 식민지 사관을 극복하려 했던 것이다. 당연히 한국에서는 당시 사회주의 체계의 민족운동사 연구는 거의 없었다. 이를 통해 말할 수 있는 것은 그들의 연구가 한국 독립운동연구사에는 아무런 공헌이 없었다는 점이다.[29] 현재 사회·공산

---

28) 梶村秀樹,「朝鮮の社會狀況と民族解放鬪爭」,『世界歷史』27, 東京, 岩波書店, 1971, 246쪽.
29) 水野直樹,「民族解放運動史」,『新朝鮮史入門』, 京島, 同盟會出版, 1983. 宮嶋博史,「近代」(I), 水野直樹,「近代」(II),『硏究入門』2, 中國II, 朝鮮, 京島, 同盟會出版, 1983.

주의적 관점이 몰락한 상황이기는 하지만, 그래도 여전히 원래의 이러한 관점들을 견지하고 있는 연구자들이 있다는 점에서 하나의 국한된 관점이라고 하기에는 단정할 수 없다고 볼 수 있다.

당연히 일본 사학계는 이러한 관점이 이미 국한적인 관점이라고 인식하고 있는 상황이다. 그들은 80년대 이후 세계사적인 구도에서 재차 한국독립운동사를 새롭게 인식하고자 시도하고 있다. 그러나 오늘날까지도 원래 가지고 있던 국한적 방법론을 극복할 수 있는 유효한 방법론을 찾지는 못하고 있다. 일본 사학계는 오늘날까지도 자본주의 근대화에 대한 비판을 통해 사회주의의 변혁을 가져왔다는 기본 관점을 벗어나지 못하고 있다. 이러한 관점을 통해 한국민족운동사 연구를 평가하고자 하는 태도는 더욱 한국민족운동사 연구의 평가 표준을 더욱 찾지 못하게 하였다. 이것이 최근 일본에서 한국독립운동사 연구가 활발하지 않게 된 주요 원인이다.

이후 일본에서는 '내재적 발전'이라는 시각을 극복할 수 있는 새로운 연구 방법론을 반드시 찾아내야 할 것이다. 그래야만 일본 학자들이 한국 독립운동사에 대한 연구가 비로소 새로운 단계로 넘어가는 영역으로 들어갈 수 있을 것이라고 확신한다.

5. 마치는 말

각국 학자들의 한국독립운동에 대한 관점에는 상당한 차이가 있다. 이러한 관점상의 차이는 하나의 공통적인 점이 있다. 즉 한국독립운동에 대한 긍정적인 관점이다. 다만 그 차이점은 누가 한국의 독립운동을 주도한 역량이었느냐는 시각이었다. 즉 그 차이점이란 바로 각국이 가지고 있는 이데올로기의 차이에서 비롯된 것이었다. 각국 학자들은 바로 이러한 이데올로기를 바탕으로 연구했기 때문에 서로 다른 관점을 보이게 된 것은 당연한 일이었다. 그렇기 때문에 이러한 문제를 단기간 내에 해결한다는 것은 대단히 복잡한 문제이다.

그러나 아시아의 미래를 생각한다면 아시아 각국의 역사의식이 일치되어야 하는 것은 당연하다. 이는 사실상 어려운 문제이기는 하나 아시아의 발전을 위한 대전제임에는 틀림없다. 근대 한중일 삼국의 역사에서 가장 큰 관심과 시각의 일치를 가져야만 하는 주제이기 때문이다. 이러한 관심과 목적을 가지고 연구에 임한다면 각국의 시각차는 차츰 좁혀질 것이고, 궁극적으로 약간의 차이가 있기는 하겠지만 어느 정도는 공통적인 관점에 이르게 될 것이리라 믿는다.

이를 위해서 먼저 각국의 인식 차이를 정리해 보고자 한다. 이 인식의 차이는 대체로 다섯 가지로 요약할 수 있다. 첫째는 한국독립운동에 관한 용어가 다르게 사용되고 있다는 점이다. 즉 항일민족운동, 독립운동, 민족해방운동, 항일운동, 민족해방투쟁 등이 그것이다. 이들 개념은 각기 특성을 가지고 있어 정확한 개념상의 이해가 불충분하다. 따라서 각종 견해의 차이를 좁힐 수 없는 원인이 되고 있다. 예를 들면 '항일민족운동'이란 일본 제국주의의 침략에 대해 저항하여 국가 주권을 회복하려는 일체의 운동을 의미하고, '독립운동'이란 주권회복을 통해 자주독립을 쟁취하겠다는 운동이며, '민족해방운동'은 외국 통치로부터 벗어나겠다는 의미와 동시에 모든 압박과 속박으로부터 해방되기 위한 계급투쟁적 의미가 있다.[30] '항일운동'은 민족주의 운동과 사회주의 운동을 포함하는 개념이 포함되어 있어 일제에 저항하는 일체의 운동을 의미하고, '민족해방투쟁'은 독립운동의 과정을 국가건설 운동으로 간주하는 의미이다. 다시 말해 사회주의 국가 건설 운동을 말한다고 할 수 있다. 그렇기 때문에 이들 용어의 정확한 개념을 파악하고 사용해야만 각자의 의견을 축소시킬 수 있는 배경이 될 수 있다고 본다.

두 번째는 한국독립운동사를 하나의 인식 모델로 취하려는 시도이다. 예를 들면, 항쟁을 통해 한국의 독립운동을 민족주의 운동에서 사회주의 운동으로 전환시키려 하는 시도이다. 이러한 시도는 자기 이론의 합리성을 증명하기 위하려 한데서 나왔다고 할 수 있다. 이러한 시도는 항일독립운동의 진실한 상황에 따른 실질적 인식을 복잡하게 할 수가 있다. 동시에 인식의 다양성을 부정하게 할 수도 있다. 한국의 독립운동에는 당연히 민족주의 운동과 사회주의 운동을 포괄하는 모든 항일투쟁을 연구대상으로 하고 있기 때문이다.

세 번째는 문화운동과 국학수호운동은 직접적으로 일제와 충돌하는 양상을 띠는 운동은 아니지만 독립운동 범주에 들어가는 운동이다. 따라서 외교나 무장투쟁을 중심으로 독립운동사를 연구하는 방법은 다시 한번 생각해야 할 문제이다. 예를 들면 조선어학회사건, 신사참배 반대운동, 비밀결사 운동, 독서회 사건 등의 문화운동은 일제 치하의 열악한 상황에서 민족의식을 고취시킬 뿐만 아니라 민족

---

30) 金昌洙, 「韓國獨立運動史의 硏究史的 檢討」, 『汕耘史學』, 서울, 高麗學術財團, 1992, 113-114쪽.

단결을 공고히 하게 했다는 점에서 오히려 무장투쟁보다 거대한 작용을 불러올 수 있기 때문이다.[31]

넷째는 다시 한번 의열 투쟁에 대한 평가를 해야 한다는 점이다. 일부 학자들은 의열 투쟁을 저평가하거나 작은 단체의 운동, 또는 영웅주의적 테러단체의 활동이라고 폄하하고 있는데, 이는 좌파 사회주의운동이라는 편견을 가지고서 하는 평가이다.

다섯째는 대한민국임시정부의 역할에 대해 공정한 역사적 평가를 해야 한다는 점이다. 즉 일부 학자들이 대한민국임시정부는 분열분자들이 활개를 침으로서 효과적인 독립운동을 못했다고 하는 부정적 평가를 하고 있는데, 이 임시정부는 한국독립운동의 대본영이었고, 민족주의 운동을 총지휘했다는 지위를 인정해야 한다는 점이다. 임시정부는 좌파의 역량을 흡수하여 민족협동전선을 구성하였고, 광복군이라는 무장부대를 건립하여 항일전선에서 분전하도록 하였다는 점에서 그 역사적 지위를 충분히 평가해야 한다는 점이다.

이러한 다섯 가지 점을 바탕으로 한국독립운동을 전면적으로 재평가해야만 한다는 점을 제언하는 바이다.

한국독립운동은 동아시아의 근대화 과정에서 각국이 제국주의 침략에 저항하는 민족주의 운동의 중심에 있었다는 점을 공동인식으로 하여 연구할 때 그 진정한 가치가 무엇이었는지를 공감하게 될 것이고, 그러한 가치가 세계평화의 기초가 될 것이라고 믿는다.

---

31) 高麗大亞細亞問題硏究所,「日帝下의 文化運動史」『日帝下 韓國硏究叢書』3, 서울, 高麗大亞細亞問題硏究所, 1985.

마치는 말

한중일 역사 인식 갈등의 해소를 위한 제언
- 역사 교과서 기술의 문제와 극복 -

목차

1. 화해와 공생에 대한 인식의 재정립
2. 역사 교과서 개정 시의 주요 참고사항

    (1) 역사 교과서 개정의 필요성
    (2) 유럽에서의 교과서 개정 경험
    (3) 교과서 개정에 있어서 민족주의 기술의 문제점

3. 동아시아 역사 교과서 서술의 차이점 비교

    - 한중일 삼국의 임진왜란에 대한 기술을 중심으로 -

4. 동아시아 역사 교과서의 기술을 위한 제언
5. 공동연구에서 나타났던 문제점과 이를 극복하기 위한 방법

    (1) 소위 「한일역사공동연구회」의 모순
    (2) 어떠한 공동연구가 필요한가?
    (3) 공동연구 어떻게 할 것인가?
    (4) 「공생(共存同生)」을 추구하는 공동연구를 하자

1. 화해(和諧)와 공생(共生)에 대한 인식의 재정립

이 세상에서 3000년 이상의 역사를 가진 나라가 오붓하게 모여 살

고 있는 지역은 동아시아 지역밖에는 없다. 문화적 공감대를 이룰 수 있도록 활발한 인적·물적 교류도 있었지만, 오히려 치고받고 하는 경쟁 관계를 통해 서로의 자존을 지켜왔던 것이 아닐까 하는 점이 더 강하게 인식되게 되는 것은 그만큼 우리 민족의 주변국에 대한 악전고투의 역사가 뇌리를 떠나지 않기 때문일 것이다.

그러한 원인은 우리의 국토가 작고 인구가 상대적으로 적은 관계로 인해 중립적 역할을 제대로 하지 못하게 되면 곧바로 주변국의 제물이 될 수밖에 없는 지정학적 위치를 떠올리지 않을 수 없지만, 그보다도 동북아 삼국의 공통적 이념 즉 「화해」와 「공생」을 위한 시스템이 와해 되는 경우에 그 직접적 원인이 있었다는 것을 간과할 수가 없기 때문이다.[1] 물론 이러한 화해와 공생의 이론적 기초는 동양사상에서도 그 기조를 이루고 있지만, 이러한 이념에 대한 직접적인 정립과 실천이 구축되지 않았다는 점에서 삼국 교류역사의 한계점을 반성하지 않을 수 없다.

근대에 있어서 일어난 불행한 일에 대한 망상으로 동북아 삼국은 21세기 첨단사회에서조차도 이러한 역사의 그늘을 지우지 못하고 세상이 열망하는 동양적 리더십을 제대로 발휘하지 못하고 있는 것도 바로 이러한 이념적 갈등에 기인하고 있음을 우리는 서로 인정하지 않으면 안 될 것이다. 그렇기 때문에 많은 학자들은 이러한 문제를 해결하기 위해서 여러 다양한 각도에서의 연구와 해결방법을 제시해왔다.

---

1) 차효섭, 조이제, 김승일 공저,『동북아의 화해와 공생』, 범우사, 2009, 참조.

그러나 이러한 문제는 당연히 쉽게 해결될 문제가 아니라는 것도 잘 알고 있다. 이 글 또한 그런 점에서 이에 대한 근본적인 문제를 해결할 수 있는 전지전능한 해결책을 제시하고자 하는 것은 아니다. 서양적인 시각에서 바라보는 동북아 갈등의 원인과 그 배경 분석을 통해 어떤 시각을 가지고 역사를 해석해야 하는지, 그리고 이를 위한 올바른 역사 교과서는 어떻게 써야 하는지 등에 대해 처음으로 탐색했던 하와이대 교수들의 시각을 참고하여, 동시에 가장 심각한 갈등을 보이고 있는 한중일 삼국의 역사 인식에 대한 문제해결을 위한 새로운 시각을 제언하고자 하는 것이다.

이를 위해서 먼저 「화해」와 「공생」의 의미부터 정립해 보는 것이 필요하다고 본다. 우리는 일반적으로 「화해(和諧)」라는 개념보다는 「화해(和解)」라는 용어를 사용해 왔다. 「화해(和解)」란 『순자(荀子)』「왕제(王制)」편에 나오는 표현을 통해 보면 "관용을 베풀어 풀려고 하면 저항하지 않게 된다(寬和不拒下也)"는 의미로서 즉 "싸움을 그만두고 사이를 좋게 하는 것"이라는 말이다. 즉 이미 양자 간에 싸움이 있던 것을 좋게 풀어낸다는 사후책적(事後策的)인 말이다. 이에 대해서 「화해(和諧)」라는 의미는 『시경(詩經)』에서 말한 것처럼 "황후나 왕비가 군왕을 즐겁게 해주는 덕이 있다면 화목해지지 않을 수가 없다(后妃說樂君子之德, 無不和諧)"고 했고, 『사마상여(司馬相如)·금부(琴賦)』에서 "서로 교류하여 인정이 통하게 되면 몸과 마음이 모두 화목해진다(交, 情通, 體心和諧)"고 한 것처럼 「화해(和諧)」란 "조화(調和)하다" "서로 화목하게 지내다(むつびあう)"와 같은 말로서, 어떤 트러블이 일어나기 전에 미리미리 서로가 미덕을 발휘하거나 교통하여 잘 이해하게 되면

화목하게 지낼 수 있다는 사전책적(事前策的)인 말이다

다시 말해서 인류사회에서 항상 불안적 요소로 도사리고 있는 빈부의 갈등, 권력과 비권력의 갈등, 가해자와 피해자의 갈등, 양심과 비양심과의 대립, 좌파와 우파의 이데올로기적 대립 등의 문제를 해결하기 위해서는 사후 책인 「화해(和解)」보다는 사전 책인 「화해(和諧)」정신을 선양하고 납득하게 하는 교육과 실천이 필요하다는 말이다. 다시 말해서 이러한 화해(和諧) 정신을 통해서만이 비로소 「공생(共生)」할 수 있는 인류의 보편적 인식을 확립하기 위한 공감대를 형성할 수 있게 된다는 말이다. 그렇다면 「공생」이란 어떤 정신인가를 살펴보자. 이를 한마디로 정의하면 다음과 같다.

"우리가 안정되고 강력한 힘의 주체자가 되어 인류가 함께 살아갈 수 있는 목표를 실천할 수 있도록 의지력(毅志力)을 가지고 법으로 부여된 권리와 의무의 실천을 통해 평등과 안정을 구현하여 세계평화를 이룩하자는 정신이다"

이러한 「공생」의 정신은 고대 중국의 법가사상에서도 찾아볼 수가 있지만, 오늘날 인류에게 요구되는 「공생」정신의 직접적인 화두는 독일의 요하네스 알투지우스(Johannes althusius 1557-1638, 『인민주권론·1614』)에 의해서 처음으로 제시되었다. 그는

"「함께 살아가야 한다」는 이념은 가족으로부터, 그다음에는 사회적 규모로 확대해서 제 단체, 지방, 나아가 국가로

까지 미치도록 해야 한다. 이를 국가적 차원에서 말한다면, 법이 지배하는 다원적인 연방국가론으로 전개되어야 하고, 국가 간에는 자연법으로서 국제법의 지배가 전개되도록 해야 한다"

고 했다. 이런 주장이 나타나게 된 배경은 절대주의의 등장으로 인해 권력 강화가 진행되어 갔던 시대에 대한 경계와 주의를 경고하기 위해서였다. 알투지우스가 이를 주장한 목적은 철저하게 법으로써 권력을 통제하는 정치학과 법학을 추구하여 권력 남용을 방지하고자 한 것으로 권력 남용에 대해서는 재판에 회부하여 저항해야 한다는 의미였다. 그러면서 누가 주권을 가지고 있는가와 주권자로부터 주어진 집행권을 누가 갖는가는 다른 문제임을 강조하였다.

그는 「사무엘서」 상 제8장-10장에 근거하여,

"나는 인민(pepulus)을 보통 사람들의 집합체로서 정의한다. 그리고 하나의 몸체(體)로 결합된 왕국의 구성원으로서 파악한다. 따라서 인민은 왕국 혹은 국가의 소유권자가 되는 것이다. 즉 같은 활동, 같은 생업, 같은 천직의 일을 행하고 있는 사람들이 자신의 일을 해가며 생활하는 중에, 각 개인의 방법을 통해 무엇인가 공통하는 것을 함께 보유하려는 방향으로 생각하게 되면서 결합이 되는 것이므로 결합체의 주인은 바로 인민이다"

라는 인민관(人民觀)을 가지고 있었다.

이는 바로 인민의 권리가 자연법적으로 주어진 것이기 때문에 "주권을 가지는 인민은 법이 규명하는 이외의 권력(국가, 통치자, 기관 등)에 구속받을 수 없으며, 자신들의 상호 우정과 호의 하에서 평등하게 살아가야 한다"는 것이었다.

이를 바탕으로 그는 인류가 「공생」의 권리를 향유할 수 있는 이유를 증거하였다. 즉

> "인민은 사적으로 고립된 개인이 아니라, 개인으로서 사회적으로 기능할 수 있는 법적 지위를 가지고 있기 때문에, 결합체로서 생각할 수 있는 경우의 인민은 이미 단순히 「자연사적으로 관찰된 현상」으로서의 인간이 아니라, 「권리 의무의 책임자」인 「법적 조직체」(Rechtsgebilde)이기도 하므로 누구나 법 안에서 동등하게 살아갈 수 있는 권한을 향유할 수 있다."

고 했다.

바로 인간이 「공생」 할 수 있는 것은 천부적으로 부여된 하나의 권리이기 때문에 누구로부터도 구속을 받거나 방해를 받으며 살아서는 안 된다는 것이었다. 따라서 제국주의를 포함한 어떤 강대국이라 할지라도 다른 나라를 침범하거나 약탈하는 행위는 있을 수 없다는 것이었다. 그럼에도 불구하고 자신들의 행위에 대해 반성은커녕 자신들도 피해자라고 하는 역사 인식을 갖고 있는 이러한 환경하에서는 절

대로 「화해」와 「공생」의 공감대를 가질 수가 없다는 것이다. 따라서 이 글에서는 어떻게 해야 「화해」와 「공생」의 공감대를 가질 수 있겠는가를 주제로 하여 한중일을 중심으로 하는 새로운 동아시아 세계를 위한 하나의 제언을 천명하고자 하는 것이다.

2. 역사 교과서의 개정 방안
(1) 역사 교과서 개정을 위한 방법론

동아시아에서의 상황은 동유럽에서 일어나고 있는 일들보다 훨씬 더 불안해 보인다. 냉전의 종식에도 불구하고 동아시아 대부분의 국가들은 세계 어느 지역보다 더 빠르게 재무장하고 있다. 아이러니하게도 세계적으로 답보하고 있던 냉전 심리로부터 벗어나 새롭게 나타나고 있는 국제질서는 오히려 동아시아 국가들에게는 더 큰 긴장감을 불러일으키는 것은 아닌지 걱정스러울 정도다.

이러한 시대적 배경을 대면하고 있는 동아시아 분야에 관계하고 있는 학자들은 이러한 문제를 해결하는 일에 관여해야 한다고 자각하게 되었다. 그리하여 그들은 첫째, 국가적 자신감의 성장(특히 민족주의에 대한 불식)과 역사 교과서에 서술된 내용 가운데서 상호 관계를 객관적으로 고찰하여 젊은 세대에게 이러한 사실들을 알려야 한다는 점, 둘째, 서유럽 각국이 다른 나라들에 대해 어떤 일을 해 왔었는가를 정확한 입장에서 파악하여 그들 국가들이 어떻게 자신의 역사 교과서를 더 정확하게 개정하였는지 서유럽 사람들의 경험을 조사 고찰해야 한다는 점에 관심을 갖게 되었던 것이다.

이러한 관점에서 그들이 우선 밝혀내고자 하는 것은 "왜 유럽 국가들이 동아시아 국가들보다 호의적이고 협력하는 가운데 연합하게 되었는가?" 하는 것이었다. 좀 더 명확하게 말한다면, 그들의 역사 교과서 개정 작업이 얼마나 유럽의 정신적 단일화에 기여했는가를 밝혀내고자 하는 것이었다.

즉 유럽 나라들이 어떻게 역사 교과서를 개정하여 문화적, 경제적, 도덕적으로 통합을 이루는데 공헌할 수 있었고, 또 어떻게 동아시아에서 그러한 유럽인들의 경험을 연계시켜 역사 교과서를 개정할 것인지에 대한 문제를 다뤄야 한다고 생각하게 된 것이다.

그리하여 역사 교과서의 개정 작업을 통해 동아시아 세계의 통합을 이루게 하기 위한 하나의 시도로서 하와이 동서문화센터에서는 1990년 2월에 회의를 갖게 되었다. 이 회의에서는 다변적 역사 교과서 개정 작업을 통해 일반적 절차와 체제를 공식화하고자 했다.

이런 회의가 몇 차례 진행되면서 1994년 회의부터 세부적이고 구체적 안건에 대한 토의가 시작되었는데, 그 대표적인 주제를 예로 들어 문제해결 방법에 대한 의견이 어떤 것이었는지를 살펴보면 다음과 같았다.

이 회의에서 다룬 대표적인 주제는 광개토대왕비 비문에 대한 연구가 착수될 수 있는 지에 관한 토의였다. 몇몇 중요 문자들은 여러 가지 해석이 가능하기 때문에, 또 문자 변화의 증거에 대해 신중한 연구를 한 한국 학자가 일제시기 일본군이 많은 면에서 유리하도록 이 비문의 특정한 문자들을 삭제하고 왜곡했다고 결론을 내렸기 때문에, 이 비문은 일본과 한국 사이의 반감을 만들어 내는 주범이 되었고, 그에 대한 논쟁은 현재에도 이어지고 있다.

회의 결과 동서문화센터가 광개토대왕비 비문에 대한 연구를 맡아야 한다는 의견이 제안되었다. 그리하여 동서문화센터에서는 중국학자인 왕젠췬(王健群)의 『광개토왕비연구』라는 책을 번역하기 보다는 번역자에게 비문의 역사적 배경과 그의 책을 비판적으로 소개할 것을 주문함과 동시에 책에 대한 비평은 동서문화센터가 맡기로 했다. 왜냐하면 번역 작업을 하게 되면 아마도 몇 년은 걸려야 할 것이고, 그렇게 되면 이 프로젝트 계획이 장기적으로 될 가능성이 있었기 때문이었다. 그래서 실질적으로 작업을 해나가기 전에 다른 학자들이 그렇게 하는 것처럼 왕젠췬의 책을 비교하는 약간의 예비조사를 하는 식의 연구를 하기로 결정했던 것이다.

이 비문이 고구려 왕조(기원전 37년~기원후 668년)의 역사를 알려주는 현존하는 당대 최고의 한국 자료(414년에 만들어짐)라는 사실에서, 영어로 번역된 왕젠췬의 저술(혹은 다른 선도하는 학자들의 저술)의 유효성은 고대 한국의 역사에 관심 있는 역사학자들에게 대단히 가치 있는 일임이 분명했기 때문이었다.

이러한 식으로 하나하나의 문제점을 토론하면서 서로가 이해할 수 있는 답을 찾아내어 교과서에 서술한다면, 시간적 문제는 있겠지만 역사 교과서상의 난제들을 차근히 공동적으로 풀어나갈 수 있지 않겠나 하는 생각에서 시도되었던 것이다.

(2) 유럽에서의 교과서 개정 경험

서유럽에서 제2차 세계대전의 여파는 유럽석탄철강공동체(European Coal and Steel Community)로 알려진 경제기구가 하나의 구체적인 시초가 되어, 이것이 다시 서유럽 통합을 향한 운동의 형태로 이어지게 되어 민족주의의 후퇴를 가져오는 계기가 되게 하였다. 이 초국가적인 기구는 곧 유럽경제공동체(European Economic Community, EEC)를 설립하기 위해 더 확장되었는데, 이는 근대 유럽에서 국제적인 협동에 가장 효과적인 인간의 노력이었음이 증명되었다.

제2차 세계대전의 파괴와 유럽의 정치적, 경제적, 그리고 군사적 세력의 쇠퇴는 열광적인 민족주의(나치즘과 파시즘)의 포학성을 보여주었고, 이를 경험하여 알게 된 모든 원인은 유럽인들로 하여금 경제 통합을 향한 움직임을 가져오게 하는데 결정적인 기여를 하게 되었다.

즉 자멸적인 제2차 세계대전, 그리고 유럽의 정치적·경제적·군사적인 쇠퇴, 게다가 가장 강력한 요인인 광적 민족주의에 쉽게 감염될 수 있음을 알게 되었던 것이다. 다시 말해서 근대 민족국가였던 유럽인들은 이 민족주의야말로 서로를 파멸시키는 가장 악독한 요소라는 사실을 경험함으로써 알게 되었기에 이러한 강력한 요인이 전 유럽인들의 뇌리에 의식화 되었던 것이다.

그리하여 유럽 사람들은 통합의 필요성을 느끼게 되었고, 그 결과 서유럽 국가들은 1949년(유럽 공동시장 설립보다 9년 앞선 시기)에 그들은 산업 보호를 구실로 하여 구성원들 사이에 보다 큰 화합을 달성하였던 것이니 공식적으로는 '유럽회의(혹은 유럽심의회, Council of Europe)'라고 알려진 다국적 자문기관을 설립하게 되었던 것이다.

거기에다 유럽의 학교에서 전쟁 전의 역사를 가르치는 것은 유럽 국가들 간의 관계를 악화시키는데 큰 요인이 되었다는 확신을 갖게 되자 '유럽회의'는 후에 생긴 '문화 협력 회의'를 통해 전쟁 전의 역사 교과서 내용을 개정하는 작업에 관한 유럽 국가들 간의 쌍무 회의를 추진하게 되었다. 나아가 회의에 참가한 국가들의 역사책에다 모든 유럽 국가들의 올바른 역사 내용을 담기 위한 점검 회의인 6자 회담 (1953년과 1958년 사이)을 준비하였고, 역사 교과서의 질 향상을 향한 적극적인 단계를 취해 나갔다. 한마디로 말해서 유럽회의는 전쟁 전의 역사를 다룬 역사 교과서를 정화(눈에 확 띄는 왜곡, 그릇된 설명, 편파적인 고정관념들, 고의적 생략들의 제거를 통해)하는 것은 물론 다른 나라들의 업적을 인식할 수 있게 하는 일이 매우 중요한 일임을 인식하고, 새로운 역사 교과서 편찬에 노력을 기울이게 되었던 것이다. 이러한 일을 하는데 있어서 유럽회의는 유네스코처럼 많은 성공과 함께 협력의 촉진제로써 매우 중요한 역할을 했다.

그중에서도 가장 주목을 받은 것은 역사 교과서를 상세히 개정하고 구체적으로 공식화하는 것이었는데, 이를 위해 1954년 프랑스-독일 간에 문화 협정을 체결토록 하였다. 이 문화 협정에서는 다음과 같은 성명을 발표했다.

"양국의 법 테두리 안에서, 양국이 뜻하는 바의 모든 수단을 동원해서, 교육시스템의 모든 기구를 동원해서 최대한의 객관성을 가지고, 그리고 모든 평가 요소와 양국의 감성적 특성의 미덕을 통해서, 두 나라 국민 사이에 해로운 영향을 줄 수 있는 양국 간의 교과서, 특히 역사 교과서를 개정할 수 있도록 하는데, 양국은 모든 노력을 기할 수 있도록 뒷받침해 줄 것을 결의한다."

이 협정은 뒤이어 일어나는 많은 유사한 양자 협정들의 모델로써 작용했는데, 이 프랑스-독일 간에 체결된 이 문화 협정은 두 가지 이유에서 주목할만한 것이 있었다.

첫째, 프랑스와 독일이 역사적으로 화해할 수 없는 적이었다고 할지라도, 그들은 이전의 과거사를 뛰어넘을 수 있는 의견 타결을 통해 우호적인 조화를 이룰 수 있는 경지에 도달할 수 있었다는 점인데, 이는 동아시아 국가들 특히 한국, 중국, 일본 삼국 사이에서 그러한 양자 혹은 다변의 협정을 체결할 수 있는 가능성을 설명해 주었다는 점이다.

둘째, 이 프랑스-독일 간 협정은 정부들 간에 작성된 서면으로 된 서약만이 아니라, 교과서 개정 작업과 또 다른 방향에서의 협력, 그리고 다변적 활동들을 수십 년간에 걸쳐 실시했다는 점이다. 이 일은 통합된 유럽 국가들의 관심과 삶을 보기를 희망했던 많은 프랑스와 독일의 역사가 및 역사 교사들의 자발적이고 협력적인 작업에 의해 이루어졌다. 프랑스-독일 간 문화 협정이 서명된 직후에, 프랑스 역사와 지리 교사들이 연합한 단체의 당시 의장은 다음과 같이 말했다.

"프랑스와 독일의 역사 교사들은 두 나라의 역사 교과서에서 특정한 문제들이 다루어졌던 방법을 함께 조사하기 위해 1950년 이래 매년 만남을 가져왔다. 그리하여 프랑스와 독일 역사가들은 객관적인 역사연구를 실행했고, 교과서로부터 어떠한 감정적 판단을 할 수 없도록 하는데 최선을 다했다."

사실 미국에서 만이 아니라 유럽에서도 국제적 교과서 개정 작업에 포함된 활동들은 19C 후반부터 다양한 세계 평화 운동과 연관해서 개인적인 프로그램으로 시작되고 있었다. 그러나 사실 무관심한 정부에 의해 계속해서 억압을 받아야 했던 이 프로그램들은 진척된 결과를 낼 수는 없었으나 오늘날 관점에서 본다면 매우 중요한 일이었다. 일반 대중 혹은 역사에 관심을 가진 학교 교사들에 의해서 시작된 이 프로그램들은 각자의 나라를 이끌어갈 책임을 진 유럽 국가들의 어린이와 젊은이들에게 가르치는 것을 목표로 했기 때문이었다.

오늘날 서유럽에서 다변적으로 이루어지고 있는 교과서 개정 작업은 정치와는 무관하게 초국가적 활동을 관장하는 기관의 업무 중에서 대단히 중요한 부분이 되고 있다. 오늘날 새로운 서유럽의 탄생도 결과적으로는 이러한 노력의 결과라고 할 수 있다.

따라서 상호 간의 이해와 친선, 그리고 협력 증진을 위해 일한 결과로 탄생한 서유럽의 성과를 기대하는 것은 아니지만, "그렇게 해야만 한다"는 그들과 같은 노력의 필요성을 동아시아 사람들은 알아야 한다는 것을 잊어서는 안 될 것이다.

(3) 교과서 개정에 있어서 민족주의 기술의 문제점

세계 어떤 지역과 마찬가지로 동아시아에서도 각 나라마다 그 나라의 유지와 종속 보존을 위한 태도와 신념의 보급과 고취, 그리고 그들 자손 대대로의 전달을 촉진케 하는 모든 이용 가능한 수단을 통해 적극적으로 협력하고 있다. 교육을 가장 중요시하는 오랜 시간을 통해 확립된 유교의 전통 때문에, 동아시아의 학교 구조는 정치사회의 가장 중요한 요소들에 의해 소중히 여겨지는 목표, 가치, 태도의 보급자와 전달자로서 광대한 범위에 영향을 미치고 있다.

이러한 관점에서 윤리교육과 함께 역사교육은 미래세대를 형성하고 과거의 신념을 강화하기 위한 필수 불가결한 수단으로서 동아시아의 민족국가들에 의해 고려되어 졌다. 즉 민주주의, 민족주의, 공산주의 여부에 관계없이 민족국가는 각국의 교육부 등 각 교육부처를 통해 역사 교과서를 알맞게 만들어 가기 위해 근본적으로 각국의 국가 정체성을 보존하는 것을 특별한 책임감으로 인식하고 있다.

따라서 누구나 상상할 수 있듯이 국제적인 역사 교과서 개정의 임무는 민족주의가 강력한 사회적, 정치적 영향력 하에 남아 있는 동아시아 국가들에서는 막대한 장애물을 직면하게 될 것이 확실하다. 실제로 민족주의 국가였던 동아시아인들의 전쟁 전의 경험은 유럽인들의 그것과는 매우 달랐다. 동아시아에서 집단적인 정부의 권력과 그리고 개인과 국가를 동일시 한다는 것으로 정의될 수 있는 민족주의는 나폴레옹시대 초기의 French prototype(프랑스의 원형)과 비슷하다.

민족자결주의를 주장한 윌슨의 이상(민주주의 정부하에서 모든 민족 집단이 통일과 독립을 영유할 수 있는 권리)을 반영하는 국가적 독립을 위한 다양한 운동들 속에서 민족주의가 처음으로 자신의 특징적인 표현방식임을 발견했을 때, 20세기 초 아시아에서 민족주의는 비로소 이로운 사회적 영향력을 발휘하는 역할을 하게 되었다. 더 나아가 대부분의 동아시아인들은 민족주의가 이질적인 형태로 다양하게 변화되는 것을 경험해 본 적이 없었기 때문에(예를 들어, 전쟁 전 유럽인들이 이탈리아와 독일에서 경험했던 폭력적인 파시스트 운동, 그리고 1930, 40년대에 일본인들이 겪었던 극단적인 민족주의적 군정 통치) 외세의 지배로부터 국가의 해방을 위한 정의로운 투쟁과 진심에서 우러나오는 애국심을 옹호하는 민족주의는 그들에게 예전처럼 여전히 남아 있었다. 따라서 국가와 문화의 정체성을 촉진하고 보존하고자 하는 그들의 열렬한 요구 속에서, 역사가들과 역사 교과서 편찬자들은 그들의 국가를 가장 우호적인 입장에서 "역사적 사실"을 보여주려는 보편적인 경향을 드러내게 되었다.

위와 같은 이유에서 그들은 종종 그들의 이웃 나라를 이용하여, 즉 그들 이웃 나라의 이미지를 비하하는 동시에 자국의 국가적, 문화적 의식을 돋보이게 함으로써 자국의 역량을 증진해왔었다. 역사 교과서에 적용된 위와 같은 국수주의적인(혹은 민족 중심적인) 기술방식은 우매한 민중들을 다른 인류로부터 고립시키고 특정한 국가적 경계 안에 묶어놓음으로써 그들에게 국가적인 결속감에 대한 초이성적인 감각을 발생케 하고 이를 조장하는데 도움을 주었다. 하지만 이 속에는 오늘날 모든 동아시아 국가들이 직면하고 있는 국가적 딜레마에 놓이게 한 원흉이 숨어 있는 것이다.

한 실험은 민족주의가 정치적 목적으로 이용되었을 때 대중을 열광시키고 대중들의 지지를 이끌어 낼 수 있게 하는 강력한 힘을 가진다는 것을 입증하였다. 근대의 많은 국가들이 민족주의 운동을 통해 독립을 얻어냈다. 역설적이게도 일반적으로 "민족 중심적이고 외국 혐오적인 민족 중심 운동일수록 더 인기 있는 지지를 얻어낸다"는 경향이 있다는 것이 실험을 통해 밝혀졌다. 따라서 이를 논리적으로 확장해본다면, 역사 교과서의 기술상에 있어서 민족주의적 요소가 강하게 되면, 불행한 괴롭힘을 당했던 구세대와 많은 관련이 있어 왔던 손실을 극복할 수 있고, 어린 세대에게 국가적 정체성의 성장과 동아시아가 현대산업사회로 이행할 수 있는 촉진제 역할을 하는데 도움을 줄 것이라는 것이었다.

[사진 30] 세계화 바람 속 민족주의의 기승…늘어가는 지구촌 화약고.

그렇지만 역사는 나폴레옹전쟁 이래 실질적으로 모든 전쟁에 대한 책임의 정도 변화는 있어 왔지만 그 후과는 대단히 컸다는 사실을 증명해 주었다. 즉 핵확산이 벌어지고 있는 이 시대에도, 초강대국들은 언급할 필요도 없이 작은 국가까지도 전례 없는 파괴적인 핵무기로 이미 무장하였거나 개발 중에 있다. 그렇기 때문에 지금 우리는 인류의 멸망에 대한 유일한 대안으로서 인류가 반드시 평화와 조화 속에서 함께 살아가야 하는 법을 배워야 하는 것이다.

이러한 시점에 처해 있는 우리가 우리의 다음 세대에게 자민족 중심주의의 신념을 주입하는 것이 진정으로 현명한 것인지, 나아가서 개정을 통한 역사 교과서의 질을 증진시켜 미래 동아시아 국가의 학생들이 서로 이해하면서 성장을 도모케 하는 것이 더 현명한 것이 아닌지 묻지 않을 수 없는 것이다.

앞에서 언급한 것처럼 자국의 보존과 영속을 위하여 모든 국가들은 많은 수단들 사이에서 국가 정체성과 애국심을 향상시키기 위한 특수한 목적으로 역사 교과서와 역사교육을 이용해 왔다. 그러나 이러한 목적이 타 국가를 비방하거나 평가절하하지 않는 한에서 이루어진다면 이는 정당하다고 하겠다. 사실 "melting pot situation(여러 문화가 뒤섞인 상황)" 하에서 주류 민족은 자신들의 문화적 정체성을 유지하면서 항상 소수민족의 문화적 정체성을 말살하려고 했고, 그에 따라 소수민족에 대한 불합리한 고정관념과 편견들을 불가피하게 발생시키게 되었다고 그동안의 실험은 증명하고 있다.

이런 사례에서 볼 수 있듯이, 한 국가가 자신들의 다음 세대에게 다른 나라의 문화를 평가하는 것을 가르치기 이전에 자국의 국가적 문화적 전통을 잘 이해시키는 것이 매우 중요한 일이긴 하지만, 본질적으로 국제적 이해와 협력의 필수 조건인 타민족 또는 민족 집단의 다양한 문화에 대한 관용과 이해는 국가적 정체성을 증진시키는 데에 상당히 중요하다. 그래야만 결코 스스로를 궁지에 빠뜨리지 않게 되는 것이다.

이제 중국, 일본, 북한, 한국, 대만에서 행해진 역사 교과서에 대한 예비 실험에서 도출된 연구결과에 대해 살펴보자. 이 연구결과들은 우리가 동아시아 국가들 간의 국제적 이해와 실제적 협력을 증진시키고자 할 때 사용할 수 있는 시험적인 방법에 불과하지만, 이 시험적인 방법이 교과서 개선의 여지가 많다는 것을 실례로 보여준다고 주지하기를 바란다.

첫째는 과학적인 역사 연구법을 통해 개선해야 한다는 것은 역사가들이 그들의 선입관을 인식하고, 그들의 작업으로부터 편견적인 영향을 제거토록 노력하며, 정당하고 충분한 근거가 있어 보이는 증거들에 의해서만 결론을 이끌어 내도록 해야 한다는 것을 말한다. 마찬가지로 기록물로부터 자료를 평가하거나 이용할 때, 교과서 집필진들은 반드시 과학적으로 일관된 태도를 유지해야만 한다.

예를 들어 왕실의 연대기들은 왕실 역사가들이 들어내기를 원했던 것과 숨기려고 했던 것 모두에 대해서 조사되어야 하는 반면에, 왕실은 자신과 국가를 가장 호의적인 모습으로 보여주려는 보편적인 경향이 있으므로 옛 황제의 칙령이나 선언 등은 의심해 보아야 한다.

둘째는 설사 정확한 사실이라 할지라도 고유의 역사적 맥락으로부터 독립되어 제공되어서는 안 된다는 것이다. 왜냐하면 독립된 사건들은 종종 오해를 불러일으키기 때문이다. 악의가 있어서라기보다는 무지에 의해 일어난 일일지라도, 독립된 사건만을 제공하는 것은, 때론 다른 나라를 비하하게 되는 반쪽짜리 진실만을 이야기하는 것과 다를 바가 없기 때문이다. 약간의 사례를 정리하면 다음과 같다.

한나라와 고조선 사이에 있었던 전쟁의 발발에 대해 보면, 타이완 중학교 역사 교과서 집필진들은 고조선의 왕이 한나라의 사절을 살해했고, 전한(前漢)과 다른 나라의 통치자들이 한나라와 관계를 맺으려고 할 때 그것을 방해했다고 말하며, 옛 고조선의 왕인 우거(右渠)를 비난하였다. 그런 이유로 황제 무(武)는 고조선을 공격하기 위해 육상과 해상을 통해서 두 개의 독립원정군을 파견하였고, 고조선이 정복된 뒤에 황제는 영토를 한나라의 네 개 지역(낙랑, 임둔, 현토, 진번)으로 분할하였다.

이렇게 기술한 이 역사 교과서의 집필진들은 아마도 사건의 출처로써 서한(西漢)의 황제 한무제의 연대기를 이용했을 것이고, 이러한 그들의 설명은 부분적인 출처와 관련된 것에 한해서는 정확했다고 하겠다. 그러나 중국의 어린이들이 고조선의 왕이 중국의 사절을 살해했다는 사실을 듣는다면 그런 극악한 행위는 한국인 같은 야만인들로부터는 누구나 예상할 수 있는 것이라고 생각하며 충격을 받았을 것이다. 하지만 만약 중국의 어린이들이 전체적인 역사의 맥락에서 그 사건에 대해 들었다면, 그 영향은 매우 다를 것이다. 이 사건에 대한 근본적인 원인은 한무제의 황실에서 일한 저명한 역사가인 사마천이 쓴 『사기(史記)』에 잘 기록되어 있다. 사마천은 이 문제가 일어난 것은 한나라 특사가 먼저 그를 호위하던 고조선의 왕자를 고조선

밖으로 끌어내 암살하였는데, 그리고는 황제에게 고조선의 장군을 죽였다고 보고하였다. 그 비열한 행위에도 불구하고, 황제는 이 사건에 대해 형식적인 조사만 한 뒤 특사에게 요동(遼東)지역의 동부사령관의 자리를 수여하였다. 왜냐하면 용맹한 고조선의 장군을 살해했다는 것이 황제의 나라에 대한 자부심을 고취시켰기 때문이었다. 그 특사가 자신의 새로운 자리를 위임받았을 때, 위와 같은 모욕에 분노한 고조선 왕은 그의 부대를 출격시켜 그 특사를 공격하고 죽였던 것이다.

사마천이 말한 '한 군사 통치자의 살해'라는 제목의 이 권선징악적 이야기는 한나라가 고조선에게 전쟁의 명분을 제공해 주었음을 말해주고 있다. 이것은 어린이들이 배워야 할 사마천에 의한 균형 잡히고 객관적으로 설명된 역사적 사건이다.

이와 관련하여 양국이 전쟁을 일으키게 한 전체적인 사건의 맥락을 모두 생략한 중국 역사와 개정판 중국 역사 교과서에 대해 주목해볼 가치가 있는 것이다. 후자(개정판 중국 역사)는 기원전 1000년 이래의 한중일 삼국 사이에 존재했던 밀접한 문화와 교류 관계의 역사적 중요성에 대해 강조하고 있지만, 반면에 중학교 국사는 한나라 특사의 살인에 관련된 사건에 대해서는 언급하지 않으면서, 한나라가 고조선을 정복한 것에 관해서는 경제적 제국주의적 관점에서 설명하며 논하고 있다. 고조선은 요동반도에서 한반도의 북동부 지역까지 차지하고 있었고, 중국과 한반도 남부 지역들 간의 무역관계(외국 무역들은 고대 조공제도의 체제 안에서만 행해졌다)를 방해할 수 있었기 때문에, 한국의 왕과 관리들은 많은 부를 축적하면서 무역 중계자로서 활동하였다. 이에 의해 붕괴된 중국의 관세제도 붕괴에 분노한 한나라가 고조선과 전쟁을 하기로 결정하였다고 쓰고 있다.

북한의 역사책『조선역사』는 사마천에 의해 직접적인 개전의 이유로 여겨졌던 한나라 군사령관의 살해에 대한 언급은 삼가한 채 한나라에 의한 고조선의 정복을 중국의 대 제국주의 계획의 일부로만 다루었다. "많은 주변 나라들을 집어삼키는 동안 한나라를 침략할 기회를 기다리며 우리의 고조선도 또한 정황을 주시했다."(제3권, 32쪽). 대체로 이 교과서의 저술자는 사마천의 '조선의 전말서'인 조선열전의 주요 맥락을 정확히 따르고 있다고 하겠다. 하지만 유감스럽게도 그 교과서는 주변 국가들 간의 보다 넓은 이해에 실질적인 도움이 되지 않는 공격적인 단어와 문장들로 가득 차 있음을 알 수 있다.

셋째는 이론적으로 객관적인 역사 교과서는 다른 나라의 역사를 다루는 데 있어서 호의적인 증거를 보여주도록 해야 한다는 것이다. 즉 역사 교과서는 주변 국가를 불쾌하게 할 수 있는 단어나 문장을 사용하지 말아야 할 뿐만 아니라, 인류의 발전에 공헌했다고 여겨지는 그 나라들의 문화와 다른 성취들도 언급하여 그들과 그들의 역사를 바르게 나타내야 한다는 말이다.

예를 들어, 중국의 발명품인 종이, 점토와 나무로 연이어서 만들어졌던 휴대용 인쇄기, 항해에 이용된 나침반, 그리고 한국의 발명품으로써 등자와 구리, 납 등으로 만들어진 휴대용 화약, 그리고 일본의 노구치 히데오(野口秀雄)에 의해 발견된 의학적 성과인 황열병과 매독을 일으키는 파상균과 매독균(Treponema pallidum) 같은 것들은 인류의 발전에 분명히 기여한 내용들이기 때문에, 이러한 수많은 인류의 노력들을 소개해 주어야 한다는 말이다.

왜냐하면 한 국가의 어린아이들이 다른 나라가 문화적·기술적으로 성취한 것들을 학습할 때, 낡은 편견과 불건전한 습관들을 극복할 수 있을 뿐만 아니라, 새롭고 더 나은 문물들을 배울 수가 있기 때문이다.

넷째는 어떠한 역사 교과서를 막론하고, 교과서에 기술되어 있는 자료는 그 선정에 있어서 균형적이어야 한다. 확실한 것은 역사를 기술함에 있어서 발생한 모든 사실을 서술한다는 것은 불가능하기 때문에, 증거들이 분석된 후에 역사가들은 어떤 사실들이 자신들의 목적에 가장 부합하는지를 결정해야 한다는 것이다. 이런 신중한 선택은 역사를 서술함에 있어서 역사가의 주관적 견해를 감소시킨다. 그렇지만 교과서 서술자는 방대한 자료들이 뒤섞여 있는 가운데서 어떤 역사적 사실을 선택할지 판단을 내려야 한다.

이전의 사례들에서 보았듯이 중국 역사의 저자들은, 다른 나라의 교과서 집필진들이 그들의 역사 교과서에는 절대적으로 필요하다고 보이는 것들까지 포함해서, "한나라에 의한 고조선의 정복"을 전부 빠뜨리고 서술하였다. 물론 포함시켜야 할 자료가 너무 많은데 비해 공간이 너무 협소하여 그것들을 제외했다고 정당화시키는 것도 이해할 수는 있지만, 이러한 행위는 잠재적인 위험성을 내포하고 있는 것이다.

다시 말해서 우리는 우리가 좋아하는 것을 포함시키고, 우리가 싫어하는 것은 배제하는 경향이 있는데, 이러한 편향적인 역사 서술은 편견을 유발시킬 뿐만이 아니라, 역사교육의 모든 목적을 헛되게 할 수도 있다. 따라서 자료의 선정은 다음 세대를 위하여 현명하게 이루어져야 한다는 것을 주지해야 할 것이다.

위의 사항들은 역사 교과서를 검토한 결과를 놓고 다시 재검토한 학자들이 중요하다고 여겼던 원리들이다. 물론 이런 네 가지 원리가 전부인 것은 아니다. 예를 들어, "정보의 정확성"은 위의 원리들만큼이나 중요하다. 그러나 실질적으로 부정확성이 쉽게 발견되고, 고의적인 생략 또한 마찬가지이다. 어찌되었든 앞에서 말한 것처럼, 평가 기준은 동아시아 교육체제를 연구하는 대표자들에게 일임되어야 할 것이다.

3. 동아시아 역사 교과서 서술의 차이점 비교
- 한중일 삼국의 임진왜란에 대한 기술을 중심으로 -

중국과 일본, 한국이 16세기 말경에 휘말려 든 주요 사건은 일본의 한국 침입과 관련되어 있다. 일본의 『개정 일본사』에는 이렇게 쓰여 있다.

"당시 사실상의 일본 지배자였던 도요토미 히데요시(豊臣秀吉)가 일본 서부 지역을 완전히 복속시킨 1587년에 그가 중국을 정복하려는 생각을 품기 시작했다. 그래서 그는 최근에 자신에게 굴복한 봉신(封臣)인 대마도의 영주에게 명해 한국의 왕에게 편지를 전하게 했다. 그것은 한국의 왕에게 공물을 바치고, 자신의 군대를 한국 영토를 통해 중국으로 보내는 것을 승인해 달라고 요구하는 내용의 편지였다. 그러나 한국의 왕이 중국은 한국의 종주국이기 때문에 그의 군대의 자유 통행을 거절하자, 히데요시가 군사 원정을 준비하기 시작했다. 나고야의 기지에서 주도면밀하게 준비한 뒤, 그는 1592년에 대한 해협을 건너 부산으로 가도록 가토 기요마사(加藤淸正)와 그 밖의 서부의 영주(다이묘)들을 15만 명이 넘는 군대와 함께 파견했다. 방어 태세가 갖추어지지 않은 한국인들을 향해 진격하며 일본군은 곧 지금의 서울에 도착할 수 있었다. 가토가 이끄는 분견대는 두만강까지 진격했다. 그러나 이순신 제독(1545~1598년)이 이끄는 한국 해군이 잇따라 승리하고 한국 의병의 강력한 저항에 부딪히는 동시에 중국에서 원군이 오고, 또 열세에 처한 일본 해군의 식량이 부족한 데다가 일본 지휘관들 사이에 불화가 일어났다. 이런 모든 요소들이 결합되어 전쟁의 진척 상태가 예상보다 훨씬 더 지연되었다. 그래서 히데요시는 협상을 통해 곤경에서 벗어나는 길을 모색하려고 했다. 그러나 그가 요구하는 화의 조건들이 거부되어 협상이 깨지자, 히데요시는 1597년에 또다시 14만 명을 조선에 파견했다. 그래서 일본군 병사들은 다음 해까지 치열한 싸움을 계속할 수밖에 없었다. 그해에 히데요시가 사망하자 일본군 병사들이 모두 본도로 철수했다. 약 7년간 지속된 침략은 중국과 한국의 일본에 대한 적대감뿐만 아니라 일본의 자원 및 인력의 측면에서도 막대한 손실을 초래했다. 그러자 도요토미

311

가의 쇼군으로서의 권위가 땅에 떨어지게 되었다."²

　역사 교과서들이 일반적으로 아주 작은 공간에서 매우 많은 것을 다루어야 한다는 사실을 고려할 때,《개정 일본사》는 히데요시의 한국 침략을 편파성을 띠지 않고 균형감 있게 다루고 있고, 제시된 사실들도 모두 정확하다. 그러나 이것은 그 인간적·사회적 내용이 상실된 기술이라고 할 수 있다. 전쟁이 일본인과 한국인 모두의 삶에 어떤 영향을 미쳤고 그것을 어떻게 바꾸어 놓았는가 하는 의문이 그대로 남게 된다. 틀림없이 7년 동안 20만 명의 병사들에게 식량을 계속 공급하는 것은 엄청난 일이었을 것이다. 이런 맥락에서 또 한 가지 해답이 없는 상태로 늘 사람을 괴롭힌다는 의문도 있다. 그것은 어째서 히데요시가 군사 원정을 기도했을까 하는 것이다. 한 가지 설은 그가 서부 지역의 다이묘들(봉건 영주들)과 그들의 사무라이(무사들)들에게 조선 공격을 명한 것은, 그들의 군사력을 해외 원정 사업 쪽으로 돌림으로써 그들이 자신에 맞서 잠재적으로 위험한 반대 세력을 형성하지 못하게 하기 위해서였다는 것이다.³ 그렇지만 관련된 다이묘들이 집단적인 배신의 징후를 보이고 있었다는 확실한 증거가 없는 한 이 설은 여전히 순수한 추론의 영역 안에 머무르고 만다고 하겠다. 또한 침략을 히데요시의 '광기' 탓으로 돌리는 것도 설득력이

---

2)『개정 일본사』, 160-161쪽은 사실상 정확한 내용을 그대로 인용하였으면서도 자유롭게 해석한 것이라고 볼 수 있다. 특히 주11)에는 히데요시의 화의 조건 속에는 무엇보다 중국의 항복과 한국 남부의 영토 할양이 포함되어 있었다. 중국 측 조건은 히데요시를 일본의 왕으로 봉하는 것과 중국 조정에 공물을 바치는 특권(즉 '교역 특권')을 주는 것이었다.《개정 일본사》, 161쪽의 주석.
3)《중학교 국사》, I, 173쪽 참조.

없다. 역사가들에게는 상당히 눈에 잘 띄는 사실이지만, 알렉산드로스 대왕에서 히틀러에 이르기까지 다수의 이른바 위대한 세계의 정복자들은 모두 광기의 한 가지 요소(다른 사람들에 대한 지배를 추구하면서 수백만 명의 인간의 생명을 완전히 무시하는 것)를 공유하고 있었다. 어쨌거나 우리가 과연 히데요시의 심리 상태가 어떠했었는지를 결정하는 것은 확실히 의심스러운 것이다.

이렇게 의심할 수 있는 것은 아래와 같이 볼 수도 있기 때문이다. 확실히 일본은 1500년에 무장한 수많은 공동체로 나누어져 있었다. 그래서 내전이 만연되어 있었다. 불교 사원의 공동체들조차 서로 싸우는 다이묘(지방의 권력을 쥔 지휘관들과 그들의 사무라이 신하들)들의 권력에 도전했다. 또한 불교 종파들의 지도하에 일반 농민들이 이따금 무장 궐기하는 데도 성공했다. 해적으로서든 '자유 무역업자'로서든 해상을 떠돌아다니는 것은 바다에서 이 국내의 무질서와 짝을 이루는 것이었다. 사실 사무라이 가문의 자식들에게 열려 있는 훌륭한 직업인 해적 행위는 일본의 연안에 있던 나라들의 다이묘들과 확인할 수 없는 지역들의 지방 유력자들에 의해 계획된 것이었다(확실히 이미 당나라 시대에는 발해가 산동 반도를 대규모적으로 습격할 수 있었다. 명나라 시대에는 아프리카에까지 이르렀던 1405-1433년 기간에 있었던 정화 지휘하의 중국의 해상 원정도 또한 지방 유력자들에 의해 해외 습격이 계획될 수 있다는 것을 보여주었다). 히데요시는 직접 규슈에서 지방의 해적 활동이 성공을 거두는 것을 보자 큰 부와 힘을 축적하는 하나의 방법으로 해적 사업의 중요성을 깨달았다. 이와 동시에 아마도 그는 지방의 다이묘들이 자신의 권위에 도전할 수 있을 만큼 너무 부유해지거나 강해지지 않도록 이런 사업들이 그들이 아니라 중앙 정부에 맡겨져야 한다고 확신했을 것이다. 명 왕조(1368-1644년) 후반기에 중국이 허약해졌기 때문에, 일본 통일을 완료한 히데요시는 틀림없이 일본의 해적 사업을 전면적인 중국 정복 사업으로 확대시키려는 생각을 품었을 것이다. 히데요시가 일본을 통일하기 전에 먼저 중국과 싸우는 것에 대해 가끔 말했다는 것이 일본의 역사 기록에 의해 입증되고 있기 때문이다.

중화인민공화국과 대만, 남북한의 교과서들은 히데요시의 침략을 각기 크게 다르게 다루고 있다. 《중국 역사》Ⅱ, 112-113쪽에는 이렇게 서술되어 있다.

> "1597년에 14만 명에 이르는 일본군이 한강에 이르자, 한중 연합군이 그들을 격퇴하고 부산 인근의 한반도 남쪽 구석으로 후퇴하게 만들었다. 이듬해에 히데요시가 죽자 일본 정부는 지체하지 않고 일본군 병사들을 모두 조선에서 철수시켰다. 그러나 일본군이 철수할 때, 명나라와 조선의 연합 해군이 일본 해군과 맹렬히 전투를 벌여 후퇴하는 적군을 사실상 전멸시켜 버렸다. 이 전투가 벌어지는 동안 70세가 넘은 중국의 장군 등자룡(鄧子龍)과 유명한 한국의 제독 이순신이 모두 영웅적으로 전사했다."

《중국 역사》, Ⅱ, 102쪽에는 이 사건이 은혜라도 베푸는 듯한 태도로 기술되어 있다. 이 교과서에는 또 이렇게 서술하고 있다.

"조선의 왕이 명나라 황제의 훌륭하고 충실한 봉신(封臣)으로 판명되었기 때문에, 황제는 일본이 조선에 전면적으로 침입하자 조선 왕의 명나라 원조 요청에 응답해 그 나라를 구하기 위해 군대를 파견했다. 처음에는 명나라군이 평양에서 일본군을 궤멸시켰지만, 결국 양군은 난항에 빠져 여러 해 동안 곤경에 처하게 되었다. 그러나 히데요시가 사망하자, 명나라는 이 절호의 기회를 이용해 일본군을 공격하고 격파함으로써 조선 전역을 되찾게 했다. 조선의 왕은 원조를 함으로써 조선을 절멸의 위기에서 구해 준 명나라에 감사하며 더욱 헌신적으로 명나라를 섬겼다."

북한의 《조선역사》Ⅳ, 36-47쪽은 이 기술의 주요 부분을 전적으로 인간적·사회적 내용으로 충당하고 있다.

"16세기 후반의 조선 사회는 비참할 정도로 사회 계급이 위아래로 단결되어 있지 않았다. 그래서 일본 침략자들이 이것으로 이익을 보았다. 지배계층의 구성원들이 한반도 북서쪽 끝으로 달아나는 동안, 애국적인 농민 게릴라들이 진격해 오는 일본군에 완강하게 영웅적으로 저항했다."

불행히도 이 교과서는 명나라가 동맹국으로 가담한 것은 언급하지 않고 있다. 이 교과서는 이순신 제독과 그의 해군이 전쟁에서 극히 중요한 역할을 한 것을 인정하면서도, 기묘하게도 "높은 신분의 지주

가문에서 태어난 이순신 제독은 분투하며 나라를 지켰지만, 그것은 봉건 지배 계급의 이익을 보호하고 보존하는 국가였다"라고 기술하고 있다.

명백히 《조선역사》의 편찬자들은 스코틀랜드 출생의 역사가 토머스 칼라일의 '위인론' 즉 알렉산드로스 대왕이나 율리우스 카이사르, 나폴레옹(징기스칸이나 마오쩌둥 등을 배제하지 않는다)과 같은 주요한 인물들이나 '위인들'이 주로 역사적 사건들의 추이를 결정했다고 주장하는 19C의 합리적인 이론을 믿지 않으려 하고 있다. 우리의 교과서 편찬자들은 역사는 '힘'과 여러 사회 계층 전체의 행동에 의해 결정되고 있다고 주장하는 것 같다. 확실히 이런 노선을 따르는 가장 폭발적인 역사의 해석은 카를 마르크스에 의해 만들어졌다. 그가 볼 때 "경제적인 힘이 인간을 지배하고 사건들의 경향을 결정하고 있다"는 것이다. 마르크스는 어느 경제 단계에서 다른 경제 단계로 옮아가는 것(예컨대 봉건제에서 자본주의로)은 대변동이나 혁명에 의해서만 달성되고, 이런 대변동이나 혁명은 생산 양식을 지배하는 계급이 기득권을 지키기 위해 결국 그 이상의 진보에 저항하기 때문에 일어난다고 주장했다. 그는 프롤레타리아트가 착취하는 자본가들을 굴복시키고, 그 결과 마침내 계급이 없는 사회가 오고, 그 후 점차 국가 자체도 소멸할 것이라고 예언했다. 그러나 마르크스의 예언은 정확성에 있어서 상당히 '과학적'이지 못하다는 것이 입증되었다. 마르크시즘은 인도주의적 이상주의에 기반을 두고 있지만, 마르크스는 '인간 본성'의 궁극적인 선량함을 믿는 큰 실수를 저질렀다. 인간이 다른 사람들에 대한 절대 권력을 맡을 수 있을 만큼 선량하지 않다는 것이 역사에 의해 증명되었다. 그는 억제와 균형의 체제를 통해 제지를 받아야 한다고 했다.

이러한 역사기술의 견해 차이를 극복하기 위해서는 역사 해석이 아닌 역사 교과서 서술의 객관적인 시각이 필요하고, 이를 위한 역사 교과서 서술가들의 질적 향상이 필요하다고 하겠다.

4. 역사 교과서의 기술을 위한 제언

이 글을 쓰기 위해 편렵한 각국 교과서의 기술을 보면서 제기되는 문제점과 이에 대한 답을 종합해 본다면 다음과 같은 것들이 있다.

① 모든 역사 교과서가 교과서를 편찬할 때 사용된 전거(전거)들을 적절히 표시해 놓고 있지 않다는 점이다. 따라서 일부 '사실'은 의문스러워 진실인지 아닌지를 입증할 필요가 있다.
② 역사 교과서들은 원칙적으로는 전문 용어들을 정의해 놓아야 한다. 치외법권, 홍적세 등과 같은 전문 용어들은 정의(定意)나 연대(年代)가 제공되어야 한다.
③ 자국 교과서에 다른 나라들의 문화나 역사적 사건들을 설명해야 한다. 이런 측면에서는 일본 교과서가 중국이나 한국의 교과서들보다 더 균형 잡혀 있다고 할 수 있다.
④ 대부분 나라의 교과서 내용에는 비위에 거슬리는 말들이 많이 보이고 있으니 이를 바로잡는 지혜가 필요하다.
⑤ 논란의 여지가 있는 문제들이나 불쾌한 역사적 사건들이 그럴싸하게 얼버무려지거나 약하게 표현되어서는 안 된다. 국제적인

화합과 친선을 위해 이런 행동을 취한다고 하더라도 이것은 학문적 자유의 원칙은 말할 것도 없고 역사의 정직성에도 어긋나는 것이다. 실은 논란이 되고 있거나 불쾌한 문제들을 객관적으로 공정하게 다루면 문제를 다른 사람의 입장에서 볼 수 있기 때문에, 상반되는 관점들에 대한 상호 이해의 질은 향상될 것이다. 그 적절한 예는 수 왕조와 당 왕조 때 고구려와의 전쟁이다.[4] 그럼에도 불구하고 중국 교과서의 저자들이 세계의 모든 사람이 협력하는 이해의 공동체라는 기본적인 이상을 강조하면서 문화사에 역점을 두고 있는 것은 고무적인 일이다.

⑥ 기술적 발전과 인류의 역사를 서로 관련시키는 노력이 기울여지지 않은 것 같다. 예를 들어 총의 도입은 일본의 통일에 어떤 영향을 미쳤을까? 오다 노부나가(織田信長)가 나가시노(長篠) 전투[5]에서 그의 소총병들로 하여금 다케다 신켄(武田信玄)의 기병들에 대항하게 했을 때 그의 새로운 전술은 무엇이었을까? (《개정 일본사》, 155쪽.) 쇠뇌(활을 사람의 힘으로 당기지 않고 고정틀에 물리고 화살을 올려 발사장치를 통해 쏘는 기계식 활)의 사용은 중국에서 전투를 민주화시켰을까? 이것은 사회의 이동성에 어떤 영향을 미쳤을까? 등의 문제를 고려하며 써야 한다는 말이다. 즉 나가시노 전투는 역사적으로 매우 중요하다는 등의 내용을 알 수 있게 부연설명 해야 한다는 말이다.

---

4) 《개정 중국 역사》, II, 5, 32쪽 참조.
5) 나가시노 전투 : 1575년 6월 29일 미카와 북쪽의 나가시노 성(현재 아이치현 신시로시 나가시노)을 둘러싼 다케다 카츠요리의 1만 5천과 오다 노부나가, 도쿠가와 이에야스의 연합군 3만 8천의 군사 사이에서 일어난 전투로 연합군이 대승한 전투.

⑦ 마찬가지로 중국에 의한 종이와 인쇄술 발명의 영향도 사회학적으로 설명되어야 한다. 예를 들어 동아시아 전역으로의 지식의 전파 같은 것이 바로 그것이다. 사회적 지도력은 학식과 도덕적 우월성에 따라 결정되어야 한다는 유교의 가르침은 종이가 제공한 그 보급 수단과 함께 학구적인 전통(즉 동아시아에서의 지배적인 사회 가치로서의 교육)이 확립되는 데 이바지했다는 것을 이해할 수 있는 내용이 쓰여야 한다는 말이다.

⑧ 현대 일본의 형상에 대해 공평한 태도를 취하기 위해 일본의 교과서들은 정면으로 일본의 파시스트적 군국주의의 성격을 다루어야 한다. 예컨대 《개정 일본사》, 316-317쪽은 1931년 9월 18일의 '만주 사변'(유조구사건[柳條溝事件])을 공평하지만 피상적인 방법으로 다루고 있다. 입수할 수 있는 모든 증거로 미루어 볼 때, 이것은 도쿄 정부가 의도적으로 일으킨 사건은 아니었던 것은 분명한 것 같다. 그보다는 오히려 민주적인 민정당(民政黨) 정부의 평판을 떨어뜨리고 군대 지도하의 공격적인 대외 정책에 대한 국가적 열정을 불러일으키고 싶어했던 한 군사 집단(관동군)의 고의적인 행동이 강했다고 보인다. 실제로 이 사건으로 와카쓰키 레이지로(若槻禮次郞) 내각이 무너지고, 이것은 일본에서의 다이쇼(大正) 데모크라시와 이에 부수된 민수석 형태의 정부의 소멸을 예고했다.

⑨ 중국의 교과서 《중국 역사》, Ⅲ, 88-91쪽은 유명한 '서안사건'(西安事件, 1936년에 만주의 군벌인 장세량[張學良]이 장제스[蔣介石] 총통을 납치하고 일본을 상대로 '연합 전선'을 구축하도록

그를 설득하는 데 성공한 사건)에 대해 상세히, 그리고 매우 정확하게 기술하고 있다. 그러나 대만의 교과서 《중학 역사》, Ⅱ, 95-97쪽은 이 사건에 대해 상당히 정확하게 기술하고 있지만, 실제로 서안에서 일어났던 일은 약간 왜곡하고 있다. 여기에는 장셰량이 '후회하고' 장제스를 풀어 준 뒤 난징(南京)까지 '직접 바래다 주었다'고 서술되어 있다. 실은 '후회하고'라는 표현은 중국의 예법에 의해 요구되는, 체면을 세워 주는 제스처이다. 게다가 허잉첸(何應欽)과 왕징웨이(汪精衛)를 악당으로 비난하는 경우도 중국의 교과서가 옳은 것 같다. 증거들을 살펴볼 때 아마도 이 두 사람은 자신들의 단호한 서안과의 협상 거부가 장제스의 죽음으로 이어지길 바라면서 국민당 정부의 지도권을 장악하려는 음모를 꾸미고 있었을 것이다. 따라서 중요한 역사 문제는 어느 것이나 다 감추고 있는 것은 없는지 공식적인 서류들을 조사하며 철저히 연구해야만 한다.

⑩ 비평 대상이 된 역사 교과서들은 모두 과거의 분쟁이나 불쾌한 역사의 측면들을 가볍게 다루는 경향이 있다. 그러나 《일본의 역사와 세계》의 저자들은 그 학자적인 정직성과 객관성에서 본받을 만하다. 그들은 이런 태도로 예컨대 '대중국 21개조 요구', '남경 대학살', '산코 작전(三光作戰, 중국 공산주의자들의 지배하에 있는 지역들에 대한 몰살 작전)' 등과 같은 자국 역사의 가장 불쾌한 측면들을 다루었기 때문이다.

⑪ 일본 역사 교과서들은 모두 명백히 세계사라는 배경 속에서 일본사를 가르치고 있다. 우리가 힘닿는 데까지 예측해 보더라

도 아마도 그보다 훨씬 더 멀리 떨어져 있을 지점을 향해 글로벌화가 진행되어 가고 있는 세계에서 역사 교과서의 글로벌화는 진실로 의미 있는 일이다. 그들의 선견지명은 본받을 만하다. 대만의 《중학 역사》 제4권(Ⅳ)도 서양 문명에 대해 많이 할애되어 있는데, 이것 역시 칭찬할 만한 가치가 있다.

⑫ 분명히 중국 본토와 북한의 교과서들은 우리가 기대했던 것보다 훨씬 더 인간의 지식 범위를 확장시킨, 인상적인 최근의 중국과 한국의 고고학 발굴 사업과 연구 성과를 반영하고 있다. 이처럼 연구결과들이 교과서 비교 연구를 통해 동아시아 사람들과 공유될 수 있도록 해야 한다.

⑬ 중국과 북한, 대만의 역사 교과서들은 대부분 유명한 개인들에 대한 짤막한 전기적 소론으로 구성되어 있고, 그럼으로써 역사 과정에서 개인의 역할이 강조되고 있다. 기본적으로 개인이 사실상 자유로운 동인(動因)라는 이런 역사 관념은 마르크스주의 역사 이론에 어긋나는 것이다.

⑭ 시대 구분 문제에 대해 말한다면 다음과 같다. 앞에서 언급했듯이 중국과 북한의 역사 교과서들은 역사를 '원시 공동체 사회(모계 및 부계 하위 집단들)', '노예 사회', '봉건 사회', '자본주의 사회(그리고 어딘 가에서는 '식민지 사회'과 '반식민지 사회')', '사회주의 사회' 등의 범주로 나누고 있다. 일본과 한국의 역사 교과서들은 역사를 '원시-고대', '중세', '근대', '현대' 등의 범주로 나누고 있다. 한편 대만의 역사 교과서들은 시대를 왕조시기로 나누고 있다. 즉 하, 상, 주, 춘추 시기, 전국 시기, 진

과 한 시기 등으로 나누고 있다. 몇십 년 전에 일본의 역사학자인 나이토 도라지로(內藤虎次郞)가 중국의 왕조역사를 신중하게 연구한 뒤 남송 왕조(1127-1279년)가 '근대의 첫 시점'이라고 말했다. 그가 중국의 송나라 시대를 '근대'로 분류한 것은 자본주의 시대를 특징짓는 널리 보급된 경제적 관례들과 사정, 즉 지방 교역을 촉진한 현금과 신용 수표의 사용, 금융 시스템, 고리 대금이나 거래에 대한 법적 규제의 부재, 출생에 의해 제한되는 지위의 부재, 고향 마을 바깥으로의 자유로운 이주와 정착, 자유로운 직업의 선택 등에 바탕을 두고 있었다. 나이토의 학설이 맞는다면, 정통 마르크주의에 기반을 둔 시대 구분은 시간의 흐름에 따라 시대 구분을 조정해 나가는 끝없는 문제를 만들어 내면서 재조정될 필요가 있을 것이다. 그러나 역사를 여러 시대로 나누지 않는 것은 단락들이나 독립된 문장들의 도움도 없이 이 보고서를 읽는 것과 같을 것이다. 역사가들은 자신들의 작업을 단순화하고 자료들을 좀 더 쉽게 다루기 위해 과거를 여러 시대로 나눈다. 그러나 역사가들이 선택하는 분할과 순서는 그들이 자신들에게 논리적이고 의미 있는 것처럼 보이는 패턴들에 기반을 두고 어떻게 과거를 보고 있느냐에 달려 있다. 나이토의 경우에는 성숙된 형태의 자본주의의 발달에 의해 특징지어 질 때에만 '근대'라는 시대의 의미가 있다. 그러나 2명의 역사가가 있다고 할 때 그들은 절대로 과거를 똑같이 보지는 않는다. 예컨대 막스 베버의 경우에는 금욕적인 프로테스탄티즘의 그것과 같은 '특별한 정신'이 부족해서 자본주의가 중국에서는 발달하지 못했다고 했다. 하지만 그도 나이토와 마찬가지로 자본주의가 발달하는 데 유리한 여러 가지 조건을 발견했다. 그는 "단지 경제적인 관점에서만 바라볼 때에는 진짜 부르주아 산업 자본주의가 발달했을지도 모른다……"라고 말했다. 이처럼 과거를 여러 시대로 나누는 일은 필연적으로 자의적인 것이다. 따라서 왕조적인 시대 구분이든 마르크스주의의 변증법적인 과거의 분할이든 모두 다 그것 자체로 좋다고 본다.[6]

마지막으로 중등학교 학생들의 역사 교과서를 수정한 일본 정부의 시도를 둘러싼 논쟁에 대해 언급하지 않으면 안 될 것이다. 특히 이것은 1982-83년에 일본의 문부상이 아시아에서의 일본의 '침입' 혹은 '침략'을 언급하는 말을 '진출'로 바꾸라고 교과서 저자들과 출판사들에 명했다는 주장과 관계가 있다. 그래서 '侵略から進出へ'('침략에서 진출로')라는 캐치프레이즈가 일본에서 흔히 들을 수 있는 말이 되었다. 외국의 관찰자들은 이 논쟁이 비교적 '작은' 문제와 관련되어 있고, 또 대다수의 주민이 거의 주목하지 않는 상태에서 그냥 넘어가 버렸을 것이라고 느꼈을지도 모른다. 하지만 그러기는커녕 일본 전체가 흥분하고 방심할 수 없는 군국주의의 부활에 대한 뿌리 깊고 오래된 공포심을 다시 불러일으키는 계기가 되었다. 이러한 불길은 또한 민족주의의 광적인 열정과 결합된 반일본 감정을 유발하면서 폭

---

6) 막스 베버, 《중국의 종교》 (뉴욕 : 프리 프레스, 1951년), 100쪽.

발적인 속도로 지난날 일본 제국주의에 대한 쓰라린 기억이 아직도 생생한 한국과 중국으로 번져 갔다.

이러한 문제점들을 의식하면서 동아시아 국가들 사이에서 화해(和諧)의 정신과 상호 이해를 촉진케 하는데 모든 것을 바치자는 '역사 교과서 공동연구'의 필요성이 재차 요구되고 있다. 동아시아 국가들의 학자들이 자발적으로 모여 역사 교과서의 개선을 위해 노력하는 이러한 연구회가 활성화된다면, 아시아의 민족적인 편협함을 뛰어넘어 세계가 공동으로 공감하고 포용할 수 있는 그런 역사의식을 정립할 수 있지 않겠나 하고 기대해 본다.

5. 공동연구에서 나타났던 문제점과 이를 극복하기 위한 방법
(1) 소위 「한일역사공동연구회」의 모순

2001년 10월 교과서 문제를 둘러싼 고이즈미 준이치로(小泉純一郎) 수상과 김대중 대통령의 회담에서 합의한 것에 기초해서 다음 해인 2002년 3월 5일 한일 양국 정부는 「역사 공동연구 계획」을 발표했다. 그러나 이 「역사 공동연구 계획」은 국회 차원에서 논의되어 만들어진 것이 아니라, 정부 간의 합의에 기초하여 만들어졌기 때문에, 국회가 제정하는 법률에 근거를 두고 있는 것이 아니라, 행정입법에 근거를 두는 행정계획의 하나에 불과한 것이었다.

다시 말해서 이러한 계획은 원래부터 정부의 통제를 받게 되어 있음을 의미한다고 하겠다. 그 때문에 이 계획에 기초하여 이루어낸 관계자들의 업적이 정부의 통제로부터 자유롭게 이루어진 것이라고 생각한다면 그것은 오해의 여지가 있는 것이다.

따라서 이러한 식의 공동연구는 「화해(和諧)」와 「공생(共生)」을 실현코자 하는 동북아의 미래지향 과제를 풀어내는 데 엄청난 마이너스 역할을 하였다는 사실을 우리는 직시할 필요가 있다. 따라서 어떤 연구를 해야 할 것인지, 그 연구 방향 및 방법에 대해서 아래와 같은 제언을 하고자 한다.

(2) 어떠한 공동연구가 필요한가?

오늘날 분쟁의 요인이 되고 있는 일제 침략의 인식문제에 대한 정확한 이해를 갖기 위한 하나의 방편으로서, 동북아 지역에서 행해졌던 일본 식민지 재판소의 재판 판결문을 하나의 예로 들어 공동연구에 대한 새로운 방법을 제기하고자 한다.

왜냐하면 이 시기의 판결문에는 당시 일본 통치자 및 통치기관의 식민지 지배에 대한 인식이 그대로 담겨 있어, 이를 분석한다면 당시의 식민지 지배가 얼마나 모순이었고, 또한 일본인 스스로가 그러한 모순을 자백하고 있다는 점에서(당시의 재판이 일본인 재판관, 검사, 변호사에 의해서 이루어졌기 때문이다), 현재 대부분 일본인의 주관적 역사 인식 내지 그에 대한 왜곡을 불식시킬 수 있다고 보기 때문이다.

따라서 이러한 판결문을 중심으로 법학자, 역사학자, 문화인류학자 등이 공동으로 연구를 진행한다면, 식민지 시대에 내한 각 국의 역사 인식을 종합화 내지 공유할 수 있을 것으로 보인다.

이렇게 역사가 공유하고 있는 그 시대의 자료들을 바탕으로 당시 사람들의 인식을 중점 분석하여 시대적 역사의 진실을 이해할 수 있게 된다면, 오늘날의 시각으로 재해석하는 과정에서의 불필요한 논쟁 및 왜곡된 인식의 차이를 불식시킬 수 있을 것으로 보이며, 나아가 이러한 방법을 통해 동아시아의 협력을 이끌어내도록 함으로써 동아시아인의 「공생」의 길을 인도해 나갈 수 있지 않을까 생각되는 것이다.

(3) 공동연구 어떻게 할 것인가?

그러면 어떻게 공동연구를 할 것인지에 대해서 일본 통치시기의 식민지 법제와 그 아래에서 이루어진 판결문을 예를 들어 살펴보기로 하자. 이를 위해 우리는 먼저 일제사법부가 장악한 사법(司法)이 제대로 「법」을 지켰는지, 안 지켰는지를 따져볼 필요가 있다. 만일 재판에 있어서 재판관의 독립이 가능했다고 한다면, 예를 들어 3·1독립운동에 직면했던 조선총독부재판소가 「법」을 지켰는지, 안 지켰는지를 따져보는 것은 매우 중요한 일이다. 실제적으로 당시 구미 제국도 일본의 근대화를 주시하고 있었는데, 만일 사법이 「법」을 준수하는 것이라고 일본인 재판관들이 의식하고 있었다면, 이것은 3·1독립운동의 재판에 반영되지 않을 리가 없었다는 말이다.

3·1독립운동 당시 단기간에 약 47,000여 명이 체포되어 재판을 받았다. 이때의 판결문이 엄청나게 많이 남아 있는데(약 6,400건), 이것은 바로 당시까지는 법이 제대로 지켜지고 있었다는 것을 의미하는 것이다. 그런 점에서 3.1운동과 관련한 수많은 판결문은 일제의 잘못된 식민통치를 스스로 진단하고 스스로에게 철퇴를 내렸음을 보여주는 훌륭한 증거라고 할 수 있다. 동시에 이들 판결문에는 피고인인

한국인이 스스로의 권리 보장과 나라의 독립 옹호를 위해서 싸우고 있는 모습을 엿보게 해준다. 그리고 이들에 대해 일본인 재판관은 이러한 한국인의 활동에 대해 「법」에 근거하여 공정한 평가를 내리고 있음을 알게 해준다.

이처럼 1920년대 초반까지 이루어진 3.1운동 관련자에 대한 판결문은 3.1운동의 비폭력성, 한국인 전체의 독립에 대한 의지, 일제 식민지 정책의 모순 등 여러 가지를 분석할 수 있는 기초적인 자료가 되어, 이를 공동으로 연구한다면 한국과 한국인에 대한 잘못된 인식구조의 원천이 어디로부터 시작되었는지를 구명할 수 있는 계기가 될 것으로 본다.

이와 같이 양국 학자 서로가 인정할 수 있는 자료와 주제를 가지고 공동연구를 했을 때, 올바른 역사 인식을 공유할 수 있는 결과를 축출해 낼 수 있지 않을까 생각된다.

(4) 「공생(共存同生)」을 추구하는 공동연구를 하자

일제의 식민지 재판소 운용과 판결이라는 의미를 생각할 때 다음과 같은 결론과 문제점을 제시할 수 있다.

첫째, 식민지 한국에 설치한 재판소는 제국 헌법의 적용을 전제로 하였다는 점이다. 그런 점에서 식민지를 통치하기 위한 새로운 법이 만들어지기까지, 한국의 경우 적어도 1920년 상반기까지는 법치주의가 행해졌다고 볼 수 있다. 그러나 한국인들의 저항이 자신들의 식민통치를 위협하기 시작하자 법치주의가 없어지고 마는데, 이는 전제적(專制的)인 강권지배(强權支配)가 시작되었다는 것을 의미해 주는 것이라 볼 수 있다.

둘째, 강권 지배가 나타나는 상황에서 재판의 실태는 어떻게 진행되었는지를 분석해야 할 것이다. 그러기 위해서는 강권 지배가 나타나기 이전의 상황과 어떤 차이가 있는지를 비교 연구해야 할 것이고, 동시에 공동연구로서 논의되어야 한다는 점이다.

셋째, 만일 이상과 같이 말할 수 있다고 한다면, 한국에 있어서 「행정과 사법의 분리」라는 시점은 지배자 내부에 있어서 강권적인 「행정」과 법치주의적인 「사법」의 차이, 혹은 이들 양자 간의 모순을 명확히 해주는데 도움이 될 것으로 보인다.

이런 점을 분석하게 되면 조선총독부 고등법원이 3.1독립만세의 시

[사진 31] 3.1운동 판결문을 유네스코문화유산으로 등록하는 것이 목표인 사사가와 노리가츠(笹勝紀川) 일본 메이지대 명예교수(우3)와 이를 응원하는 한국 측 공동연구팀(좌1 오정섭 한국역사연구원 사무국장. 좌2 김승일 동아시아미래연구원 원장. 좌3 이태진 전 국사편찬위원장. 우2 조규상 메이지대 박사. 우1 박정원 국민대 교수. 사진에 없는 공동연구원으로 이기훈 연세대 교수가 있다.)

위운동을「폭력에 의하지 않았다」라고 판결한 것을 알 수 있는데, 이는 이 시위운동이 비폭력에 기초하고 있었음을 일제사법부가 증거해 주고 있다는 사실을 확인해 주는 것이다.

즉 3.1독립운동은「폭력에 의하지 않는 자제적(自制的) 행동이었다」고 하는 점을 확인해 준 것인데, 이는「위력」이 아니라「도의」를 존중한 33인의 독립선언 사상이 한국인들에게 침투했다는 것을 의미하는 것으로서, 한국인들은「민족」과「전 인류」의「공존동생(共存同生)하는 권리」로서의 독립을 몸으로써 주장한 것이고, 일본의「위력」을 두려워하지 않았음을 말해 주는 것이다.

그런데도 일본은 유감스럽게도「도의」에 기초하여「함께 살아가자(共生)」고 하는 호소를 읽어내지 못하고 독립운동을 탄압하는 바람에 비폭력적인 독립운동은 초기의 의지대로 나아가질 못했고, "「위력(힘)」에 대항하기 위해서는「위력」에 의하는 수밖에 없다"고 하는 폭력의 연쇄와 확대를 나타나게 했던 것이다. 결국 이러한 사태는 일본의 패전에 의해서 비로소 없어지게 되었음을 역사는 증거하고 있다.

그렇기 때문에 국가 간의 관계는「위력」으로서는 불안정하고 영구히 지속되지 않는다는 것을 알아야 하고, 이를 납득할 수 있도록「도의」를 증명하는 연구가 필요한 것이다. 바로 이러한「도의를 증명하는 연구」야 말로 동아시아 지역 공동 연구의 참모습이라고 볼 수 있는 것이다.

후기

저자의 부친(김낙빈[金洛彬], 1917~2000)은 1951년 1.4후퇴 때 평양에서 공무원으로 근무하던 중 신분상의 위협을 느끼고 월남하였다. 월남 후 곧바로 군에 들어가 복무하다 제대하면서(1952년 화랑무공훈장 받음) 시험에 합격하여 경기도 이천군 백사면 모전리 모전초등학교로 발령되어 교사로 근무하게 되었다.

부친은 고향이 평안북도 초산군(楚山郡) 풍면(豊面)으로 전처와의 사이에 둔 6형제를 고향에 남겨두고 타지인 평양에서 근무하다 상황이 급해지는 바람에 잠시 월남하였다가 정세가 나아지면 다시 고향으로 돌아가려는 생각이었는데, 불행히도 휴전선이 그어지는 바람에 돌아갈 수 있을 때를 기다리며 현실에 적응하며 지내야 했다.

그러던 중 42세의 늦은 나이에 어머니(김옥순[金玉順], 현재 92세)를 만나 재혼하게 되었다. 만혼이었기에 아들 4명을 연년생으로 낳았는데, 저자는 그들 중 장남으로 태어났다. 북의 형제까지 포함하면 아들 총 10명 중 일곱 번째로 태어난 셈이다.

4형제가 대학을 다닐 때쯤 부친이 군대에서 전쟁 중에 얻은 질병 때문에 일찍 명예퇴직을 해야 했는데, 그때 마침 저자와 형제들이 대학을 다니는 시기였기에 모두 어려운 가운데서 공부를 해야 했다. 그래서 저자는 속으로 일찍 결혼을 해서 "내 자식들에게는 고생을 시키지 말아야지"하는 생각을 늘 갖고 있었다. 하지만 장남으로서 집안의 미래도 생각하지 않을 수 없었기에 대학 졸업 후 들어간 고등학교 교사직을 1년 만에 내려놓고 대만과 일본으로 유학을 떠나게 되어 저자의 결혼도 자연히 늦어지게 되었다.

이런 상황에서 아들만이라도 빨리 결혼을 시켜야겠다고 마음을 먹었으나 그 또한 한 발 더 발전할 수 있는 길을 택함으로써 저자가 결혼했던 35살 같은 나이에 비로소 결혼을 하게 되었으니 "한 집안을 세우는 데는 3대의 시간이 필요하다"는 옛말이 틀림없다는 사실을 새삼 느끼고 있는 차제이다.

일흔을 넘긴 나이에 며느리를 맞이하는 기쁨은 더없이 행복하고 작고하신 부친의 기대에 간신히 부응하게 되었다는 안도감으로 남은 생을 편안히 정리할 수 있게 되어 얼마나 감사한지 모른다.

요즘은 세상이 좋아져 "예전부터 그 나이가 되도록 사는 것은 드물다"는 '고희(古稀)'라는 단어가 무색하게 되었지만, 이제부터는 "70이 되니 마음에서 하고자 하는 바를 따라 해도 법도를 넘지 않게 됐다.(七十而從心所欲不踰矩)"는 '종심(從心)'에 맞는 삶을 살아야 한다는 책임감 때문에 더욱 경계심을 갖게 된다. 자신이 살아온 길에 대한 반성과 깨우침으로 자신을 해방시켜 그 마음에 따라야 한다는 이런 삶은 장자의 '세상에 구속받지 않고 자유롭게 사는 경지(逍遙遊)'나 불가(佛家)의 '걸림이 없는 마음(無碍心)'과 다르지 않은 절대 자유의 경지인데, 과연 가능할까 하는 우려에 스스로 두려움을 느끼게 된다.

하지만 늦은 나이에 아들을 장가보내는 기쁜 마음에 앞서 새로운 식구를 맞이하는 지금, 이제는 이러한 마음을 가질 수밖에 없다는 현실감에 재삼 거듭나야 한다고 채찍질하고 있다.

이 책은 이런 마음을 담아 그동안 몸담아 온 저자의 학문 세계가 어디에 중점을 두고 있었는지를 자평해보는 의미에서 그동안 기록해 놓은 강의 노트와 발표한 글들 가운데서 추려내 엮은 것이다. 비록 필자의 전공인 '중국 농촌사회경제사'와는 다른 분야의 내용들이지만, 그동안 관심을 기울이며 생각했던 학문의 본질은 "서로가 도우면서 좋은 세상을 만들자는 데 있다"는 필자의 바람과 정성이 담겨 있는 책이므로, 이 즐거운 날을 선사해준 두 주인공과 두 주인공이 이어주는 인연의 틀 속으로 들어오신 분들, 그리고 이들을 축하해 주러 오신 모든 우인들에게 기념이 되었으면 하는 바람이다.

2025년 중추절 밤에
구포재(九苞齋)에서